贵州省高校人文社会科学研究项目资助：
中华优秀传统文化融入大学生校园文化生活创新路径研究（2024RW216）

中华优秀传统文化融入

大学生校园文化生活创新路径研究

谢品秋◎著

新 华 出 版 社

图书在版编目（CIP）数据

中华优秀传统文化融入大学生校园文化生活创新路径
研究 / 谢品秋著. -- 北京 : 新华出版社, 2025. 1.
ISBN 978-7-5166-7863-3

Ⅰ. G647

中国国家版本馆CIP数据核字第2025430JU0号

中华优秀传统文化融入大学生校园文化生活创新路径研究

著者：谢品秋

出版发行：新华出版社有限责任公司

　　　　　（北京市石景山区京原路8号　邮编：100040）

印刷：定州启航印刷有限公司

成品尺寸：170mm×240mm　1/16　　　印张：17.25　　　字数：240千字

版次：2025年3月第1版　　　　　　　印次：2025年3月第1次印刷

书号：ISBN 978-7-5166-7863-3　　　定价：98.00元

微店　　　视频小号店　　　抖店　　　京东旗舰店

微信公众号　　　喜马拉雅　　　小红书　　　淘宝旗舰店　　　扫码添加专属客服

前　言

在全球化日益加速的今天，中华优秀传统文化的传承与发展面临着新的挑战和机遇，特别是在全国高等院校，如何有效地将中华优秀传统文化的精髓有效地融入大学生校园文化生活，是提升大学生综合素质的需要，也是推动文化自信和建设社会主义文化强国的重要路径。本研究旨在探索中华优秀传统文化融入大学生校园文化生活的创新路径，以期为大学生校园文化的丰富多彩和高质量发展提供理论支持和实践指导。

伴随着科技的进步和全球经济的一体化，世界各国文化交流日益频繁，中华优秀传统文化作为中国的文化根脉，对于培养具有全球视野的大学生、增强国家文化软实力都具有不可替代的重要作用。然而，中华优秀传统文化在现代社会面临着诸多挑战，如文化同质化、传统价值观念的淡化等问题，这些都严重制约了中华优秀传统文化的传承与发展。在这样的背景下，高等教育机构作为中华优秀传统文化教育与传承的前沿阵地，承担着特殊的责任和使命。大学是传授知识的场所，更是进行中华优秀传统文化传承和创新的重要基地，将中华优秀传统文化融入大学生校园文化生活，能够极大地丰富大学生的精神世界，激发大学生的文化自豪感和民族认同感，从而有效地增强他们的文化自信心。

本书首先对中华优秀传统文化进行了概述，包括其基本内涵、基本精神和传承价值等方面的研究。这一部分的深入分析，旨在为读者提供一个关于中华优秀传统文化多维度的认识框架，为后续探讨其融入大学生校园文化生活创新路径提供理论基础。接下来，本书探讨了中华优秀传统文化与大学生校园文化生活的结合点，通过分析当前大学生校园文化的特点，揭示了中华优秀传统文化对于丰富和提升校园文化的潜在价值和实际影响。此外，本书提出了一系列原则和措施，旨在推动中华优秀传统文化在大学生校园文化生活中的深入融合和创新发展。最后，本书具体阐述了如何通过节日文化、优秀诗词、书法、绘画以及音乐舞蹈等，创新性地将中华优秀传统文化元素融入大学生校园文化生活中，使之成为大学生日常生活的一部分，而不是孤立的、偶尔的文化体验。

本书的特点在于，内容上紧跟时代潮流，密切关注相关的前沿动态，对中华优秀传统文化的内涵进行了深入解读，使读者能够清晰地了解中华优秀传统文化；在结构上，本书既有理论的阐述，又有实践策略的提出，使得读者在阅读过程中能够循序渐进，系统、全面地理解与掌握中华优秀传统文化及其在校园文化生活中传承和发展的路径。本书从多个角度对中华优秀传统文化融入大学生校园文化生活进行了探讨，使整本书角度更为全面，内容更加丰富。

本书旨在为教育工作者、学者、大学管理人员以及大学生自身提供一份关于如何将中华优秀传统文化融入大学生校园文化生活的详细指南，希望能够对当前的教育实践产生积极的影响，并推动大学生在学习和传承中华优秀传统文化道路上取得成功。

由于时间和水平有限，书中难免存在疏漏之处，恳请广大读者批评指正。

谢品秋

目　录

第一章　中华优秀传统文化概述

第一节　文化的内涵

一、"文化"一词的来源

在中国思想文化领域中，"文化"一词产生得很早，人们对文化的理解越来越深入，对"文化"一词的使用也颇为广泛，文化的意蕴也越来越丰富。"文"的含义最初指的是各种颜色的纹理交错，如《易·系辞下》中描述："物相杂，故曰文。"《说文解字》中也解释说："文，错画也，象交文。"它们都表明了"文"的基本意思是图案或图形的交错和组合。

后来，"文"的意义进一步扩展到了代表后天形成的品德和修养，形成了与"质"（天生的素质）相对的概念，如《论语·雍也》中的讨论："质胜文则野，文胜质则史，文质彬彬，然后君子。"这里讨论了人的天性与教养之间的平衡，强调了良好教养的重要性。在政治领域，"文"进一步引申为"文治"，即通过礼乐教化来提升民众的修养，以维护社会的稳定，这种"文治"与依靠军事手段的"武功"形成对比。①

"化"原指改变，涵盖了事物从无到有的创造（"造化"）和宇宙已存在的事物以后的演变（"演化"和"分化"）。东汉学者许慎在《说文解字》中将"一"作为首字解释："唯初太极，道立于一，造分天地，化成万物"表述了中国古代关于宇宙起源和演变的观点。"化"除自然界的演变外，还包括人为的教化作用，《易·系辞上》中的"在天成象，在地成形，变化见矣"描述了自然界的生成和演化。而《荀子·不苟》中则阐释了教化的作用："诚心守仁则形，形则神，神则能化矣。"注曰："化，谓迁善也。""驯至于善谓之化。"这些讨论都是指通过教化导致的行为和思想上的积极改变。

"文"与"化"的概念早在战国时期就已密切结合。《易·贲卦》中提道："刚柔交错，天文也；文明以止，人文也。观乎天文，以察时变；观乎人文，以化成天下。"这里的"文"，源自纹理的含义，形象地描述了自然界和人际关系的规律与秩序。例如，"天文"是对自然现象的描绘，如日月星辰的运行规律，而"人文"则指社会生活中的伦理关系和社会结构，如各种人际关系所编织的复杂网络。该书强调，治国的统治者必须通过观察自然规律和人的社会行为来实现对社会的正确引导，通过"人文"实施文化教化，达到改变社会风俗、提升文明程度的目的。②

西汉以后，"文"与"化"结合为"文化"一词开始广泛使用。文献《说苑·指武》中记载："凡武之兴，为不服也；文化不改，然后加诛。"《三月三日曲水诗序》提道："设神理以景俗，敷文化以柔远。"《补亡诗》提道："文化内辑，武功外悠。"中国历代文本表达了"文化"在调和天然的自然状态与人的原始状态之间的作用。早期的"文化"在中国古籍中被视为人的后天修养与创造活动的总和，涵盖了物质文明和精神文明两个方面，其中包括客观世界的物质创造和主观世界的精神修养。

---

① 王宁.中国文化概论：2000年版[M].北京：外语教学与研究出版社，2013：3-4.
② 张岱年，方克立.中国文化概论[M].北京：北京师范大学出版社，1994：1-3.

　　文化作为人类社会的一种表现，存在于人类历史的每个角落，其发展和演变吸引了众多思想家的关注。在近现代，随着科技的快速发展和社会生产力的提高，研究文化的条件和方法都得到了显著改善。这一时期，社会对精神文化的需求显著增加，促使文化研究逐渐成为一个专业化领域。历史学家、社会学家、人类学家、心理学家乃至管理学家都对文化提出了自己的理解和见解，逐渐形成了关于"文化"的基本共识。

　　文化在形成和发展中的主体是人类，客体则是自然世界。这一概念既涵盖了人类与外部自然界的关系，还包括人的本能和身体属性等内在因素。文化是人类通过社会实践活动，对自然和社会进行改造的结果，这种活动一方面改变了自然和社会，另一方面塑造了从事这些活动的人本身。例如，一块未加工的岩石本无文化价值，但通过人的劳动，它被赋予了人的知识和技能，进而被提升为文化的产物。人在打磨石器的过程中形成的社会关系，以及最终成形的石器，都是文化的体现。文化是人类对自然和社会环境有意识地改造的活动及其结果。这一过程超越了人类的本能，涉及人类主动对自然界和社会的各种作用。文化的本质可以视为"人化"，即人类通过各种社会实践，使自然和社会更好地服务于人类的需求和价值观，同时提升人类社会的整体素质和个体素质。简单地说，一切能够表现人类主动改造自然和社会的活动及其成果，均可被定义为文化。

二、广义文化与狭义文化

　　自 20 世纪初以来，全球化的步伐加快，国际互动日益增多，尤其是民族冲突的加剧以及全球社会的多样性变得更加突出，使人们对文化尤其是中华优秀传统文化这一领域的兴趣显著提升，文化研究也因此成为学术界和全社会关注的焦点。在这个背景下，"文化"一词的含义更加丰富，成为现代社会一个重要的概念。历史上，文化这一术语的定义存在巨大的差异性，在不同学科和研究背景下，"文化"有超过一百种不同的定义，这些多样的定义反映出人们从各自的视角和需要出发，对文化有着不同的解释和期望。

在广义上，"文化"经常被用来描述人类社会与自然界的基本区别，强调人类社会的独立性和人类的特有生活方式，这种定义涵盖范围极广，因此也常被称为"大文化"。就如梁启超在《什么是文化》中所述，文化是人类心能所开释出来之有价值的共业，涵盖了从认知（如语言、哲学、科学和教育）、规范（包括道德、法律和信仰）、艺术（文学、美术、音乐、舞蹈和戏剧）、工具（生产工具、日用品及其制造技术）到社会结构（包括社会制度、组织和风俗习惯）等多个层面。鉴于文化的广泛性和复杂性，研究者通常将对文化结构的解析作为进行深入研究的第一步，以便更好地理解和分析文化现象。

文化结构的划分涵盖了从物质到精神层面的多个维度，其中一个常见的分类是四层次说，包括物质文化、制度文化、行为文化，以及精神文化，如表1-1所示。

表1-1 文化结构的划分

层 次	定 义	具体内容及特征
物质文化	由人类加工自然创制的各种器物构成的物态文化层	包括建筑、工具、服装及其他日用品等。直接满足基本生活需求（衣、食、住、行），反映社会生产力和科技发展水平
制度文化	由社会规范和组织构成，反映社会实践和组织形式	经济体制、法律政治制度、家族制度等。规范个体与集体、社会关系，体现社会秩序和运行框架
行为文化	社会互动中形成的共识和行为习惯	民风民俗、日常礼仪等，具有地域和民族特色，反映民族和地区的传统和习俗，形成于社群长期实践

续　表

层　次	定　义	具体内容及特征
精神文化	涉及价值观、思维方式等心态文化层	包括社会心理（日常思想、情绪、愿望）和社会意识形态（经理论加工的社会观念）。影响和表现个体与群体的精神状态和文化表达

物质文化层涉及人类通过加工自然所创造的各种实体和器物，被称为"物化的知识力量"，这一层面包括所有可感知的、具体的文化实体，如建筑、工具、服装和其他用于日常生活的物品，这些都是人们为满足基本生存需求而创造的，如衣、食、住、行等。物质文化不仅展示了人类与自然的互动，还反映了人们对自然的理解和利用水平，直接映射出一个社会的生产力和科技发展程度。

制度文化层由人类在社会实践中构建的各种规范和社会组织所构成。这一层面包括经济体制、法律政治制度、婚姻家庭制度以及各类社会组织，如教育机构和宗教团体。制度文化虽然与自然无直接关系，但它们的形成和发展受到物质文化发展水平的制约和影响，体现了人类社会关系和组织形式的复杂性。制度文化是社会运行的框架，规范了个体与集体、个体与个体之间的互动，是文化传递和社会秩序维护的关键。

行为文化层主要包括那些在社会互动中形成的共识和行为习惯，通常表现为地区和民族特有的风俗和礼仪。这类文化以民间风俗的形式表现，涵盖了日常生活中的各种行为模式，具有明显的地域和民族特色。行为文化不是由个人随意创造的，而是社会和集体长时间形成的产物。尽管一些习俗可能起初由个别人或小群体开始，但它们必须得到社群的广泛认同和持续实践，才能转化为公认的文化形态。这些文化现象本质上是集体的，属于常规或典型的行为，而非个体的随意行为。这些行为习惯在时间上具有传承性，在空间上具有扩散性，是一种文化的延续和扩展。

精神文化层则是指在人类社会活动和思维活动中形成的一系列深层次的思想和价值观，包括人们的审美情趣、价值取向和思维模式等。精神文化是文化层次中最为核心的部分，可细分为社会心理和社会意识形态两个子层面。社会心理反映了社会大众的常态心理和思维方式，包括人们的期望、愿望和情绪等，这些都通常未经过深度的理论处理或艺术提炼而直接反映了大众的心理状态。而社会意识形态则是经过文化学者深度加工的社会观念，这些观念经过理论总结和艺术表达后，以书籍、艺术作品等形式固定下来并加以广泛传播。

狭义的"文化"聚焦于人类的精神生活及其创造，涵盖信仰、道德、法律、艺术等精神领域，被视为"小文化"，这种定义首次由英国人类学家泰勒（E. Tylor）在其 1871 年发表的代表作《原始文化》中提出，文化是一种包括所有知识、信仰、艺术、道德和习惯的综合体，标志着对文化概念的全面整理。在汉语中，"文化"原本指"以文明的方式教化人"，也符合狭义文化的描述，关注精神层面的成就和影响，根据《辞海》的定义，狭义文化指精神生产能力和精神产品。狭义文化的研究不能完全脱离广义文化，即"大文化"，后者涉及人类的整体生活方式，包括物质与精神两方面。实际上，任何物质创造活动均深植于创造者的精神观念和智慧之中，这些精神元素塑造了物质文化，也反过来影响了精神文化本身。人们在研究精神文化时，不能忽视其在物质创造中的根基，即物质文化提供的实质支持和制约，以及制度文化和行为文化对精神文化的形成与发展的重要作用。历史唯物主义的文化观要求人们全面考察文化的多维度，确认精神与物质之间的交互影响，从而更深刻地理解文化的复杂性和多样性。

三、文化的作用

（一）文化是社会变革的内燃机

文化在任何社会结构中都扮演着复杂的角色，不仅是支撑现有社会结构的价值基石，也批判和评估这些结构，提出应有之形态。文化在一定程度上反映了社会现状并反馈社会的发展趋势。在历史的进程中，文化常常在旧体制无法维持并需要转变时，显现其关键作用，引导新制度的形成，具有重要的先导作用。这些文化动力为推翻过时的制度提供了理论上的武器，也用新的价值观念和理想构建了一种新的价值体系框架。例如，秦朝通过统一文字、度量衡等文化措施，促进了秦朝的统一、进步与发展。因此，这种文化力量为社会变革提供了发展的方向，使新制度能够在旧制度的废墟上崛起，是强国的内在动力，进而在人类历史上发挥了不可替代的促进作用。

（二）文化是社会常态的调控器

在社会发展的常态中，新制度和体制的稳定运作表明了社会的正常状态。然而，由于个体的环境差异、不同的质量和需求，以及人与自然、人与社会的各种矛盾，社会常态免不了面对挑战。人的内心世界——情感与理智的冲突也经常威胁着社会的平衡，若这些矛盾未得到适当的调解，社会的稳定便会受到影响。历史经验表明，文化在解决这些矛盾中扮演了关键角色，因为文化元素，如信仰、习俗、道德、礼仪、情感等，均蕴含着关于行为准则的深层意义，指导着人们去认识哪些行为是可取的，哪些是不当的。

为了有效应对这些挑战，社会必须借助文化的力量，利用其教化和激励的功能，促进社会成员之间的和谐。先进的文化价值，如诚信、公正和正义需要通过法律和政策来强化，通过文化的教育、传播和示范作用，吸引并说服广大民众，渗透到每个人的日常生活中，用这些正面的文化价值来帮助人们形成共同的行为准则，这些准则能够化解社会矛盾，增强社会的凝聚力，从而使社会实现健康、有序、稳定及可持续的发展。

（三）文化是凝聚社会的黏合剂

尽管文化隶属于精神领域，但它仍旧能够通过语言和其他文化载体显现出来，并塑造一个影响力强大的社会文化环境。[①] 文化作为一种无形的力量，能够将人们紧紧连接在一起，无论是通过优秀的文学作品，还是通过传统节日习俗，文化都在潜移默化中影响人们的思想和行为，促进社会的和谐与进步。文化不仅能够感染人、激励人、鼓舞人，还能够成为凝聚人心的精神纽带。今天人们对美好生活的向往越来越强烈，对精神文化生活的需求也日益增长。故而文化环境要不断满足人们多样化、多层次、多方面的精神文化需求，丰富人们的精神世界，增强人们的精神力量。这种文化环境对人们的持续影响，能统一他们的价值观、审美标准以及道德观念，为人的个体提供了处理和理解问题的共同框架。因此，在新时代背景下，文化的滋养和精神支撑显得尤为重要，文化便成为联结社会和民族，支撑其持续发展的关键力量。

（四）文化是经济发展的助推器

文化在经济发展中扮演着关键的支撑角色，其影响力主要体现在以下几个方面。

第一，文化为经济发展提供了价值导向。决策者的文化素养和社会文化背景显著影响了经济制度的选择、经济战略的制定以及经济政策的构建。在此过程中，文化通过其思想、理论和舆论引导，对物质的生产、交换、分配和消费模式施加影响，从而指导经济的发展方向和实践方式。

第二，文化通过提升组织效能，增强了经济发展的内部动力。人们

---

① 杜昀芳，刘永记. 中华优秀传统文化 [M].北京：新华出版社，2021：2.

在文化的熏陶下形成了共同的认知和价值观，促进了社会主体之间的相互理解和沟通。这种文化的渗透力反映了人的社会本性，确保了经济和社会活动在一定的组织架构内顺利进行。

第三，文化强化了经济活动的竞争能力。随着经济活动中文化元素的积累沉淀，产品的文化内涵和相应的市场附加值得以提升，产品在市场中的竞争力随之增强，实现了更高的经济价值。

四、文化的特性

（一）文化具有地域性和民族性

文化的地域性和民族性是其最为显著的特征之一，这一特性源于文化的形成和发展深受特定地理环境和历史条件的影响。每一个地域的自然环境、气候条件、资源分布等物质条件，以及该地区的历史事件、社会结构、政治发展等，都在一定程度上塑造了该地区文化的独特性。例如，生活在寒冷地区的民族可能发展出独特的建筑风格来抵御严寒，而生活在热带地区的民族则可能利用丰富的农业仪式和节日庆典来祈求丰收。这些文化特征反映了人与自然的互动方式，也展示了人们如何适应并利用自己所处的环境。

文化的民族性体现在它是特定民族历史发展和社会生活的产物。每一个民族在长期的历史进程中，都会形成一套独有的价值观念、信仰体系、道德规范和行为习惯，这些文化元素在民族内部传承并通过语言、艺术、宗教、法律等形式得以固化和传播。例如，中国的儒家文化强调家族价值和社会和谐，这在中国人的日常生活和社会治理中占据核心地位，具有独特的民族性，在中国长期的社会发展和经济活动中有着深刻的体现。

（二）文化通过人类劳动创造所得

文化是人类通过自己的劳动创造的，这一特性揭示了文化与人类活动之间不可分割的联系。文化不仅是物质文明的产物，也是人类智慧和精神活动的体现。从史前时期的工具使用和火种的控制，到现代社会的信息技术和网络文化，每一个文化元素都是人类为了适应和改造环境，满足自身生存和发展需求而进行的有意识的创造活动。人类的劳动实践不断推动文化的积累与发展。例如，农业文化的形成是人类通过耕种劳动实践积累的结果，这种文化既包括耕作技术，还包括与之相关的节令、风俗习惯等。工业革命则是另一种劳动形式的变革，它带来了现代工业文化，改变了人类的生产方式和生活方式，也影响了人们的价值观念和社会结构。文化的创造还表现在艺术、宗教、哲学等精神文化领域，这些文化形态都是人们在特定历史条件下，通过劳动实践、思想探索和艺术创作等活动创造出来的，它们在满足人类物质需求的同时极大地丰富了人们的精神世界。可以看出，文化作为一种人类劳动的产物，体现了人类对自然界的认知和改造能力，是人类社会发展和文明进步的重要标志。

（三）文化具有可传承性和可发展性

文化的可传承性和可发展性是其最为核心的特性之一，体现了文化从一代人到另一代人的持续流动与不断进化的动态过程。文化的可传承性表明文化能够通过语言、教育、家庭、社会习俗等途径在时间线上持续传递，每一代人都是前代文化的继承者和传播者，这种传递包括知识、信仰、艺术、法律、习俗，以及技能、道德观念及行为模式等。文化的可发展性则指出文化不是静态不变的，它在传承中会因时代变迁、科技进步和社会需求而适应性地发展与创新。新的思想观念、生活方式和技术革新等因素能够被吸纳而进入文化体系，使得文化既保持了连续性又展现出适应性和多样性，如数字技术的发展使得传统文化能够以数字博物馆、在线教育等形式得以传播，这为文化的保存提供了新的途径，也使得文化的发展传承和传播交流更为广泛和深入。

第二节　中华优秀传统文化的基本内涵

一、中华优秀传统文化的概念

中华优秀传统文化是中华民族在漫长的历史进程中孕育和塑造的文化遗产，它具有独特的民族特色，并经过一代又一代的传承，不断发展。这种文化包括了多个层面，如民族的思想体系、认知方式、价值观念、道德准则、生活习惯、情感倾向、习俗风情、宗教信仰以及艺术表达等。传统文化是在一个民族的历史长河中逐渐形成并流传至今的文化，这种文化既包括物质层面的文化现象，如工艺、建筑等，也涵盖了精神性的文化表达，包括人们的生活模式、风俗习惯、心理特征、审美取向和价值观等。这些文化元素共同构成了中华民族丰富多彩的传统文化，深刻影响着中华儿女的生活和思想。

二、中华优秀传统文化的特征

中华优秀传统文化具有六大显著特征，如图 1-1 所示。

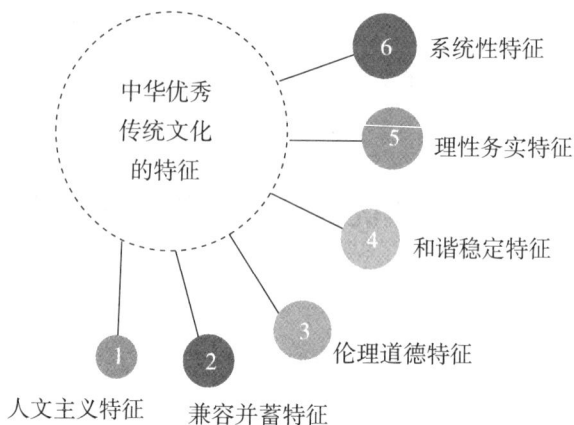

图 1-1　中华优秀传统文化的特征

（一）人文主义特征

中华优秀传统文化的核心是人文主义，即重视人在宇宙和社会中的中心地位，这一思想贯穿了中国数千年的文化发展，使其保持了持久的活力。相比之下，古希腊的哲学家们更多聚焦于探索自然的本质，探讨人如何理解并掌控自然；而古埃及和古印度的文化则深受宗教影响，侧重于探索人与超自然力量的关系，并往往将神的力量置于人之上。相反，中国的哲学家们，如先秦时期的诸子百家，提出了天人合一的观念，认为人与自然是一个统一的整体。他们追求的是人与自然之间的和谐相处，这种思想体现了中国哲学调和人与自然关系、寻求平衡的独特追求。

中华优秀传统文化的人文主义特征，主要表现在以下两个方面。

一是中华优秀传统文化展现了其独特的非宗教特性，强调了对神权的有限依赖。自周朝开始，中国哲学家尤其明显地转向了强调人的价值和民本思想。周朝的统治者从商朝灭亡的教训中吸取了民心向背的重要性，从而大幅度地削弱了神权的社会影响力，标志着一个新时代的人文观念开始成形。进入春秋时期，儒家思想的兴起将这种人文主义推向高潮，孔子在《论语》中明确表达了对人的重视。例如，"子不语怪、力、乱、神。""敬鬼神而远之。""未能事人，焉能事鬼？"以及"未知生，焉知死？"等观点坚定地表达了人本思想，使得人的地位超越了神的权威，形成了明显的非宗教倾向。

二是中华优秀传统文化追求个人价值的实现。由于中华优秀传统文化强调"人"的核心地位，与许多其他异域文化中追求灵魂不朽和肉身永生的观念不同，中国的文化传统更加注重个人的道德修养和实现个人内在价值。春秋时期鲁国大夫叔孙豹提出了"立德""立功""立言"作为"三不朽"，概念上强调通过树立道德操守（"立德"）、为社会作出贡献（"立功"）和表达有益于后世的思想（"立言"），实现个人的精神不朽，这种追求体现了中华优秀传统文化对人格完善和社会责任的重视。

北宋时期的大哲学家张载也曾阐述了相似的理念，他的名言"为天地立心，为生民立命，为往圣继绝学，为万世开太平"描绘了理想的读书人应承担的使命，为人类社会构建了良好的价值观，包括以天下为己任、奉献于民、继承并弘扬古圣先贤的学问，并致力于创造和谐的社会等。

（二）兼容并蓄特征

中华优秀传统文化之所以能够历经千年而不衰，主要得益于其强大的吸纳和融合其他文化的能力，这种文化的包容性使得中华优秀传统文化不是单一民族或地区的文化，而是一个多元文化的综合体。从历史的角度来看，中国各地区和各民族的文化在不断地相互作用和融合中，共同构成了丰富多彩的中华优秀传统文化。无论是北方的游牧民族文化，还是南方的农耕文化，抑或是西部的多民族文化，都在互动中形成了独特的中华文化特色。以唐朝为例，这一时期的中华文化在开放中体现出了无与伦比的包容性，唐朝除在政治上实行开放政策外，在文化上也极大地吸收和融合了外来文化。这一时期，无论是中原的汉文化，还是西域的各民族文化，都在相互影响、交融中发展。中华优秀传统文化并不是孤立存在的，而是在与世界其他文化的交流与碰撞中，吸取养分，不断地自我更新和扩展。

在中国悠久的文化历史中，不同思想流派之间的辩证互动以及对外来文化的广泛吸收是其持续发展的显著特点。中华优秀传统文化的包容性和适应性体现在其对内部不同思想的融合以及对外来影响的消化和再创新上。历史上，无论是西晋时期的少数民族南下，还是宋、明末期的外族入侵，尽管这些民族在政治和军事上一度占据优势，但他们最终都被深厚的中原文化所同化。这些文化的交融没有削弱汉文化的核心地位，反而使其更为丰富和多元化。中原文化的弹性和开放性使得它能从周边的楚、吴越、巴蜀以及更远的西域等文化中吸取元素，不断地丰富和更新自己，使得中华优秀传统文化成为一个包罗万象、生生不息的文化体系。

在全球历史上，四大文明古国的文化体系——中国、古印度、古巴比伦和古埃及，各自经历了不同的发展轨迹。其中，古印度文化受到雅利安人入侵的影响逐渐雅利安化；古巴比伦文化在波斯帝国的征服下逐步消失；古埃及文化则在多次外族侵略和统治下经历了希腊化、罗马化及伊斯兰化等多重变革。相比之下，中国文化展现了独特的持久性和连续性，即使面临各种内乱和外侵，中华文化不但未曾中断，还成功地将外来文化因素纳入其结构之中，赋予自身新的生命力。

（三）伦理道德特征

中华优秀传统文化中的伦理道德体系，由于其深远的社会影响力和内在的规范性，成为中华文明的显著特征之一。在这一文化框架下，伦理道德不仅是个体行为的指南，也是维系整个社会结构的关键力量。中国的传统社会被描述为"家国一体"的宗法系统，其中家庭关系的模式和原则被扩展到国家治理和社会交往中，这种体系的持续依赖于强调血缘关系和等级秩序的伦理道德规范，因此伦理道德在中华优秀传统文化

14

中充当了社会稳定和人际和谐的桥梁，确保了从家庭到国家的每一个层面都能按照传统的道德观念行事。

在详细的伦理道德观念中，中华文化提出了"五伦"理论，涵盖了君臣、父子、夫妇、兄弟和朋友五种基本的社会关系，这些关系构成了中国传统社会的核心结构，父子、夫妇、兄弟直接关联家庭内部，而君臣和朋友关系则是对家族关系的拓展。在这种关系网中，忠诚、孝顺、顺从、恭敬和信义被视为维持社会秩序的基石。中华优秀传统文化中的伦理道德强调，每个人都应以"修身、齐家、治国、平天下"为终极目标，从而强调个人道德修养的重要性，通过"正心"和"诚意"，倡导至善人格的塑造，旨在培养具备理想道德品质的君子，这种道德培养一方面是个人层面的，另一方面也是社会和谐与国家治理的基础。

（四）和谐稳定特征

中国地理环境的独特性，特别是气候适宜和水资源丰富，为农业的繁荣提供了理想条件。中华民族长期以来依赖于农耕经济，形成了深厚的农耕文化。这种文化背景促使中国人深刻理解并顺应自然界的周期律，如四季更迭和昼夜交替，培养出了与自然和谐相处的文化心理。随着时间的推移，这种与自然界的和谐共生逐渐演化成为深植于民族心理的重要元素，推动"和谐"成为中国传统文化的核心主题。

此外，中华优秀传统文化的包容性和开放性也是其稳定性和生命力的重要来源。中华文化历史上不断吸收和融合来自不同民族的文化元素，但最为独特的是，这种融合从未改变中华文化的基本形态。中华文化之所以能够保持这种稳定性，是因为它拥有一系列强大而持久的核心价值观，如"自强不息""厚德载物""天人合一"和"刚柔相济"，这些文化精神是中华优秀传统文化的支柱，也是其与其他文化和谐共处并保持独特性的关键所在。

（五）理性务实特征

中国自古以来就是一个农耕社会，几千年来民族性格深受农耕文化的熏陶，孕育出了一种深刻的实用主义的思维方式。这种思维不仅注重经验的积累，还突出了务实的精神。中华民族历代提倡"重农尚农"，认为"勤劳致富"是人们生活的基本法则，由此形成了一种深入民心的"一分耕耘，一分收获"的社会共识，这种以务实为核心的文化特征，塑造了中华优秀传统文化注重实际应用、强调生活实用性的价值取向。

在这种理性务实的文化背景下，中华优秀传统文化向来以其适用性和经世致用的态度而著称于世。虽然中华文化不乏对神灵的崇拜，但这种崇拜没有演化成狂热的宗教信仰，未曾有过某一宗教成为中国国教的历史。中国民众更倾向于在现实生活中寻求精神与物质的平衡，而不是将人生的意义寄托于超验的未来，这种实用主义的思维方式使得古代中国在天文、农学、医学等应用科学领域走在了世界前列。与此同时，中华文化也相对地缺乏对抽象逻辑和系统理论的重视，从而在一定程度上限制了中国科学技术体系的深入发展，这种矛盾的突出表现是中国古代文化复杂性的一部分，真实地体现了其在推动社会向前发展时具有的一些局限性。

（六）系统性特征

从系统论的角度来看，每种文化都可以被视作一个复杂的系统，它由多个互相作用的组成部分构成，并展现出该系统特有的性质和功能。具体到中华优秀传统文化，它自身就是一个丰富多彩的文化系统，拥有明确的结构和多样的功能。这种文化系统通过其语言、艺术、哲学、社会习俗和道德观等要素的相互关联与作用，展示了其独特的系统性特征，这些特征共同塑造了中华民族的文化身份和价值观念。

1. 中华文化要素完备

根据国学大师钱穆的观点，一个全面的文化体系由七个核心要素构成，这些要素共同作用，形成了丰富多元的文化现象。钱穆将这些要素概括为经济、政治、科学、宗教、道德、文学和艺术。他认为，无论是古今中外的任何文化，都围绕这七个要素进行构建和发展。①中华优秀传统文化自有文字记载起就在这七个领域内展示了其深厚的文化底蕴，特别是在政治哲学、伦理道德、文学作品以及各类艺术形式上，中国古代文化表现出了非常高的水平，这些高水平的文化极大地提高了中华文化的整体质量并拓展了其深度。

2.中华文化结构稳定

中华优秀传统文化作为一个文化系统，自其形成之初就具备了较强的结构稳定性，这主要得益于其核心文化要素的坚实基础和协调发展。第一，经济基础在这一文化系统中扮演了决定性角色。自新石器时代以来，中国社会主要依赖于农耕经济，这种生产方式贯穿中国历史长河，直至近现代才逐渐转型，为中华文化提供了持久而稳定的物质支撑。第二，思想层面的稳定性影响着中华文化系统的整体稳定性。自周代起儒家思想便开始扮演重要角色，尤其是汉武帝时期"罢黜百家，独尊儒术"的政策将儒家思想推至主导地位，这一地位在中国历史上持续了两千年之久。第三，政治制度的稳定性同样不可忽视。中国的封建制度从西周确立，一直延续至近代，这一制度的持续与稳固为中华文化的传承与发展提供了坚强的政治保障，使得整个中华文化系统能够在漫长的历史时期内维持其核心价值与运行机制。

3.中华文化功能强大

中华优秀传统文化在其多元化的文化系统中展示出超越单个文化要素的复合功能，形成了显著的"整体效应"。这一文化系统在推动中华民族的成长与强盛中扮演了关键角色，其影响力和功能体现在多个层面。

---

① 侯丽.中华优秀传统文化及其当代价值研究[M].北京：北京工业大学出版社，2021：17.

第一，它强化了中华儿女对民族身份的认同，成为一个重要的文化象征。第二，它在历史上多次成为抵御外来侵略的精神堡垒，增强了中华民族的凝聚力和抗争力。第三，它是维系国家统一和民族团结的核心纽带，为国家治理提供了哲学和思想上的支持。第四，它为社会稳定和道德秩序奠定了基础，为人民提供精神慰藉和道德指导。这些功能至今仍然是中华文化不可或缺的作用，持续影响着国家的发展和社会文明的进步。

第三节　中华优秀传统文化的基本精神

一、中华优秀传统文化基本精神的内涵

中华优秀传统文化的基本精神深远地塑造了人们的思维方式和行为模式，孕育出一套符合中华民族特色的世界观、人生观、价值观和审美观。这些观念指导着人们的日常行为，而且作为道德传统和思想观念，成为中华文化传承的重要内容。中华优秀传统文化通过其丰富的表达形式，如文学、艺术、哲学、历史等，有效地传递这种精神，使其成为民族身份和文化认同的核心。

二、中华优秀传统文化基本精神的内容

（一）会通精神

会通精神是古代中华文化的基本精神之一，中华优秀传统文化中的会通精神体现为一种深刻的思想交流与融合，这种精神植根于中华文化长期的学术传统和哲学探索，特别是春秋战国时期的百家争鸣，各个思想流派之间的激烈辩论和相互吸收。在这一时期，无论是儒家、道家还是其他学派，都在互动中展开了对话与反思，既坚持自己的核心理念，

又在对话中认识到对方理论的优势与自身理论的局限。例如，荀子在反思道家的自然观时，提出了对天道的系统思考，这一点在《荀子·天论》中得以体现，反映了儒家对天人关系的深入探讨。道家学者也开始尝试将儒家的仁义道德融入自身的哲学体系中，这种相互学习与吸纳体现了文化的开放性和包容性。

会通精神并不局限于国内各学派之间的思想碰撞，还体现在对外来文化的态度上。面对来自不同文明的思想与文化，中华文化不选择封闭与排斥，而是采取一种开放的姿态，积极学习和吸收外来文化中的有益元素，这种文化的自信和宽容促使中华文化在吸纳和融合外来文化的过程中，不断丰富和发展自身的文化体系。

中华优秀传统文化的会通精神体现了文化对话与融合的深刻意义，尤其在对待外来文化及思想交流的态度上表现得尤为明显。自古以来，中华文化展现了独特的包容性，在国内各学派之间能够进行深入的理论辩论和思想吸收，也对外来文化持开放态度，特别是近代以来，在西学东渐的过程中，中国学者积极引进西方的科技、教育和政治制度等方面的成就，通过翻译和研究，努力将其与中华优秀传统文化结合，寻求创新与发展。同时，中国的书院也为这种精神提供了重要的交流平台，从唐宋到明清，书院是学术研究的中心，更是思想交流的场所。这些书院开展的文化学术交流活动，促进了理学、心学等学术流派的发展，并在明清交替之际催生了早期的启蒙思想。这种跨时代、跨文化的会通精神，为中国现代化和走向世界奠定了坚实的基础。到了21世纪，世界文化的格局是多元的，多元文化的发展不但符合现实社会的需要，而且有利于人类社会的可持续发展。我国学者在广泛涉猎世界多元文化并借鉴和研究的基础上，就会更有深度、更有感情地将中华优秀传统文化与现代先进文化相结合，将中华文化的思想精华与其糟粕加以剥离，使其更加科学。

（二）人文精神

人文精神作为中华优秀传统文化核心内容之一，深深植根于其丰厚的文化传统中，形成了一种独特的人文主义视角。与现代西方的人本主义或人文主义理念不同，中国传统的人文精神更加注重道德情操和伦理修养。在古代中华文化中，天地虽然被视为万物的起源，但人被赋予了治理和改善天地万物的能动作用，由此确立了人在自然界中的中心地位。例如，孔子及其学派对商周以来的人文精神进行了继承和发展，提出了通过自我修养达到道德自觉的理念。

从春秋时期开始，人文精神就在中华优秀传统文化中占据了核心位置，孔子思想的人文精神表现得尤为突出，系统完整地体现了这一精神，孔子强调通过教育和学习提升个体道德修养，成就"君子"之德。孔子之后，多个学派将人文精神推向了更广阔的领域，强调道德与礼仪的重要性，并视其为维护社会稳定与和谐的基石。古代的人文精神还特别强调家庭的重要性，认为家庭是社会的基本单位，家庭和谐是社会和谐的前提。此外，人文精神还提出了理想的社会模式，即"大同"社会，其中天下为公，人人平等，和谐共处，这种理想不仅引导了中国社会的道德追求，也形成了诸多中华传统美德，如自强不息、积极进取、诚实守信、孝敬父母、精忠报国、见利思义、先人后己、谦和好礼、厚德载物等，这些美德至今仍被视为中华民族品格的重要组成部分。

（三）和合精神

和合精神在中华文化中具有独特的地位，体现了一个深刻的哲学概念——虽有差异，但可融合。这一理念认为，尽管存在诸如天与人、男与女、父与子、上与下之间的本质差异，这些元素仍能通过和合达到一种有机的统一。中华文化的传统强调"和"通常比"合"更为重要，因为和谐是合一的基础和前提，缺乏和谐就难以实现合一。和谐是和合持续存在的关键，故此，关注和谐本质上是在重视和合。

孔子在《论语·子路》中说道："君子和而不同，小人同而不和。"他认为"君子"以"和"为准则，不肯盲从附和，敢于提出自己的主张；"小人"则处处盲从附和，不敢提出自己的见解。从孔子的"和而不同"哲学到其他思想流派的普遍接受，和合精神已成为贯穿中华优秀传统文化各领域的综合性概念。在现代中国，和合的精神无处不在，如中医强调人体各器官的相互关系及其与心理状态的联系；京剧和国画等文化也同样体现了这种精神。和合不只是文化表象，它深植于民族的集体潜意识中，是中华文化中最具活力的基因之一。和合精神要求在个人、人际、社会群体乃至人类与自然之间实现全方位的和谐。它强调与自然的共生共存，提倡个人与自然、与他人共存，这对当下解决社会与环境问题提供了重要的文化资源和思想支持。

（四）自强不息的进取精神

"天行健，君子以自强不息"这一句出自《周易·乾》，寓意宇宙的无穷活力与持续的自然规律，倡导人应追求永不停歇的自我提升和努力。这种精神上的勇往直前体现了中华民族不屈不挠和充满活力的精神面貌，也展现了其不断开拓进取的强烈意志。

孔子在其教学和生活哲学中强调积极进取的重要性，他认为满足现状、懒惰安逸是不可取的生活态度。他倡导"学而不厌""发愤忘食"，即在学习和个人发展的道路上永无止境，应努力不懈。孟子进一步强化了这一观念："天将降大任于是人也，必先苦其心志，劳其筋骨，饿其体肤，空乏其身，行拂乱其所为"，意味着那些被赋予重大责任的人，必须经历严峻的考验和磨难，通过不懈努力来完成其使命。张岱年对中华民族的民族精神进行了总结，他认为"自强不息，厚德载物"是其核心。[①] 其中，"自强不息"代表了坚韧和不屈的精神，"厚德载物"则象征着包容和宽广的心胸，这两种精神共同铸就了中华民族的核心价值和精

---

① 李光，肖珑，吴向东.中华优秀传统文化[M].北京：北京理工大学出版社，2020：16.

神支柱。

走入清华大学，校园内显眼的位置矗立着一块刻有"自强不息，厚德载物"的巨石，这是该校的校训。清华大学作为中国顶尖学府之一，长期以来把这一精神作为教育和学术追求的核心，培养了无数致力于国家和人类进步的优秀人才。这些精神内涵被深刻地植入每一位清华人的心中，激励他们在各自的领域中追求卓越，贡献智慧和力量。

中国的物质文明和精神文明是数千年来不断奋斗和进取的结果，正是这种永不满足、持续创新的精神推动了中华文明的持续繁荣。从修建伟大的水利工程到开垦辽阔的土地，从精湛的手工艺到丰富的文学作品，每一次突破都是"自强不息"的真实写照。中华民族用自己的智慧和汗水书写了一幅幅壮丽的历史画卷，展现了一代又一代人对美好生活的不懈追求和对理想的坚持，确保了中华优秀传统文化的延续和国家的不断发展。

（五）创新精神

中华民族历来重视创新，视之为推动社会发展和文化繁荣的核心动力。无数的历史篇章证明了一切辉煌成就皆源于不懈的努力和连续的奋斗，而每一个伟大的时代都是在继承与创新中走向辉煌的。自古以来，中国就是一个极富创造力的国家，无论是深厚的文化积累，还是制度上的创新，以及思想和文化的繁荣，都深刻体现了这种创新精神。

《周易》中所述的"穷则变，变则通，通则久"的哲理，不仅阐述了变革的必然性，还是中华文化对于创新理念的精准表达。从古至今，每一次文化和科技的大爆发，都与这种开放和接受新事物的态度密切相关，如汉代丝绸之路上的西域通商带来的中外文化交流互鉴，以及明代郑和下西洋的勇敢探索，都标志着中国在对外文化交流中的创新和成长。

今天的中国，正处在一个前所未有的变革时期，这是一场广泛而深刻的社会转型。面对全球化的机遇与挑战，中国提出了共建"一带一路"

倡议及构建人类命运共同体的愿景，旨在通过更加开放的姿态和包容的胸怀，推动全球合作与发展。在此背景下，持续的理论创新、制度革新、科技进步及文化创新显得尤为重要。创新已经成为推动国家发展的关键，是新时代中国特色社会主义进程中不可或缺的元素。

随着时间的推移，继承和创新应当成为中华民族不断发展的两翼，只有通过不断的创新和完善，中国才能在世界舞台上展现出更加灿烂的文明光辉。创新不局限于技术或经济领域，还涉及文化和社会结构，确保中国在保持传统优势的同时，能够适应快速变化的全球环境，为全人类的进步贡献智慧和力量。

第四节　中华优秀传统文化的传承价值

中华优秀传统文化是中华民族数千年文明积淀的精华，其传承价值体现在其对个人生活的影响、社会进步和国家发展等多个方面。传承中华优秀传统文化，能够为当代社会解决复杂的社会问题提供指南，还能够增强民族自信心和凝聚力，并在全球化的背景下展示中国独特的文化魅力和软实力，促进文化多样性和世界文明的交流互鉴。

一、丰富人们的精神文化生活

中国经典著作中蕴含的智慧与道德哲学，对于现代社会仍然具有极大的指导价值和启发意义。《论语》《孟子》《庄子》以及《史记》这些作品既传递了古代圣贤的思想，也为现代人提供了解决问题的思路和行为准则。例如，《论语》中的"温故而知新"不仅仅是学习的方法，也是一种反思过去以获得新见解的思考方式，这种思考方式鼓励个体不断地从经验中学习，反复思考，从而不断进步和更新观念。《孟子》中提到的"大丈夫"精神，强调个人应当承担起社会和道德责任，展现出一种对理想的追求和面对困难的勇气，这对现代人在面对挑战和责任时同样具有积极的启示作用。《荀子》中的"故不积跬步，无以至千里"提倡的是通过持续的小步骤达到远大目标的理念，强调了努力和坚持的重要性。这种理念在现代社会中尤为重要，无论是学习、工作还是个人发展，都需要长期的积累和不懈的努力。此外，《老子》的"上善若水"教导人们应如水般柔和而又能适应各种环境，具有极强的包容性和适应性，这在处理人际关系和复杂社会问题时显得尤为重要。《庄子》的"鱼乐之辩"则让人们思考知识和真理的相对性，鼓励人们保持开放的心态，理解世界的多样性和复杂性。

这些中华优秀传统文化的智慧和教诲丰富了人们的精神文化生活，提高了个人的思维深度，也帮助中国现代社会构建更为和谐的人际关系和更加理性的社会治理结构。

二、有助于强化民族团结与国家认同

中华优秀传统文化的社会价值不仅表现在个人品德和伦理准则上，还体现在民族团结与国家认同这一更为广泛的领域。民族团结是中华民族繁荣发展的重要基石，而国家认同则有助于形成共同的价值观和信仰，提升国家凝聚力。

（一）民族团结

民族团结历来是中华文化的核心价值之一，它深刻影响了中国的历史走向，也是实现民族繁荣和国家强盛的关键因素。在中国漫长的发展历程中，多民族的共存共融，使得中华文化呈现出独特的多样性和综合性。这种跨民族的文化交融加深了各民族之间的相互理解和尊重，促进了不同文化的相互学习和借鉴。正是这种民族间的和谐相处和共同发展，赋予了中华民族在全球文化舞台上的独特地位，展示了其丰富的文化内涵和独有的魅力。

（二）国家认同

国家认同是一个民族或国家成员对自身国家的认同感和归属感。中华优秀传统文化的传承对于增强国家认同感尤为重要，因为它既是民族身份的象征，也是国家统一的精神纽带。

中华优秀传统文化包含丰富的历史故事、伦理道德、哲学思想和艺术成就等，这些都是构成中华民族共同记忆和文化自豪感的重要内容，通过学习和传承这些文化遗产，国民可以更深入地理解中华民族的历史发展、文化精神和价值追求，增强对国家的认同感。例如，儒家思想强调的"仁爱"和"礼义"，塑造了中华民族的性格，也为现代社会提供了和谐相处的道德准则。

中华优秀传统文化的传承活动，如传统节日庆典、文化遗址保护和非物质文化遗产的推广等，都能有效激发国民对传统文化的兴趣和参与感，这些活动使得中华文化传承不再是孤立的历史知识学习，而是变成了一种生活方式，让每一个国民都能在日常生活中感受到传统文化的魅力和价值。通过这种方式，中华优秀传统文化的每一次实践都强化了国民对国家文化的认同和尊重。

国家认同还表现在对外交往中如何展示自己的国家形象。在国际交流中，中华优秀传统文化是中国独特的文化名片。节日文化、茶文化、书法艺术、中国画等，这些深受国内外公众喜爱的文化元素，不只是艺术的展示，更是中国哲学、美学和历史的综合体现。这些文化形式的国际展示增强了中国的文化软实力，提升了国际形象，也使得全球观众能够跨越文化和语言的障碍，直观地理解中华文化的精髓和价值观念。这种文化传播方式有效地促进了国际社会对中国的正面认识，强化了国内外公众对中华文化的认同。

三、推动社会的发展和进步

（一）指导发展当代素质教育

在中华优秀传统文化中，素质教育的种子早已植根。古代"六艺"的教育系统涵盖了素质教育的核心要素，发展至孔子时代，其关注的德育、智育，及其提倡的有教无类的包容教育理念，均预示了现代素质教育的方向。唐代的科举制度通过分科选才，宋代理学倡导的立志、修身、进德，以及清代文人对艺术和科技的重视和实践，都是早期素质教育理念的体现，对今天的教育实践具有深远的启示和指导意义。

中国传统文化中也蕴含着丰富而有效的教学方法，这些方法至今仍为现代教育所采纳。例如，启发式、存养式和循序渐进式的教学方法，以及书院式的传统教育模式，都反映了孔子、孟子、王安石、朱熹等历代先贤的教育思想和实践经验。这些方法有助于促进大学生的全面发展，也体现了尊师爱生的教育理念。尊师重教的思想自古流传至今，已成为中华民族的宝贵遗产，持续影响着当代教育的实践与发展。

（二）帮助构建全民道德体系

近年来，伴随着中国社会经济的快速发展，物质生活水平显著提高，社会道德问题亦随之凸显。在这种社会现实背景下，我国迫切需要借鉴中华优秀传统文化，尤其是儒家思想，来构建和强化全民道德体系。儒家文化强调个体的道德修养和高尚品格，主张身心和谐与道德情操的培养，它要求人与人之间，尤其是朋友、邻居之间，应相互尊重、互谅互让、遵守礼仪，也强调对社会和谐秩序的维护。

儒家哲学还特别重视集体利益高于个人利益，鼓励个体为社会作出贡献。在现代社会中，面对盲目的物质追求、精神价值的缺失和功利主义盛行等现象，儒家的这些教导具有极其重要的现实意义。推广儒家的道德教育和精神追求，可以帮助缓解现代化进程中的种种社会矛盾和道德困境，还能够促进一个更加和谐、有序的社会环境的建立。

（三）推动社会主义精神文明建设

中华优秀传统文化深刻影响了当代中国，其丰富的历史和文化价值对增强中华民族的向心力与凝聚力发挥着显著作用。作为社会意识的核心组成部分，这一文化传承了中华民族的智慧与文明，展示了深厚的民族觉悟，成为支撑中华民族精神的关键力量。在现代社会中，中华优秀传统文化的推广与实践，有效助力民族自信心与自尊心的提升，燃起了人们的爱国热情，唤醒了深沉的爱国情怀，并加强了民族的主体意识。中华优秀传统文化中蕴含的深刻道德理念，如见利思义、忠恕之道、舍生取义等，为社会主义精神文明建设提供了坚实的思想基础。这些传统价值观在当前中国特色社会主义教育中占有重要地位，它们能指导人们正确处理人生价值与社会道德问题，优化人际关系，有效抵制商品经济社会中盛行的拜金主义、享乐主义和极端个人主义。可以说，中华优秀传统文化对于提升社会整体道德水平具有不可替代的重要作用。

（四）促进社会主义市场经济建设

当前，全球正在经历深刻的变革与发展，文化已成为各国综合国力竞争的重要领域，中国特色社会主义事业正在推动国家的全面进步，国家强调文化软实力的重要性，并确立了建设社会主义文化强国的战略目标。在这一战略指导下，中华优秀传统文化一方面作为文化软实力的核心资源被重新认识和重视，另一方面也成为展示中国特色和精神面貌的关键领域。

中华优秀传统文化积淀深厚，它的价值不限于历史影响，更体现在其对当代中国社会经济结构和文化建设的实质性贡献上。在国际舞台上，随着各国对文化软实力竞争的日益重视，中国正通过其独特的文化魅力和深厚的传统底蕴，在全球范围内塑造和提升自身国家形象，增强其国家影响力。这种文化力量的增强赢得了国外对中国发展的认可和支持，也促进了国际化的交流与合作。中华优秀传统文化在国内的影响同样显著，它为中国市场经济的构建和文化事业的发展提供了丰富的哲学思想和道德指导。与西方文化中的实证科学精神相比，中华优秀传统文化的整体性和协调性思维提供了独到的视角。通过有效整合市场经济与传统文化的优势，中国不仅在弘扬中华优秀传统文化的同时创新其内容，还在经济体制改革中发挥了中华优秀传统文化的独特作用，为社会主义市场经济的健康发展奠定了坚实的文化和道德基础。

在持续推动社会主义现代化的过程中，中国致力于将马克思主义与中华优秀传统文化结合起来，提炼其精华并发扬光大。

四、有助于增强文化自信，提升国家软实力

美国政治学家亨廷顿（S. Huntington）在其著作《文明的冲突与世界秩序的重建》中指出，未来全球政治将围绕文明展开对抗，凸显出文化对国际关系的深远影响。文明作为文化发展的高级阶段，已经成为国家之间互动的核心。中华优秀传统文化同样拥有悠久的历史与深远的影响力，这种文化自信不仅是情感上的自豪，还是一种对未来发展的坚定信念。传承与发展中华优秀传统文化，要求既尊重历史又面向未来，避免文化自大或自卑的极端态度。中华优秀传统文化为人们提供了无限的灵感与动力，其包含的爱国情怀、奋斗精神和创新意识等，已深植于每位中华儿女的心中。这些文化元素不断被世世代代地传承，并在实际生活中不断得到体现和强化，从而塑造了中华儿女独特的世界观和人生观，强化了中华民族的价值观。

中华文化构成了中华民族的精神支柱和独特标志，它不只滋养人们的精神世界，还推动了中华民族的持续进步。中华优秀传统文化作为民族精神的核心，贯穿中华民族的发展脉络，成为实现民族复兴的精神动

力和文化基石。历史上，中华文明的持续与发展已展现其独特的连续性和稳定性，成为全球历史上罕见的文明奇迹，为世界留下了最为丰厚的精神遗产。中华优秀传统文化的深邃和广博，展示了从古至今不减的光辉，中国历代的诗词歌赋、书法艺术、医学典籍和天文历法等，都充分体现了劳动人民的智慧，也反映了中华民族独有的文化魅力。这些文化成就经历了数千年的考验，其长久的生命力说明了其内在的价值和意义。当前，国家对中华优秀传统文化的传承与发展给予了高度重视，这是文化自信的体现，也是文化强国建设的重要组成部分。国家力量的全面性除了体现在科技、军事和经济等领域外，同样需要文化影响力和国民素质的提升。

中华优秀传统文化的教育是提升国民素质、增强综合国力的关键途径。文化在综合国力竞争中占据了核心地位，中华优秀传统文化无疑成为我国提升综合国力的重要组成部分。每个国家和民族都因其独特的历史、文化传统和风俗习惯而形成了各自的文化特征，中华文化以其独特性展示了中华民族的个性化特征。中华优秀传统文化不只是传承的根基，也是创新发展的源泉。中华优秀传统文化通过千年的沉淀、积累和发展，既继承了先贤的智慧，还学习、吸收了外来文化的精华，其包容性和适应性体现了强大的生命力。中华优秀传统文化在国际上日益受到重视，其所代表的谦逊、平和以及仁义等价值观，塑造了中国的国际形象，成为广受欢迎的文化象征。在中国唐朝时期，长安城内的多元文化交流就是一个典型例证。许多来自不同国家的人来到这里，共同生活在一个稳定、和谐的社会中，这种融合和包容的场景使长安成为当时的文化中心，还让来自各地的商人和官员感受到了中华文化的独特魅力和深厚底蕴。如今，中华优秀传统文化作为思想宣传和社会科学研究的重要领域，继续在文化创新和传承中发挥着关键作用，成为推动社会进步和增强文化影响力的重要力量。

和平与发展构成了现代国际社会的核心议题，而经济全球化与世界多极化的趋势正变得日益明显。在此背景下，世界各国在经济、文化和政治层面的联系与依存关系日益加深。在这种环境中，文化的软实力显得尤为重要，它通过吸引而非强迫的方式，成为增强国家影响力的一种力量。美国政治学者约瑟夫·奈（Joseph Nye）1990年在《外交政策》杂志上发表文章提出"软实力"概念，软实力指的是一个国家通过文化、政治价值和外交政策的吸引力影响其他国家的能力。文化软实力已经成为全球各个国家展示自身影响力的重要方面。西方国家借助其文化和技术优势，通过影视、文学作品以及各种文化交流活动，积极推广其文化和价值观，这样就扩大了它们的文化影响力，也成为其意识形态传播的有效途径。与西方国家相比，中国的文化软实力发展起步相对较晚，但中国正加速发展自己的文化软实力，充分利用丰富的中华优秀传统文化资源。中华优秀传统文化作为中华民族长期以来的文化血脉和精神力量，曾在世界历史上产生过重大的影响，在新时代背景下，传承和发展中华优秀传统文化，能够增强中国的文化软实力，还可以更好地在国际舞台上表达中国的思想，表达中国的声音，塑造中国的国际形象。

通过上述分析可知，积极推广和继承中华优秀传统文化，坚定文化自信，并增强文化软实力是至关重要的。建立中国主流媒体的国际传播平台，并利用数字网络新媒体来推广中华文化，可以正确引导公众舆论。这样做将增强文化传播的影响力，掌握国际话语权，并增强中华文化在全球的影响力，确保在国内外思想领域中占据主导地位，以成功应对国际舆论的挑战。

第五节 中华优秀传统文化的创新意义

中华优秀传统文化的创新是文化自我更新的必然要求，也是适应现代社会发展的必要条件。对中华优秀传统文化进行创新性的解读和应用，可以有效地保护和传承这些文化遗产，同时使其更加符合现代社会的审美和实用需求。这种创新使得中华优秀传统文化能够跨越时间和空间的界限，吸引更广泛的群体，尤其是年轻一代，增强了文化的生命力和影响力。中华优秀传统文化的创新意义主要体现在以下几个方面，如图1-2所示。

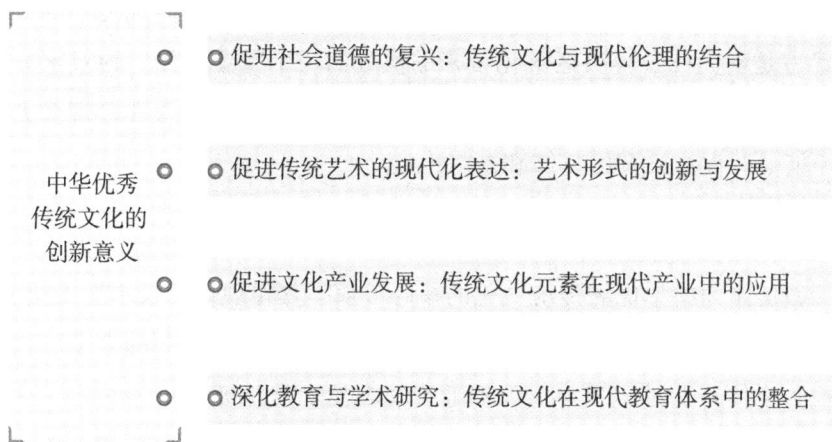

图1-2 中华优秀传统文化的创新意义

一、促进社会道德的复兴：传统文化与现代伦理的结合

在快速变革的现代社会中，传统文化与现代伦理的结合不仅有助于维护社会的道德标准，还能引导社会成员发展更全面的道德观。

（一）弘扬家庭伦理，增强社会凝聚力

中华优秀传统文化强调的家庭伦理观念，在今天的社会环境中仍然发挥着积极作用，尤其是孝道与家庭和谐的理念，这些观念并不局限于家庭内部，而是深深地渗透到整个社会结构中。家庭作为社会的基本单元，其内部的和谐直接关系到社会的稳定与发展。孝道的传承不仅仅是对长辈的尊重和关怀，更是一种社会责任感与人际关系良性互动的体现。这种从小培养的尊老爱幼观念，成为个体社会化过程中的重要部分，有助于形成更加和谐的社会关系网络。

在现代社会中，孝道的现代转化及其对老年人的尊重和关爱，既展示了个人的品德，也反映了社会文明的进步水平。随着社会老龄化问题的加剧，这种传统美德显得尤为重要，它能够帮助构建一个关怀老年人的社会环境，还能够促进代际的理解和尊重，这种基于传统伦理的社会凝聚力是现代社会解决老龄化带来的挑战的一个重要方面。通过家庭与社会两个层面的共同努力，孝道和家庭和谐的理念能够为社会带来更多的正能量，促进社会的整体和谐与稳定。

（二）倡导诚信，构建信任社会

诚信作为中华优秀传统文化的核心价值，其在现代社会中至关重要，商业活动的透明、社会交往的真诚都植根于诚信的文化基础之上。当诚信成为个体行为的出发点时，商业环境自然而然地变得更为稳定，交易双方基于信任建立起长期的合作关系，进而降低了交易成本和潜在的冲突风险。同样，在社会交往中，诚信的价值观能够减少误解和疑虑，增强社区的团结与和谐，这种从个体到集体的信任建设，是社会稳定发展的重要保障。

进一步来看，诚信的推广除需要个人的自我约束外，还需要教育与制度的双重保障。教育方面，在大学、家庭乃至职场进行诚信教育，可以培养人们诚实守信的品质，形成社会的广泛共识。而制度建设方面，

建立健全的法律法规，对诚信行为给予奖励，对失信行为进行必要的惩处，能够有效地规范人们的行为模式，使诚信成为一种社会规范。这样的教育与制度双管齐下，可以有效提升社会的整体运行效率，减少因信任缺失带来的社会矛盾和成本。

（三）道德与法治的相辅相成

人们在理解道德与法治相辅相成的关系时，首先要认识到中华优秀传统文化中道德教育的力量。道德教育通过内化于个体的价值观，形成一种无形的社会约束力，指引人们在日常生活中做出符合道德标准的行为选择。与此同时，法治为这些道德标准提供了外在的、具有强制性的支持，确保社会行为的规范性和公正性。在这一过程中，道德教育扮演着塑造人心、提升道德认知的角色，而法律则确保这些道德标准能够被具体实施并维护社会秩序。例如，中华优秀传统文化中的仁爱思想强调对他人的理解和关心，这种思想的教育可以深入人心，促使个体在处理社会冲突时能更多地采用和解与宽容的方式，从而减少冲突的发生和扩大。这种道德的自我调节功能减少了对法律介入的需求，使法律资源可以更有效地配置和使用于需要外部干预的更严重或更复杂的情况。当法律规定与广泛认同的道德观念一致时，法律的执行自然会更加顺利，因为人们内心的道德信念与法律要求相契合，这样法律是外在的强制，也是内心的自愿遵守。这种内外一致的状态，显著提高了法律的实施效率，也提升了法治本身的正当性和接受度。

二、促进传统艺术的现代化表达：艺术形式的创新与发展

传统艺术的现代化表达是中华文化传承与创新的重要方面，涉及书法、绘画、戏曲等艺术形式在当代社会中的重新诠释和应用。

（一）书法艺术的现代转化

书法艺术在现代的转化和复兴中展现了传统与创新的完美融合。艺术家在维护书法传统技巧的基础上，积极探索包括抽象表现在内的现代艺术元素，通过这种方式，书法作品不只是传达传统韵味，还赋予了作品鲜明的现代感。抽象书法的实践，如利用毛笔和宣纸这些传统工具表达个性化和自由的艺术观念，突破了传统书法的规范界限，为这门古老艺术形式注入了新的生命力。同时，数字技术的应用在扩大观众群体和增加艺术互动性方面起到了关键作用，数字化的书法作品能够通过网络平台轻松传播，使得全球观众都能接触和欣赏到这种融合了传统精华与现代创意的艺术形式，大大提高了书法艺术的可达性和影响力。

（二）绘画艺术的创新

中国画的现代化表达是中国传统绘画艺术与西方绘画技术的一次创新融合。当代艺术家在继承水墨和宣纸使用这一传统手法的同时，大胆引入了油画和丙烯画等西方绘画技术，以及超现实主义和表现主义等现代艺术流派的元素，这种方法不只是技术上的尝试，更是对中国绘画文化上的一种探索，它使得中国画的表现技巧更加丰富，视角更加国际化。艺术家通过这种跨文化的手法，既保留了中国画的传统精神和美学特质，又增添了全新的视觉和情感深度，使作品能够跨越文化界限，与全球观众产生共鸣。例如，在将中国传统山水画与现代城市景观相结合的作品中，艺术家描绘了自然的传统美，也反映了现代社会的动态变化和城市生活的实际场景。这种艺术创新显示了中国画的变革力，突出了其在现代社会语境中的相关性和表现力。这样的作品展示了中国画的新面貌，得到了观众的广泛认可和好评。

（三）戏曲艺术的现代演绎

戏曲艺术的现代演绎体现了中国传统舞台艺术与当代技术和观念的

结合。通过引入现代舞台技术和多媒体效果，中国戏曲艺术不断刷新其表现形式和观众体验，使得这一古老艺术形式焕发新生。现代舞台技术，如精致的灯光设计和立体声音效，以及使用视频和动画等多媒体手段，极大地丰富了戏曲的视觉和听觉层次，提供了更为震撼和沉浸式的观看体验。此外，现代化的剧本内容，如融入当代社会议题和更易引起年轻人共鸣的情感故事，也使中国戏曲艺术更加贴近现代生活，吸引了各个年龄层的观众。戏曲的这种现代演绎不只是艺术形式的革新，更是一种中华文化的活跃交流，显示了中华传统艺术在全球舞台上的持续影响力和吸引力。

（四）中华传统音乐与现代音乐的融合

中华传统音乐与现代音乐的融合是当前音乐发展的一个显著趋势，特别是在传统民乐的现代化过程中表现得尤为突出。古筝、二胡等传统乐器在融入爵士、摇滚和电子音乐元素后，增添了新的音乐表达形式，并且极大地扩展了这些乐器的表演和听众接受范围。这种风格的混合使得传统乐器能够跨越文化和时代的界限，触达更广泛的听众群体，如二胡与电子音乐的结合，通过电子节拍和传统旋律的交融，创造了一种既有东方古典韵味又带有现代节奏感的音乐风格，这种新颖的音乐形式能够满足不同年龄层听众的审美需求，特别是吸引年轻人的兴趣。

这种音乐创新不只是在国内获得认可，更在国际音乐场合中展示了其独特的艺术价值和文化魅力，如通过国际音乐节和跨文化的音乐交流活动，二胡结合电子音乐的表演既展示了中华传统音乐文化的现代演绎，还强化了全球听众对中华传统音乐文化的理解和欣赏。跨文化音乐创作与演出丰富了全球音乐文化的多样性，为中华传统音乐文化的传承与创新提供了新的可能性，证明了中华传统音乐文化在现代社会中的适应性和持久魅力。

三、促进文化产业发展：传统文化元素在现代产业中的应用

中华优秀传统文化与现代技术和市场需求相结合，可以创造出独特的产品和服务，提升文化产品的市场竞争力，并促进文化经济的增长。

（一）设计产业中的中华优秀传统文化元素应用

在时尚和产品设计领域，设计师经常借鉴和重现中国传统图案，如龙、凤、莲花等，这些元素赋予了产品独特的文化标识，满足了消费者对于个性化产品的追求，如将龙的图案设计在高端服装上，可以提升产品的文化价值和市场地位，吸引对东方文化感兴趣的国内外消费者。此外，这种设计策略也帮助品牌在全球市场中突出显示其文化根源，增强品牌识别度。在建筑设计领域，古典园林的设计理念和元素，如曲线屋顶和回廊的运用，在现代建筑中创造了与众不同的视觉和情感体验，这种设计不仅是简单的形式复制，也是对中华传统建筑风格的现代解读和创新。现代建筑项目会在材料和技术上采用现代化的方法，同时保留中华传统元素的精髓，如使用更持久的材料来模拟古典木结构，这样的建筑不仅能呈现出独特的东方美，还能在功能和环保方面满足现代建筑的需求，进而在全球化的建筑市场中展现中华优秀传统文化的魅力和价值。

（二）中华优秀传统文化在旅游业方面的创新开发

文化旅游产品的创新开发可以利用传统文化元素提供独特的旅游体验，这对保护和传承文化遗产至关重要。京剧、茶道体验和古镇游等项目不只是旅游活动，它们是深度探索中华优秀传统文化的途径，通过这些活动，游客能够直接接触并体验到丰富的中华优秀传统文化，如参与茶道体验能够让游客在学习泡茶技艺的同时，深入了解中国茶文化。这种互动性强的体验活动使文化旅游不仅限于观光，而是变成了一种教育和文化交流的机会，这样的体验通常比传统观光活动更能留存于游客的

记忆之中。

此外，现代营销手段，如数字媒体和虚拟现实技术的应用，极大地丰富了文化旅游的形式和范围。通过虚拟现实技术，游客即使身处家中，也能预览京剧表演或者虚拟游历古镇，这种技术的应用极大地提高了文化旅游的可接触性和吸引力，如虚拟现实中的古镇游可以详细展示每个角落的历史和故事，提供比实地访问更加深入的景点信息，增加了潜在游客的兴趣，也为不能亲自到访的人提供了学习和体验传统文化的机会，进一步拓宽了文化旅游的市场，增强了其文化和经济的双重价值。

（三）中华传统手工艺与现代市场的结合

中华传统手工艺与现代市场的结合展现了传统技艺与现代需求之间的成功融合，为手工艺人开辟了新的就业机会。随着消费者对个性化和独特装饰品的需求增长，手工制作的陶瓷、织物和木工艺品成为现代家居装饰的热门选择。这些传统手工艺品不但因其艺术价值和文化意义受到青睐，还因为其环保和可持续的特性而符合现代消费者的购买倾向。人们对这类产品的大量需求推动了手工艺产业的复兴，帮助传统技艺在全球市场中占据一席之地，并且许多手工艺人通过网络平台将产品直接销售给全球消费者，这种直接的市场接触提高了他们的收入，也提高了消费者对中华传统手工艺文化价值的认识。

四、深化教育与学术研究：传统文化在现代教育体系中的整合

中华优秀传统文化在现代大学教育体系中的整合是促进大学生全面加深对本国文化认知的重要途径。只有将中华优秀传统文化融入大学的课程设置、教学方法和学术研究中，才可以培养大学生的文化自觉和创新思维，同时为大学教育及学术领域带来新的研究方向和拓展研究深度。

（一）大学课程教学内容的设计创新

大学课程教学内容的设计是整合中华优秀传统文化进入现代教育体系的基础。在大学课程教学中，教师不仅可以引导大学生关注事件本身，而且可以引导大学生一起深入学习并分析这些事件背后的文化和哲学因素，如探讨儒家思想如何影响历史进程，或道家的哲学如何体现在古代政治制度中，这种方法可以帮助大学生建立起对历史的多维理解，增强他们的批判性思维和分析能力。同样，在大学文学课程的教学中，大学生通过研读古诗词、古典戏剧和古典小说，除能学习到古代文学艺术的精妙外，更能深入理解那个时代人们的生活方式、思想感情和社会价值观，能更全面地感知和欣赏中华文化的深刻和复杂。大学还可以尝试将书法、传统绘画等艺术形式纳入文学、民俗、艺术等课程，这样的教学一方面是技能的传授，另一方面是文化理解的过程。通过实际研习这些艺术形式，学生可以直接接触和体验到中华传统艺术的独特美和精神内涵。

（二）大学教学方法的多样化

大学教学方法的创新是中华优秀传统文化融入教学内容的另一个重要方面。一方面，通过引入互动性强的教学模式，如讨论、角色扮演和实地考察等，大学教师能够更加生动、有效地传达知识，同时激发大学生的学习兴趣。例如，采用角色扮演的方式讲解古代历史或文学作品，可以让大学生更加身临其境地感受历史情境，理解人物心理。此外，实地考察，如参观博物馆、历史遗址，能够让大学生直观地观察和理解古代人的生活方式和艺术成就，这种直接的观察是书本上无法完全传达的。另一方面，大学生直接参与中华传统节日等文化活动，如春节、中秋节的庆祝活动，能使学生亲身体验传统文化的魅力，还能加深他们对这些传统节日背后深层文化意义的理解。通过制作灯笼、包饺子、写春联等活动，学生既学习到传统技艺，又能通过亲身体验感受到节日的文化氛围和家庭的温馨，在无形中增强对中华文化的认同和热爱。

（三）在学术领域中的拓展与深化

中华优秀传统文化的整合将会打开学术研究中多学科交叉研究的新局面。研究者通过将历史、哲学、艺术和社会学等不同学科的研究方法和视角结合起来，能够较为全面地分析和解读中华优秀传统文化及其对现代社会的广泛而深远的影响。例如，从社会学角度分析中华传统节日文化如何加强社区凝聚力，或从心理学角度探讨中华优秀传统文化对个人性格形成的作用。这种跨学科的研究方法既丰富了研究内容，也提高了学术探讨的深度和广度，有助于更深刻地理解中华优秀传统文化在当代社会中的实际意义和作用。技术在中华优秀传统文化研究中的应用则是另一重要的发展方向。现代数字技术，如数字化文献保存技术和虚拟现实技术，使得中华古代文献和艺术品的保存与研究更加高效和精准。数字化档案可以使古代文献免受物理损坏，而三维扫描和虚拟现实技术使学者和公众无须前往现场即可详细探查复杂的中国古代艺术品。

（四）与国际教育和中华文化机构的交流与合作

中华优秀传统文化在教育体系中的整合也包括与国际教育和中华文化机构的交流与合作。通过参与国际会议、合作项目和大学生跨国交换计划，学生可以将中华优秀传统文化介绍给世界各国，也能从其他国家学习和吸收有益的异国文化和各种文化研究方法。这种国际化的教育模式对提升大学生的综合能力乃至全球竞争力极为重要。

国际文化交流与合作在中华优秀传统文化教育的整合中起着至关重要的作用，参与国际会议和合作项目使教师和学生有机会将中华优秀传统文化呈现于全球舞台，促进世界文化的相互理解和尊重，如通过国际学术会议的演讲和研讨，研究者可以分享中华传统哲学、艺术和社会习俗的研究成果，这增加了国际社会对中华文化的了解，促进了跨文化的学术对话和思想交流。国际合作项目，如联合研究和文化展览，为中华优秀传统文化的现代应用和创新提供了新的平台，使中华优秀传统文化在国际上得到更广泛的认可和应用。大学生跨国交换计划则直接促进了各国文化交流的实际体验和深入学习。通过赴海外学习和生活，大学生可以亲身体验不同文化环境下的日常生活和教育方式。外国学生来华学习也可以直接接触中国的语言、艺术和传统节庆。这种互动性强的文化体验是理解和尊重异国文化的重要基础。

第二章　中华优秀传统文化与大学生校园文化生活

第一节　大学生校园文化概述

一、大学生校园文化的内涵

大学生校园文化作为大学教育不可分割的一部分，具有独特的成分和特色。它由学生群体、师生关系、教育内容和目标以及大学生活的特定节奏和规范等元素构成，这些因素共同塑造了大学生校园文化的独特风貌，也反映了其丰富性和复杂性。

大学生校园文化是一种独特的文化表现形式，涵盖了精神和物质两大层面。在精神层面，它主要反映在大学的教育理念和价值观上，这些理念和价值观基于对教育本质、办学规律及时代需求的深入理解，为大学的发展方向提供指导；物质层面则体现在校园的实体环境和资源配置上，这是大学生校园文化的基础支撑，也是展示大学实力的关键因素。这两个方面相辅相成，共同塑造了大学的文化形态，其中精神文化的作用尤为关键，它不仅引领整体发展，还是区分不同大学特色的核心要素。从这个角度来看，大学生校园文化可以被定义为一个由校园社区成员在长期教育实践中共同构建的，以先进社会文化为引导，以师生文化活动为主体，以校园精神为基础的物质和精神文明的综合体。

从系统理论的视角来看，大学生校园文化是更广泛的社会文化系统的组成部分，它的形态与社会文化的演变紧密相连，显示出鲜明的社会和时代特征。大学生校园文化一方面体现了文化的普遍特性，另一方面还具备其独有的本质特征，反映了教育、人才培养及精神文明建设的成果。这种文化作为教育过程中不可或缺的背景和资源，发挥着塑造教育环境和丰富教学内容的关键作用。因此，大学生校园文化不只是一个物质和精神成就的展示，也是教育实践重要的支撑系统。在具体实现过程中，大学生校园文化是由师生员工共同在一定的价值观念指导下创造的文化实体及其活动的集合。这种文化系统以大学校园为空间载体，以广泛的学术和社交为动力，包括教学、科研、社区活动等多个领域的相互作用，其中，大学生作为主体参与其中，使得校园文化充满活力和创新精神。大学生校园文化通过各种文化活动的组织实施，及其在积累、凝聚力和内部管理上的持续优化，形成了具有明显大学特色的组织文化。

大学生校园文化的核心是其价值观，它在整个校园文化体系中发挥着核心作用，这些价值观塑造了大学生校园文化的本质和发展方向，影响着大学生校园文化功能的实现，如构建大学精神、形成优良校风、培养教师高尚师德、培养大学生的为国奉献的坚定信念和献身精神等方面。这些方面主要通过教学、科研、生产和生活等领域的相互作用及广泛的多学科交流体现，进而形成特定的文化活动和与之相适应的生活方式。大学生校园文化具备以下几个特征。

（一）大学生校园文化是一种亚文化

大学生校园文化是大学中形成的特殊文化，是在广泛的社会文化环境下以大学为地理环境圈，由全体师生在大学长期的教育实践过程中积淀和发展起来的一种亚文化，它是由特定群体（即全校师生）创造和推行的一种特有的文化价值体系、思维模式和生活方式。大学生校园文化的本质意义在于影响和制约大学师生员工的发展，其价值在于促进大学人才的形成和发展。大学生校园文化同时受到社会主流文化的深刻影响，它与社会主流文化保持一致，同时与家庭、社区、企业等其他亚文化以及不同大学间的校园文化相互作用，形成一个复杂的文化网络。这使得大学生校园文化既独立又不脱离更广泛的社会文化背景，能够在内部和外部文化之间建立起桥梁。

（二）大学生校园文化与大学教育相关联

高等教育与大学生校园文化的关系密切，两者互为因果，相互影响。校园文化尤其与大学的思想政治教育、德育和科研活动等紧密相关。优质的高等教育有助于大学生校园文化的丰富与发展，而丰富多样且有活力的校园文化又反过来有助于提升高等教育的质量，它们之间是相辅相成的关系，共同推动着中国特色社会主义教育事业向前发展。大学生校园文化通过其丰富的教育活动和文化实践，致力于培养德智体美劳全面发展的大学生，这些大学生将成为国家的合格建设者和未来的接班人。在这一过程中，大学生校园文化为学生提供了知识和技能的学习机会，更为他们提供了一个理想的、广阔的进行思想熏陶和培养道德修养的大环境。

（三）大学生校园文化具有一定的空间

大学是人类在一定的地域范围内营造的一个生存空间，也是人类改造世界的一个物质文化空间和精神文化空间。大学生校园文化空间的整体文化意象或实质内涵是由人的心理、行为和精神的各种文化理论与实践活动而表现出来的。大学生校园文化虽然以校园为主要空间，但其影响和表现并不局限于校园的物理边界，它具有教育性、文化性、包容性和层次性等基本特征。随着信息技术的快速发展，特别是互联网和社交媒体的普及，大学生校园文化已经能够通过数字平台扩散到更广泛的社会环境中。这种扩散使得大学生校园文化的影响力得以增强，也让其在全社会范围内产生了更深远的文化效应。

（四）大学生校园文化的主体是全校师生员工

大学生校园文化是大学所具有的特定精神环境和文化氛围，它以全校师生员工为主体，以课外文化活动为主要内容，以校园为主要空间，涵盖院校领导、教职工在内，是以校园文化为主要特征的一种群体文化。这种文化不仅包括物质硬件和精神文明，还包括大学的办学宗旨、办学理念、行为规范和规章制度等。大学生校园文化的建设体现在多个方面，有环境文化、行为文化、制度文化等，参与的主体是广泛参与大学生校园文化建设与传承的全体师生员工，包括所有支持性员工，如行政人员和技术人员等，他们都在大学生校园文化建设的各个层面发挥着作用。大学生校园文化的形成和演进是全体校园成员的共同成果。大学生校园文化就是这些不同角色通过互动、合作及一起参与校园生活共同塑造和发展而成的。因此，在理解大学生校园文化时，仅关注学生或教师是不够全面的。

（五）大学生校园文化具有可塑性与超前性

大学生校园文化并非一成不变的，其发展既依赖于大学的丰富历史和传统，也受到当代校园社区成员的创新能力影响。大学生校园文化的形态和发展深受大学职能及教育者的教学方法和行为风格的影响，教育者在这个过程中起着关键的角色，他们是文化的传递者，更是文化的创造者，教育者的思想、价值观和道德标准直接塑造了大学生校园文化的质量和风格。此外，教育者还积极地批判和排除那些对大学生产生负面影响的劣质文化因素，努力将这些负面影响降至最低，以营造一个健康的教育环境。

大学生校园文化始终处于不断的变革与重塑之中，以适应时代的发展需求。教育本质上是为未来服务的，故大学生校园文化的创新和发展需要与时俱进。由于校园中的主体成员通常思想活跃，敢于挑战现状，并且具有批判精神，所以他们往往能够引领文化的潮流。大学管理者和大学教师尤其需要发挥其核心作用，积极、大力地宣扬健康向上的校园文化，摒弃过时和不健康的文化元素。

（六）大学生校园文化具有适应性与辐射性

大学生校园文化作为社会文化的一个延伸，不可避免地受到社会文化的深远影响，并以此满足社会的需求。大学生校园文化的形成和发展是大学与社会互动的积极体现。

大学生校园文化包括显性文化与隐性文化两个维度。显性文化主要是校园中可见的物质象征和活动实践，如校园建筑、教育设施等；而隐性文化则包括校园内部的价值观、信仰、习俗和行为准则，大学生校园文化建设实际上是对这些不同层面及各个方面的不断整合、持续发展与完善。大学的管理目标、管理体制与成员的价值观念通过整合，形成了独特的大学生校园文化。这种文化环境塑造了大学内部的氛围，也潜移默化地影响了所有校园成员。大学生校园文化通过教学内容、科研成就以及多彩的文化活动，一方面丰富了大学生的学习生活，另一方面也逐渐对外部社会产生了影响。大学培养的一批又一批能够适应社会主义现代化建设的全面发展的复合型人才，都力求与社会的需求保持一致，他们毕业后进入社会各个行业，能将其所携带的校园文化逐步扩散至全国甚至国际范围，从而使大学生校园文化成为社会文化的重要组成部分。

二、大学生校园文化的基本要素

（一）大学生校园文化的主体

大学生校园文化的形成和发展依赖于其广泛的社会参与者，包括大学生、大学教师、大学领导、管理人员和其他职工，这些群体共同构成了大学生校园文化的核心，各自扮演着不同但互补的角色。教育不应仅仅局限于单一方面的影响，而是多方面因素影响的集合体。因此，大学校园不仅是知识传递的场所，还是价值观念、行为方式共生的社会小宇宙，在这个宇宙中，每一个成员都在不同的层面和方式上贡献着自己的力量，共同推动大学的教育使命向前发展。在这一过程中，大学领导起着至关重要的导向作用，作为大学的法定代表人和政策执行者，他们的决策和行为模式深刻影响着大学的教育方向和校园文化的整体风貌。大学教师则在这一体系中担任传递知识与文化价值的关键角色，他们的教育方式和专业知识培养了大学生的专业能力并促成其取得初步成功，深刻地影响着大学生的世界观和人生观。大学教师的行为和教学策略，直接决定了大学生校园文化的质量和深度。

大学生群体作为校园文化中最活跃的部分，其接受新知和表达思想的方式常常是多变和富有活力的。他们对新观念的接受度高，同时承受着时代变迁带来的文化矛盾和社会压力。此外，大学校园中的其他职工通过日常的管理和服务工作也在潜移默化中影响着大学生校园文化的发展，甚至那些对大学持续关注和支持的外部群体或个体，也以准大学生校园文化主体的身份，为大学生校园文化的形成和演变作出贡献。

大学生校园文化的主体是大学教师、大学生及其他员工这些群体的集合体，因其社会阶层、角色、年龄和教育背景的不同，对大学生校园文化的影响也表现出多样性。作为文化的活跃载体，大学生校园文化主体的组成与素质是塑造校园文化性质和水平的关键，他们的行为和互动是大学生校园文化演变和传播的核心驱动力。所以，提升这些文化主体的整体素质，是与时代的发展与需求相符的，体现了中国特色社会主义的大学生校园文化的基础，这要求我国必须关注并优化校园主体的教育和能力发展，以确保他们能在大学生校园文化建设中发挥积极和核心的作用。

（二）大学生校园文化的环境

大学生校园文化环境主要由三个方面构成：自然环境、人际关系环境以及文化历史环境。自然环境主要涵盖了大学中各类教学、研究、生产和居住区的空间布局，其中教学区和研究区是开展大学生校园文化活动的核心区域，而生产区和居住区则是大学生校园文化对外交流的前线和社会文化信息的接收点。人际关系环境则是由教职员工与大学生之间的相互作用及其社交网络构成的，这种环境是不断变化的，反映了大学校园内部文化的复杂性和动态性。最后，文化历史环境指的是大学所积累的历史和文化传统，以及大学生校园文化主体在广泛的社会文化背景下开展的各种文化活动。

三、大学生校园文化的功能

大学生校园文化的功能是大学生校园文化外在作用的具体展示，主要包括以下五点，如图 2-1 所示。

导向功能

①

娱乐功能 ⑤　　功能　　② 凝聚功能

约束功能 ④　　　③ 激励功能

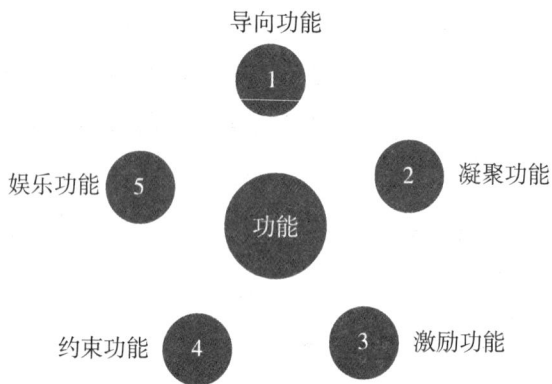

图 2-1　大学生校园文化的功能

（一）导向功能

大学作为一个开放和包容的系统，聚集了多样的思想、理论和观念，这种多元化的环境激发了师生的学习热情，也可能引起一定的困惑和不确定性。在这种多元文化的交汇处，大学生校园文化的引导作用显得尤为关键，一个积极向上的校园氛围对于帮助大学生形成符合现代社会要求的价值观和判断力至关重要，能够促进他们的正向发展。相反，若缺乏这种文化导向，则可能产生不良影响。对此，大学生校园文化的构建必须紧密围绕教书育人的核心任务进行，应当大力推广那些有助于大学生健康成长的文化活动，使之成为大学生校园文化的主流。对于那些可能对大学生产生负面影响的文化元素，大学需要采取坚定的态度进行抵制和排除，确保大学校园文化环境的健康发展，为大学生提供一个清晰、正面的成长空间。

在高等教育机构中，大学生校园文化活动的核心目标是塑造并强化大学生正向的价值观和高尚的精神。在当代，大学生被赋予了国家发展的重任，所以培养他们的崇高人生信仰和人文精神是与专业教育同等重要的，大学既是积淀知识的宝库，也是培养未来人才的摇篮。一个全面发展的人才，除了需要拥有深厚的学识和强健的体魄外，还应具备远大的理想和高尚的情操。大学生校园文化的形成和发展与校园的环境和气氛密切相关，正如古语所言："近朱者赤，近墨者黑。"大学校园环境对个人的思想和行为方式有着重大影响，大学生校园文化可以反映出整个大学的思想水平和精神面貌。因此，大学应重视大学生校园文化的引导功能，充分利用其价值导向的作用。大学生校园文化应该围绕教育大学生确立正确的政治立场、思想观念和道德标准展开，大学需要将爱国主义、社会主义、集体主义、艰苦奋斗以及全心全意为人民服务的精神作为大学生校园文化的主旋律，以此培养大学生的道德情操，塑造其良好的身心素质，并促进他们全面发展。

（二）凝聚功能

优秀的大学生校园文化犹如黏合剂，能够把师生员工聚集成一个充满活力的团体，这种文化能够将有着相似兴趣和目标的大学生团结在一起，促进他们之间的交流与共同进步，还可以为他们创造一个共同奋斗的目标和优良的人际关系网络。正是通过这样的团结合作，大学生能在优越的成才环境中茁壮成长。目前，许多大学都在积极推动校园文明建设活动，这些活动主要以构建大学生校园文化为核心，通过师生的共同参与，拓展了大学生校园文化的内涵，凝聚了大学各方面的力量。

大学生校园文化在与大学的整体风貌紧密结合时，能够内化成一种强大的吸引力，从心理和行为上影响校园师生。大学生校园文化中蕴含的价值观、理想信念、行为规范、思维模式以及校园精神和学风，虽然无形，却深刻地存在于每一位师生员工的日常行为中，引导他们按照大学的主导价值观和行为规范来工作、学习和生活，这种文化的力量是难以量化的，但其影响是深远的。

（三）激励功能

大学生校园文化具有激发学生和教职工内在动力的重要作用，在这

49

种文化环境中，大学生通过对高尚理想的追求以及对国家和人民高度的责任感，能够显著提升他们的学习热情和学习能力。通过参与校园文化活动，大学生的集体荣誉感和使命感也能够得到增强，他们会更加自觉地维护和提升在读的母校、院系甚至班级的声誉，并被激励着为自身全面发展及大学的荣誉而不懈努力，从而为大学的整体发展贡献力量。大学生校园文化同时作为一种精神和心理的支柱，如同无形的模具，塑造着未来的人才。例如，大学定期举办的各种学术和文化讲座，邀请社会各界的杰出人士来校园分享他们的经验和智慧，为大学生提供了多角度、多层次的成才视角，这一切将极大地激发学生的上进心，尤其是那些取得过显著成就的往届校友的成功经验，更会引发大学生的强烈共鸣，让他们从这些成功人士的故事中感受到大学生校园文化的深厚底蕴。

（四）约束功能

大学生校园文化的形成伴随着一套社会价值取向和道德标准的自然生成，这些标准要求大学校园中的所有成员共同遵守，并通过这套标准来评价每个人的行为是否符合道德规范。在这种文化影响下，大学生积极参与校园文化的构建，并在优美的校园环境和浓郁的文化氛围中得到熏陶。他们的道德行为和思想品质，尤其是那些校规校纪明确规定的行为准则，都将受到大学生校园文化强有力的规范和制约。这种标准虽多数以无形的潜规则存在，却极具影响力。

与传统的硬性制约措施相比，大学生校园文化更侧重于柔性制约，通过对师生员工的潜在影响、感染和引导，促使他们认同大学的教育目标、办学理念及行为准则，从而自觉地融入学习和工作中。这种软性的约束方式通过无形的熏陶和非正式的道德规范以及行为准则，可以有效地引导师生自我管理和自我约束，有效弥补了硬性规章的局限性和不足。在大学生校园文化的作用下，师生员工的行为因符合校园规定的行为准则而获得群体的认可和表扬，他们也能得到心理上的满足和平衡。相反，若个体的行为违背了这些文化准则，将在心理上感受到巨大的压力，如失落、挫折或内疚，这种心理状态驱使其主动调整行为以符合群体期望。

（五）娱乐功能

大学生校园文化的魅力源于师生对于文化活动的广泛认同和参与，而这种参与程度很大程度上依赖于文化活动的娱乐功能。大学校园作为一个知识集中的特殊环境，教师和学生在繁重的智力劳动之后都会寻求精神上的放松和愉悦。这就要求大学生校园文化既要高雅，还需具备广泛的吸引力和趣味性，只有当文化活动能引起广大师生的兴趣且容易参与时，大学生校园文化才能有效地将教育与娱乐相结合，实现教育的多样化。通过组织各式各样的文化活动，尤其是多元的社团活动，大学生可以在这些活动中找到自我表达的机会和进行心理宣泄的空间，从而有助于缓解自身心理压力，提高学习和工作的效率。可以说，大学生校园文化的娱乐功能是其生命力的核心，这种娱乐功能应当结合大学的特点来发展，一方面应追求活动的知识性、艺术性和理论性，如文化艺术节、学术报告会、历史事件纪念日、音乐欣赏会和征文比赛等活动；另一方面应具备广泛性，包括演讲、朗诵、辩论、书法、美术、摄影、集邮、武术、足球和棋牌等多种形式的比赛和活动。丰富的大学生校园文化活动为师生提供了各种各样的精神食粮，有助于培养他们的综合素养。

值得注意的是，校园文化的各项功能并不是孤立发挥的，而是相互融合，共同作用于师生的学习和生活。即使在某些时候某一功能显得更为突出，它仍然在多个层面影响着校园的整体氛围。

四、大学生校园文化在大学教育中的地位

（一）大学生校园文化是全面实现德育目标的重要途径

大学生校园文化在高等教育中扮演着核心角色，尤其在培养大学生

的道德素养、提升其思想意识和政治识别能力方面发挥着重要作用，这种文化具有潜在的道德力量，能够自然而然地引导师生和工作人员遵循共享的行为规范，有助于调整和优化个人与集体、大学与社会之间的关系。随着时间的推移，这种文化逐渐内化为师生的个人品质，从而积极影响大学生的情感态度和道德标准，促进他们形成坚定的道德观念和高尚的人格特质，自觉提升政治意识，实现对大学生全面而深入的影响。

大学一方面要着眼于培养掌握先进科学技术的专业人才，另一方面要重视培养有能力影响国家政策和管理国家事务的高级公务人员。这一双重职责要求大学的管理层和教师队伍共同致力于构建一个全面的德育环境，确立全员参与、全方位教育的理念。由于大学阶段是青年形成世界观、人生观和价值观的关键时期，加强这一阶段的道德教育具有紧迫的现实意义，也具有深远的历史影响，有助于培育能够为社会主义现代化建设作出贡献的全面发展的新一代。

大学作为思想、知识与精神活动高度密集的场所，对于大学生来说是一个思想观念得以广泛扩展和展示能力的舞台。在这个环境中，大学生想象力丰富，情感易于被激发，他们对国家的未来充满关切，能体验到深厚的民族情感。他们时而表现出成熟的政治洞察力，时而又显得如同无忧无虑的孩子。在这样的背景下，大学校园多样的文化和娱乐活动，成为大学生教育中最具吸引力的一部分，能有效地熏陶学生的情操，提升他们的审美情操和道德水平。而大学的物理环境，包括校园的特色建筑、合理的空间布局以及园林绿化美化工作，都对师生的心灵产生净化作用，有助于营造一个积极向上的学习氛围。这些因素共同推动了大学生校园文化的健康发展，使之成为高等教育中实现德育目标的关键因素。

多样化的大学生校园文化活动为大学生提供了一种更加直观可感和更容易接受的德育形式，如举办英雄模范报告会、展示先进人物的成就，以及参与社会实践等活动，这些健康且积极向上的文化项目有效地打破了传统的、单向的或呆板的道德教育模式，将日常校园活动和德育融为一体，这种方式使得原本抽象的德育课程内容变得更具体、更有趣味性并有实际效果。例如，一场关于爱的义演可能深化学生对爱的理解；一场乡村教师的报告可能激励学生毕生致力于教育事业；一场关于商品经济与社会道德关系的辩论赛可能增强学生面对未来社会挑战的责任感；一场毕业生告别晚会也可能触动学生的情感，留下深刻印象。这种大学生校园文化活动的教育效果虽然是隐性的，却能在大学生的欢笑与泪水中潜移默化地发挥作用，使他们在轻松愉悦的氛围中接受并理解党和国家的方针政策，并在不经意间提升了个人的道德修养。

（二）大学生校园文化是实施素质教育的重要方式

素质教育融合了显性与隐性的教育方法，通过日常的细微影响和长期的积累，对大学生产生重要而深远的影响。在这一过程中，大学生校园文化发挥着重要作用，它丰富了大学生的学习体验，还有助于他们的智力发展、科学素养提升以及个人潜力的全面开发，这种文化环境使得大学生能够在未来的社会竞争中展现出出色的才能和成就。具体而言，大学生校园文化通过提供一系列高质量的物质文化资源，如先进的教学设施、美观的校园环境等，激励学生自我提升。现代的教学技术和多媒体工具的使用，增强了大学生对现代化教学的理解，促进了他们的批判性思维能力的提升。现代图书馆的资源使大学生能够接触到最新的科技和学术信息，进一步拓宽了他们的知识视野。

大学生校园文化还有助于发展大学生的智力，强化学生的知识结构。由于大学生在智力发展和知识水平上存在个体差异，校园文化提供了一个展示和提升自我能力的平台，同时为大学生探索个人兴趣、爱好并完善自己的知识体系提供了广阔的空间。大学生校园文化融合了丰富的物质和精神元素，无论是在教学、管理还是服务活动中，都体现了智慧的光芒，这种文化氛围使得大学生能够在多方面获得成长，实现全面发展。

在大学生综合素质培育方面，大学生校园文化也起到了关键作用，大学生的综合素质不只涵盖思想品德、智力、心理和体质等方面，大学生校园文化的丰富多样性也为大学生提供了各种锻炼和提升社会适应能力的机会，这种文化环境使得大学生在学习专业知识的同时，能在多方面展示和发展个人才能。大学生活是大学生社会化过程中极为重要的阶段，有效的校园文化能促进大学生从课堂学习和书本知识中获得间接经验，更能让他们在日常的校园生活中学习到必要的生活技能和思维方式。具体来说，在由共同兴趣和爱好驱动的社团和沙龙中，大学生可以进行情感交流和心理沟通，有助于进一步增强他们的社交技能，提升他们的归属感和安全感。这样的互动可以帮助大学生了解他人，更深化了对自我认知的理解，促进了个人的自我批判和成长。

（三）大学生校园文化有利于良好校风的形成

大学生校园文化对于塑造和维护大学的优良校风具有不可替代的作用。《中共中央关于进一步加强和改进学校德育工作的若干意见》强调，要大力开展学生喜闻乐见的丰富多彩、积极向上的学术、科技、体育、艺术和娱乐活动，建设以社会主义文化和优秀的民族文化为主体、健康生动的校园文化。这样的文化环境可以净化大学氛围，还能有效阻止消极和腐朽思想的侵蚀，抑制低俗文化的流行，培养出具有良好校风的学术社区。大学校园在整个社会精神文明建设中应当成为最佳的小环境之一，应对优化大环境作出积极贡献，从而使大学生校园文化对社会整体风气产生正面影响。

校风的培养和发展影响着一所大学的形象和内在质量。大学生校园文化必须与大学的校风紧密结合，以大学生的全面发展为核心，精准定位工作重心。大学应全面地、多角度地开展文化建设活动，不断丰富和完善大学生校园文化的表现形式和内容，增加文化活动的知识性和教育性，确保校园文化活动与大学的核心工作同步。

第二节 大学生校园文化生活及其形态

大学生校园文化生活多种多样，具有多元性。文化的多样性、人的主动性与大学环境的差异性，决定了大学生校园文化生活的多元性。校园文化具有多元结构层次，因为校长、专家、师生等从各个方面对校园文化都产生了影响。另外，大学的发展历程、地域环境、办学特色等的不同差异，也形成了大学生校园文化的多元性，而且校园活动具有开放性、独特性、创造性、选择性、渗透性、渐进性等特点，这些特点就形成了丰富多样的大学生校园文化及其形态。

本节将重点介绍几种常见的大学生校园文化生活形态。

一、大学生社团类型及活动形态

大学生社团是校园中一个核心的组成部分，由遵守法律和校规的大学生自发组成，并在大学的指导和管理下活动。这些团体向所有在籍学生开放，任何学生都可自愿加入。在大学生的日常生活中，大学生社团提供了丰富的业余活动选项，成为他们生活中不可或缺的一环。通常大学生社团可以分为以下几类，如表 2-1 所示。

表 2-1 大学生社团的分类与特点

类 别	描 述	典型社团	目 的
大学生科学技术型社团	汇聚对科技领域感兴趣的学生，超越传统课堂教育的深入学习和创新	计算机俱乐部、化学社、天文社等	探索专业技术、参与科研项目、解决实际问题

续 表

类　别	描　述	典型社团	目　的
大学生人文社科型社团	涵盖政治性、文科专业学术性、文学性社团，吸引对人文社科有兴趣的学生	经济学社、求索学社、文学社等	探讨政治、经济、文化问题，深化专业知识，提升文学创作能力
大学生体育型社团	提升学生体质和培养体育兴趣，组织多种体育活动和竞技比赛	羽毛球协会、足球俱乐部等	增强体育技能，增进团队合作精神和竞技水平
大学生文化娱乐型社团	集中对特定文化和娱乐活动有浓厚兴趣的学生，提供展示个人才华的平台	集邮协会、书画学社、合唱团等	提升艺术和文化技能，陶冶情操，为大学生提供展示才华的机会

（一）大学生科学技术型社团

科学技术型社团既是科学发展到一定阶段的产物，又是科学知识进一步传播的推动者，在近现代中国科学史上扮演着重要的角色。自鸦片战争以来，科学技术型社团在我国已有100多年的发展历程，其在传播知识、开启民智、发掘人才等方面均发挥着重要作用。大学生科学技术型社团汇聚了对特定科技领域感兴趣的学生群体，这些大学生追求超越传统课堂教育的深入学习和创新。大学生科学技术型社团，如计算机俱乐部、运筹学社、化学社和天文社等，聚焦于专业技术的深化和新知的探索。大学生科学技术型社团成员通过积极阅读最新科研资料、定期举办学术活动，并参与科研项目，不是单纯为了满足知识的渴望，也是为了解决社会实际问题提供科技支持。这种实践机会是对课堂学习的补充，使得大学生能在更高的学术层面上进行自我提升和技术探索。

（二）大学生人文社科型社团

大学生人文社科型社团在大学中具有多样的表现形式，主要分为以下三种类型，它们各自拥有独特的关注点和活动方式。

第一，大学生政治性社团。它主要吸引那些对政治、经济和文化体制改革深切关心的大学生，这类社团的成员通常思维敏捷、表达和接受信息能力强，他们积极关注国内外的政治经济动态，而且在政治观念上展现出浓厚的爱国情感和责任感。例如，经济学社和求索学社等，这些社团的学生常组织访问专家学者的报告会和讲座，利用假期进行社会调查，以期在未来的学习、生活中占据有利地位。

第二，文科专业学术性社团。大学的文、法、财经专业等统称为文科专业，其教学往往以课堂教学为主，并没有满足大学生的需求，因而文科专业学术性社团汇聚了对特定学科有浓厚兴趣的学生，他们不满足于课堂有限的专业知识学习，而是力求将理论与实践相结合，深入探讨学科内的各种问题。例如，春秋学社、伦理学社和教育学社等，这些社团为学生提供了一个广泛涉猎并深化专业知识的平台。

第三，大学生文学性社团。大学生文学性社团主要由热爱文学、新闻报道和文章写作的大学生组成，他们通过定期的写作练习和互评互改，以及邀请知名作家进行指导，既提升了自身的文学创作能力，也对大学的文化宣传工作产生了积极影响。例如，文学社、学通社和太阳风诗社等，这些大学生文学性社团成为大学生校园文化的重要组成部分，也培养了一批具有潜力的新生代写作者。

（三）大学生体育型社团

大学生体育型社团作为大学生校园文化主体的重要组成部分，不仅承载着传播体育精神、推广健康生活的使命，还致力于提升大学生体质和培养体育兴趣，更在培养大学生团队协作能力、公平竞争意识等方面发挥着不可替代的作用。大学生体育型社团通常遵循"普及与提升并重"的策略，组织多种包含所有大学生的集体活动，有时也安排一些水平较高的成员参与竞技性比赛。羽毛球协会、足球俱乐部、围棋协会、舞蹈协会和武术协会等，都是这类大学生社团的代表。通过组织各种体育活动，大学生体育型社团不仅强化了大学生的体育技能，还增进了团队合作精神和竞技水平，使大学生在享受体育乐趣的同时，能在体育领域实现更大的自我超越和发展。目前有些大学只拥有一个运动场，但这远远不能满足大学生体育型社团的多样化需求。对于一些热门运动项目，场地往往供不应求，导致活动难以顺利开展。主管部门需要高度重视，对此现状采取措施，尽快加以改善。

（四）大学生文化娱乐型社团

大学生文化娱乐型社团在大学校园内起到了补充体育型社团的作用，主要吸引那些对特定文化和娱乐活动有浓厚兴趣的大学生。这类社团的目的在于提升成员在各自兴趣领域的技能水平，同时通过艺术和文化活动熏陶成员的情操，并提供一个展示个人才华的平台，像集邮协会、书画学社、吉他协会、合唱团、北国剧社等，都是这种类型的大学生社团。

开展大学生社团活动，需要与课堂教学有机结合，特别是专业学术性社团，这些社团通常由同一学科或相关学科的大学生组织，专注于开展学术研究和探讨。大学生社团的活动应当创造性地应对那些课堂上难以深入讨论的问题，使得大学生能够在课余时间进一步探索和消化这些知识点。但是，大学生必须注意平衡社团活动与正规课程的关系，确保这些活动不会影响课堂学习。大学生社团活动还应当紧跟时代发展的步伐，反映出鲜明的时代特征，尤其是在社会主义改革的大背景下，活动内容需要与当前社会发展趋势相结合，寻找学生关心的时代议题。例如，北京大学爱心社通过提出"在社会主义市场经济中是否仍需展现爱心"的问题[1]，有效地引发了广泛讨论，体现了社会责任感的培养。此外，大学生社团活动的成功很大程度上依赖于大学指导教师的专业引导和社会各界的支持，大学指导教师的参与能确保活动方向的正确，且能提高活

---

① 黄伟.校园文化概论[M].海口：南海出版公司，1999：93.

动质量，还能帮助大学生在学术探索中获得实质性进展。

二、大学生社团的科技活动

在当今高科技时代背景下，鼓励青年学生参与科技活动已成为大学教育的一项核心任务，这样一方面能满足我国现代化建设对人才的需求，另一方面能帮助大学生适应未来社会的选择。近年来，大学生在科技领域的活动中取得了显著成就，其中不少成果已经成功转化为实际应用，带来了可观的经济回报，这充分证明了大学生在科技创新方面的巨大潜力和这些活动的广阔发展空间。大学应当积极推动和支持大学生在课余时间参与科技研究与开发，这是大学生校园文化建设的一个重要方面，课外科技活动的指导教师也应该是具有学术研究能力及科技活动经验丰富的教授、研究生导师等，他们能以自身的创新理念、创新思维来引导大学生，培养大学生的探索精神，激发大学生参与科技活动的热情，不断增强大学生的创新能力。大学生社团的科技活动包括但不限于撰写科研论文、进行科技发明、开发新技术以及提供技术服务等。活动的形式多样，包括科学报告会、研讨会、科技博览会、各类科技竞赛以及参与科研小组和技术开发团队等。大学应充分利用这些多样的平台，创造一个充满活力的科技学术氛围。

开展科技活动的意义包括下列几点。

（一）提升大学生创新能力

科技活动为大学生的创造力和创新能力提供了一个充满挑战和机遇的平台。创新主要包括创新能力和创新意识两个方面。创新精神广泛存在于人类的想象、玩耍、探索和观察之中，创新精神可以看作一种人类前进的动力源以及人类进行自我展示的一种催化剂，也可以看作人类进行自我激励的一部分。因而开展科技活动的过程，也是创新能力形成和发展的过程。大学生在这些科技活动中，必须在多个假设中作出选择，识别并解决问题，进而加深了他们对自己所学知识的理解和把握，提高把理论知识运用到实践中的综合能力。例如，来自某省财经学院的一位学生在其研究论文《建立会计逻辑学体系》中，采用了先进的分析方法和丰富的数学模型，系统地展示了创建这一新学科的具体方法和逻辑，因此大学生科技类社团在培养大学生具体的创新能力和创新意识方面具有积极的作用。国内某一大学运用了托兰斯创造性人格自陈量表、尤金创造力自陈量表等心理测试的手段，采用问卷调查、对比分析的方法，试图来证实科技社团在培养大学生创新精神方面的重要作用，并探讨和分析科技社团与创新能力提升的相关性因素，为后续的大学生科技类社团发展提供一些建设性的宝贵意见。

（二）在培养大学生非智力因素中的作用

科技活动是青年学生非智力因素发展的重要促进器，这些非智力因素包括好奇心、创造动机、情感、意志和性格等，也指除智力因素之外与智力活动具有一定交互作用的那些心理因素，它们对学生的全面发展具有重要而深远的影响。在科技活动中，大学生常常会对一些科学现象或难题产生好奇，这种好奇心驱使他们探索未知，满足其求知欲。系统的科研活动，可以培养大学生的兴趣，进一步激发他们的创造动机。

许多大学通过组织科研作品的展览和交流，提供了一个展示和互动的平台，这不仅激起了大学生的创造意识，也鼓励他们参与各种校内外竞赛，从而深化了他们的研究经验。其中，非智力因素能够有效调动大学生的热情，在一定程度上有助于建立和强化其自信心。有了自信心，大学生参与科技实践活动也就充满活力，就能面对各种挑战而勇往直前。通过直接地参与和体验这些科技活动，大学生能感受到创造的乐趣，激发自身的创新精神和进一步的探索欲望。科技活动还对大学生的高级情感培养起到了积极作用。通过深入某一课题的研究，大学生可以深刻理解大学时期是发展创造潜能的关键阶段，应当将主要精力集中在提升自己的创造性素质上，而不仅仅是为了应对考试而机械记忆。这种认识有助于大学生形成正确的学习态度和找对科研方向，从而更有效地促进其个性和能力的全面发展。

（三）对大学生适应市场经济的重要性

在社会主义市场经济的环境中，竞争日益激烈，这对大学生提出了更高的要求。作为未来社会主义现代化的建设者，大学生既需要具备理论知识，也需要具备创新能力和竞争能力。对此，学校应引导大学生在校期间积极参与科技活动，这种参与可以强化大学生对理论知识和实践技能的掌握，还能够锻炼他们的创新能力和应对市场经济竞争的能力。通过科技活动，大学生能够提前适应未来的职业挑战，为将来投身国家经济建设打下坚实的基础。在这一过程中，大学生学习如何解决复杂问题，学会如何在竞争激烈的市场环境中寻找机遇和创造价值。这些活动也能促进学生之间、学生与教师之间的积极沟通，从而建立良好的人际关系，这对他们未来的职业发展和适应社会具有不可估量的积极影响。

三、大学生社团的学术活动

大学生校园文化作为高等教育机构的文化核心，依托于大学环境并以师生为主要参与者，大学生社团学术活动需要大学管理层创造一定的条件，以保证它的顺利开展。在校园文化构建中，学术活动起着决定性的作用，为大学生校园文化确立了主旋律，塑造了校园的文化基调和品位。在推动校园文化发展的过程中，大学管理层必须给予大学生社团学术活动一定的重视，确保这些学术活动丰富多彩的同时，符合高等教育的主旋律，避免过度追求形式和娱乐化，以保持学术活动的严肃性和严谨性。这是由于学术活动与文艺活动不同，它主要承载着专业知识传播、实践、升华的任务，其主要目的是促进并实现大学生创新、创业能力的提升。

学术活动在校园中可分为几个主要类别，每个类别都有其独特的功能，如表2-2所示。

表2-2　大学生社团学术活动的类别与功能

类　别	描　述	目标和功能
专业辅助类	通过专题讲座、研讨会或工作坊等，强化理论基础，提高创新能力	加深专业知识理解，激发学习兴趣，建立专业网络
扩展知识类	作为"第二课堂"，提供超出常规课程的内容，激发好奇心和探索欲	丰富学习经验，培养独立思考和自主学习能力
学术动态类	介绍学术界的最新研究和创新，如教育改革动态等	扩展知识边界，紧跟学科前沿，提升批判性思维能力
学术研讨类	组织学术沙龙和研讨会，参与前沿问题和热点话题的讨论	培养批判性思维，增强问题解析和论证能力，学习表达和接受批评
技能训练类	结合社会实践，强调实用技能的培养，如社会适应能力和专业技能训练	在教授理论知识的同时，注重实用技能的培养，使大学生能够将知识应用于现实问题解决中，增强理解和运用能力

（一）专业辅助类

通过这类活动，如专题讲座、研讨会或工作坊，大学生能在课堂学习之外接触到更广泛的知识和实际应用案例，有助于加深对专业知识的理解。这种活动强化了大学生的理论基础，也促进了批判性思维和创新能力的发展。专业辅助类学术活动还为大学生提供了与专家学者直接交流的机会，能激发大学生的学习兴趣，帮助他们建立起更为广泛的专业网络，这对其未来职业发展具有重要的促进作用。

（二）扩展知识类

扩展知识类学术活动对大学生的素质教育具有重要的补充作用。例如，提供超出常规课程的阅读拓展活动，引领大学生阅读相关的资料，能极大地丰富大学生的学习体验，使大学生能够在课堂之外接触、学习和探索新的知识领域，激发大学生的好奇心和探索欲，从而有助于培养其独立思考和自主学习的能力，以获得视野的拓展，树立更为远大的理想目标。当然，拓展知识还可以通过别的方法来进行，如知识讲座、知识竞赛等，不拘一格。学生可以多个渠道、多个角度地实现知识的拓展，以达到预期效果。

（三）学术动态类

学术动态类活动直接连接学术界的最新研究和创新，如最新发现、教育改革动态或影视作品的深入分析，这类活动不但扩展了大学生的知识边界，也使他们能够紧跟学科的发展步伐。参与这样的学术讨论和分析，能够促进大学生更好地理解当前学术和社会的热点问题，提升批判性思维能力，并将理论知识与现实世界的应用联系起来。

（四）学术研讨类

在全球视野的多媒体环境下，学术研讨类活动可以借助网络平台，如在各类社交媒体上组织并建立多个学术研讨平台，以学术沙龙或研讨会的形式，让老师与老师、老师与学生、学生与学生之间能够随时随地进行讨论，具有很大的灵活性和便利性，让大学生能够直接参与学术前沿问题或公众广泛关注的热点话题的深入讨论，这种互动性的学术环境有助于大学生批判性思维的培养，能提高他们的问题解析和论证能力。通过与教师和同学的讨论，大学生能够从多个角度理解复杂的问题，加深对专业知识的把握。这种形式的学术交流还促使大学生学会如何表达自己的观点并接受他人的批评，这对于他们未来在任何领域内的专业发展都是极其宝贵的经验。

（五）技能训练类

技能训练类学术活动深刻体现了理论与实践相结合的教育理念。通过社会实践和技能训练，这类活动不仅传授给学生理论知识，还注重实用技能的培养，如社会适应能力和专业技能等。这样的活动设计使大学生能够将课堂上学到的理论知识应用于解决现实问题中，从而增强其对知识的理解和运用能力。

在规划和实施学术活动时，大学应充分利用其独特的教育资源和学生特点，精心设计活动内容。对于以理工科为主的大学，引入一些人文和社会科学的大学生社团学术活动可以有效地丰富大学生的知识体系并平衡他们以技术为主的学习生活。但是需要注意，这种活动的安排应适度，不能过多地偏离大学的学科特色，主要的学术活动仍然应围绕自然科学领域，以维持其与专业课程的连贯性。过多的非专业相关活动可能会使学术活动变成生活的调剂品，而非学术成长的支柱。相对于综合性或以文科为主的院校，学术活动的规划则应更加多元化，虽然依旧主要是围绕大学生的兴趣及院校特色的人文社科主题，但也应适当融入自然科学的元素，以拓展大学生的视野和知识范围。例如，某综合性大学的学术节，既包括了文史哲专题讲座和知识竞赛，还安排了计算机技能大赛和天文物理相关的系列讲座。这种多学科交叉的活动安排既丰富了校园文化生活，又激发了大学生在不同学科间的思维碰撞。

成功的学术活动应展示高水平的学术价值，也需要吸引广大学生热情参与。为此，社团学术活动的组织者需同时关注引人入胜的普及活动，如知识竞赛和辩论赛，与更具专业深度的讲座和研讨会的平衡。这种双轨并行的策略旨在通过各种形式的学术活动，满足不同学术背景和兴趣的大学生需求。在具体执行中，竞赛类活动应避免频繁出现过于简单或众所周知的问题，如"中国四大古典文学名著是什么"这类问题，应提升其学术水平，确保大学生参与者在活动中能有所收获和提高。而学术讲座或研讨会等形式，则应更加注重内容的普及性和接地气，确保内容深入且易于理解，避免让大学生感到难以接近或理解，如组织关于重大发现、最新科技进展、国外教育体制或经典电影的研讨，一方面提供新知，另一方面还需通过生动的讲解和多媒体支持，使大学生社团学术讲座成为一种既丰富知识又愉悦心情的体验。

四、大学生社团的文艺活动

大学生校园文化具有复杂多维的结构，其中文艺活动无疑是促进其发展的强大动力，它也往往成为校园文化的代表。结合体育活动，文艺活动成为校园文化中最具活力和创新精神的部分之一。校园文化的核心是大学生群体，这些学生年轻、充满活力、富有梦想和创造力，文艺活动因其娱乐性、挑战性和普及性而广受师生欢迎。

大学生社团文艺活动在大学校园中可以分为以下几个主要类别，如表2-3所示。

表2-3　大学生社团文艺活动的类别与功能

类　别	描　述	目标与作用
文艺汇演	大型节日或纪念日由大学组织的多艺术形式展示	增强社群联系，传达深刻思想，提升校园文化凝聚力
文艺比赛	竞技性和专业性的活动，如大学生歌手大赛、大学生戏剧比赛等	展示专业艺术才能，激励艺术追求，增强校园文化活力
高水平文艺队伍建设	成立大学生艺术团体，如话剧团、舞蹈队，进行定期训练和公演	提高艺术水平，促进校园对外文化交流，培养艺术人才
自娱自乐型文艺表演	大学生自发组织的文艺活动，如班级和社团主办的小型表演	促进文艺活动的创造性和参与性，增强校园文化的底层活力，提供展示自我的平台

（一）文艺汇演

文艺汇演作为大学生校园文化的一大亮点，通常在重大节日或纪念日举行，由大学的党团组织、学生会和工会等部门联合策划和执行。文艺汇演能够整合大学内不同艺术团体和个人的力量，如舞蹈团、音乐社、戏剧社等，这些团体或个人在准备过程中的互动合作，既锻炼了他们的组织协调能力，也增强了各参与者之间的团队精神和集体荣誉感。此外，通过展示传统舞蹈、民族音乐、现代戏剧等多种艺术形式，文艺汇演架起了传统文化与现代审美之间的桥梁，使大学生能够在欣赏和参与中深刻感受到中华优秀传统文化的多样性。

从思想内容和情感交流的角度来看，文艺汇演是传递大学精神和文化理念的重要媒介，每一个节目的选取和排练都融入了教育者对于艺术与人文的深思熟虑，使其通过艺术的形式影响和激励大学生的情感与思维。例如，演绎一部反映历史故事的戏剧，可以让大学生在享受艺术的同时，反思历史的教训，增强文化自信和责任感。

（二）文艺比赛

文艺比赛在大学生校园文化活动中起到了专业化和竞技化的作用，这类活动通过设定明确的竞赛目标和规则，引导大学生在专业艺术领域进行深入研究和技能提升。例如，校园歌手大奖赛既考验参赛者的歌唱技巧，还考验他们的舞台表现力和音乐解读能力，这些比赛通常由具备专业背景的大学教师和外部艺术家担任评委，确保评判的专业性和公正性。此外，比赛通常包括初赛、复赛和决赛几个阶段，逐步提升挑战难度，促使参与者在不断地准备和反思中精进自己的艺术造诣。从大学生校园文化的活力和创新性角度来看，文艺比赛通过竞争的激励机制，增强了大学生的艺术表达能力，还培养了他们的创新意识和团队合作精神。各种艺术比赛，如戏剧小品、戏曲演唱和吉他弹唱大赛等，鼓励大学生在传统与现代的艺术形式之间进行创新性的融合，从而产生新的艺术表达方式。

（三）高水平文艺队伍建设

为确保大学生校园文艺活动的持续活力和高质量表现，学校应加强大学生文艺队伍的建设和培养。通过成立专门的艺术团体，如话剧团、舞蹈队和合唱团，大学生文艺社团为具有艺术才能的学生提供了专业化的成长平台，而且文艺社团的定期训练和公演，可以提高整个大学校园的艺术氛围和文化水平。这些文艺社团不局限于校内活动，还经常代表大学参加各种校际乃至国际的文艺比赛和文化交流活动，有效地提升了大学的文化影响力和知名度。与此同时，通过参与高水平的艺术创作和表演，大学生能够在实践中深化艺术理解，磨炼表演技巧，进一步促进个人全面发展，这种系统的艺术培养和实践机会对于培育校园文艺活动的未来骨干和领军人物至关重要。

（四）自娱自乐型文艺表演

自娱自乐型文艺表演是大学生校园文化中一种非常普遍且富有创造性的活动形式，通常由大学生自行组织，如班级、党支部或社团负责策划与执行。这类活动的核心在于"自演自看"，即参与者既是表演者也是观众，这种模式极大地激发了大学生的主动性和创造性，因为它们能够在没有外部压力的环境中自由表达自我。这些活动往往更加贴近大学生的生活与兴趣，使得文艺表演更加多样化和生动，也为大学生校园文化注入了新鲜活力，加强了其基层的文化动力，成为大学生校园生活中不可或缺的一部分。

开展大学生校园文艺活动应注意以下几个方面。

第一，做好三个融合。①传统与创新的融合。文艺的魅力在于其创新性，这要求活动组织者不断探索新思路和树立新观念，进而保持大学生校园文化的活力。然而，盲目追求新奇可能会导致方向上的混乱，缺乏连贯性，因此，有效地将传统文艺的优势与创新元素结合起来，可以在继承精华的同时注入新的活力，使文艺活动更具吸引力和教育意义。②课堂与课外活动的融合。由于文艺活动多在课外进行，容易占用大学生大量时间，因此活动组织者需要精心协调课内外活动的时间和资源。一些大学已经通过设立"音乐赏析""京剧欣赏"和"影视艺术概论"等公共选修课来丰富大学生的课余生活，这种做法可以拓宽大学生的知识面，促进他们的全面发展。③文艺活动与其他文化活动的融合。有机地融合不同类型的大学生校园文化活动，可以发挥各自的优势，增强活动的整体效果。例如，音乐、舞蹈、戏剧等多种艺术形式的结合，可以丰富活动内容，也有助于突出每种艺术的独特魅力，从而吸引更多大学生的参与和关注，实现文化教育的多元化。

第二，遵循三大原则。①实际情况原则。大学生校园文艺活动应紧密结合大学的具体文化背景和特色进行策划和实施，如一个在戏剧方面具有特长和传统的大学可能会选择投资于剧社和演讲协会的建设，并邀请专业导演和艺术家进行指导，这种基于大学实际的做法能够有效地发挥其文化优势，如某大学的剧社就通过几年的系统培训和实践，成功地在多个级别的文艺汇演中获得优异成绩，成为大学生校园文化中的一大亮点。②逐步提升原则。为了维持文艺活动的吸引力并提升全体大学生的艺术水平，大学必须设计一系列逐步提高大学生艺术修养和鉴赏能力的活动。例如，定期举办京剧赏析、音乐鉴赏等系列讲座，不仅可增强大学生的艺术鉴赏力，也为将来更高层次文艺活动的开展奠定了基础，扩大了大学生参与的可能性。③勤俭节约原则。鉴于大学在文艺活动上的投入通常有限，合理规划和有效利用现有资源成为必须考虑的因素，这意味着大学在活动策划和执行过程中需要寻找成本效益比例适当的方案，如利用现有的场地和设施，调动大学生和教师的自发性和创造性，以低成本方式实现高效的文艺展示。

五、大学生社团的体育活动

健康的大学生校园文化需要平衡学术活动和体育活动的组成，以确保大学生的全面发展。大学生社团的学术活动作为大学生校园文化的骨架，提供了精神和智力上的滋养，而体育活动则作为这一结构的血肉，增强了大学生的体质和团队合作能力，同时带来了生动活泼的校园氛围。这种平衡对于培养大学生的综合素质至关重要。大学生充满活力，动力十足，但常常在学习任务和体育锻炼之间感到矛盾，一些大学生可能误认为自己年轻健康，不需要额外锻炼，或者认为课外体育活动耗费时间，影响学习。然而，课外体育活动不仅是大学体育工作的重要组成部分，也是大学生校园文化的一大活力来源，适量的体育活动有助于提高大学生的身体健康水平，增强抗压能力，也是培养团队精神和社交技能的有效途径。

为了有效整合体育活动与学术要求，大学应采取灵活多样的策略，根据大学生的特点和兴趣安排体育活动。这包括保证每位大学生每天至少有一小时的体育锻炼时间，活动要小型、多样化，主要在校内进行，确保既不影响学业，又能保持活力和效率。

体育活动主要分为以下几类，如表2-4所示。

表2-4 大学生社团体育活动的类别与特点

类 别	活动时间	主要活动内容	目的和效果
早操、课间操	早晨20分钟；第二节课后的课间休息	慢跑、广播操、基础武术练习；简易体操、肢体伸展	放松身心，提升学习效率，保持精神饱满，减少身体疲劳
课外群体性活动	课后及周末	田径运动会、球类运动赛事、体育社团活动	提升体质和运动技能，增进团队协作，丰富校园生活，展示运动成果

类 别	活动时间	主要活动内容	目的和效果
高水平运动队训练	课余时间	针对特定运动的专业训练，如田径、篮球等	培养体育核心人才，增强大学竞技水平，提升大学生归属感和自豪感

（一）早操、课间操

早晨的体育活动，持续大约 20 分钟，应包括一些轻松的运动，如慢跑、广播操、基础武术练习或其他有助于增强体育素质的练习。这类活动的运动负荷应保持在较低水平，以防运动后大学生感到疲劳，影响接下来的课堂学习效果。第二节课后的课间休息，推荐进行简短而轻松的活动，如简易体操或简单肢体伸展，这有助于大学生在紧张的学习后让大脑得到恢复，也能稍做活动，恢复精神。通过这样合理安排的体育活动，大学生可以在不增加身体负担的情况下，达到放松身心和提升学习能力的双重效果。

（二）课外群体性活动

课程结束后的时间及周末，为大学生提供了宽松的环境来参与更加多样和具有挑战性的体育活动，这些时段被视为进行体育锻炼的最佳时机。在这些时刻，活动内容丰富、形式多样，而且运动负荷相比于早操和课间操有显著增加，有助于大学生全面提升体质和运动技巧。

大学通常会利用这些时间组织春季和秋季的大型田径运动会，运动会是展示大学生日常训练成果的平台，也是大学表彰优秀运动团队和个人、分享体育锻炼经验的重要场合。此外，学生会也可举办各种规模和形式的竞技活动，特别是各类球类运动赛事，这些活动通常会受到大学生的热烈欢迎，并极大地丰富了校园生活。根据大学生的个人兴趣和特长，大学还应支持成立各种体育社团，如篮球社、足球社、羽毛球社等，这些社团可根据校园实际情况，开展一系列的体育活动。

（三）高水平运动队训练

通过设立专业化的大学生运动队，大学能够集中资源，为大学生提供更专业的训练和比赛机会，进而激发他们的运动潜能和竞技热情。这种训练通常涉及系统的体能训练、技术提升、战术学习和心理辅导等多个方面，旨在全面提高运动员的竞技能力。大学生运动队的成功往往能增强大学生的团队协作能力和集体荣誉感，有助于塑造大学生的领导特质和责任感，使他们在未来的学习和职业生涯中表现得更为出色。

从大学的角度看，高水平大学生运动队的建设和维护是大学体育传统和特色的重要体现，特别是那些在某些体育项目（如田径、篮球、足球等）上具有深厚底蕴的大学，通过重点发展这些项目，除能维护大学的体育传统外，还能在区域乃至全国的比赛中展示大学的强项，增强大学的知名度和吸引力。例如，大学可以通过定期参加国内外的比赛、邀请著名教练进行培训、举办高水平的体育赛事等方式，持续提升大学生运动队的表现力和竞争力。

六、大学生的宿舍活动

作为大学生日常生活的主要场所，宿舍是休息的空间，更是大学生社交互动和文化形成的核心区域，在这个独特的小社会中，大学生通过日常的互动和共同生活，自然而然地塑造和体验到宿舍文化的影响。宿舍文化的核心内容包括维护一个和谐的居住环境、丰富多彩的生活方式、追求知识的学习氛围、团队合作的精神、积极向上的态度和健康的生活情趣。这些文化要素丰富了大学生的校园生活，也对其个性发展和价值观形成有着深远的影响。

宿舍作为大学生个性和集体精神培养的空间，对大学生的行为习惯、思想态度和精神面貌产生着潜在的指导作用。宿舍内部的互动和活动，如共同学习、讨论和组织小型活动等，都能够加强宿舍成员间的情感联系，共同塑造一个积极健康的集体氛围。正是通过这样的日常互动，宿舍文化逐渐形成，并成为影响大学生行为方式和价值取向的重要力量。可以认为，大学注重宿舍文化的建设也是在间接塑造整体教育环境和校风。

大学生宿舍文化活动是校园德育工作的一部分，它主要包括通过营造有教育意义的环境与开展各类文化和体育活动来培养大学生的精神文明，这些活动不局限于大学生宿舍内部的环境美化和布置，还包括科技、文艺、体育等多方面的集体活动，旨在突出大学生的兴趣和特点，通过设计引人入胜、兼具教育和娱乐的活动，使大学生在参与中获得知识、情感和乐趣。从性质来看，宿舍文化不仅展现了大学文化的高层次和深度，还与大学生的专业学习和日常生活紧密相关，以确保教育的无缝对接。这种大学生校园文化活动通过大学生的自发参与和教师的有意引导，创造了一个独特的非正式学习场所，在这里，大学生能够在轻松愉快的氛围中发挥自主性和创造力。

为培养全面发展的人才，大学生宿舍文化应积极引导大学生树立正确的人生观和价值观。通过学校在宿舍单元中弘扬团队精神，举办讨论会讨论人生观、价值观等主题，宿舍文化有助于培养大学生的高尚道德品质和远大理想。为了培育大学生的集体主义精神，反对拜金主义和极端个人主义，大学可以组织大学生参与宿舍和班级的公益活动、义务劳动和社会调查等，同时通过宿舍间的健康竞争，如"文明宿舍评比"和"学习优胜评比"等，激发大学生的集体责任感和归属感。

大学生的宿舍活动是大学生校园文化体系的基石，对大学的整体文化建设有着深远的影响，优秀的大学生宿舍文化可以促进校风和学风的形成，反过来，良好的校风和学风也会深化大学生宿舍文化的内涵。这种互动关系使得大学生宿舍文化与大学生校园文化相互依存、相互促进，共同构成了一个和谐的教育环境。大学生校园文化的建设除体现在教学和管理上外，还应体现在大学生活的各个方面。为倡导团结友爱、勤奋学习、艰苦朴素、文明礼仪等正面风气，营造良好的校园氛围，大学需在观念上、制度上，以及硬件和软件设施上综合施策，全面加强大学生校园文化建设，优化育人环境，培养能够为社会主义建设作出贡献的合格人才。

第三节　中华优秀传统文化对大学生校园文化的影响和作用

一、中华优秀传统文化与大学生校园文化的有机联系

将中华优秀传统文化整合到大学生校园文化中，是一项复杂的系统工程。在这个系统中，中华优秀传统文化和大学生校园文化各自独立，又互为补充，形成一个和谐的整体。深入理解这两种文化的本质及其相互间的关系，是确保这一系统有效运作和健康发展的关键，这就要求人们必须明确每一个文化元素的特点，掌握它们如何协同工作。

（一）大学生校园文化是中华优秀传统文化传承发展的载体

中华优秀传统文化起源于我国的古代，是建立在那一时期政治与经济基础之上的文化遗产，随着社会历史的演变和社会主义市场经济的迅猛发展，传统文化也需适应新时代的需求。从古代中国到当代中国，社会历史已发生多次重大变革。如今，在新时代背景下，人们承担着中华民族伟大复兴的使命任务，要实现这一宏伟目标，必须挖掘和转化中华优秀传统文化中的力量，进行创造性转换和创新性发展，使之与现代文化及社会发展保持同步。

大学是社会主义先进文化繁荣发展的重要场域，担负着学术研究、教育传承与文化创新的职责。大学机构本质上是文化继承和环境相互作

用的结果，通过其独特的文化影响力达成教书育人的目的。与中华优秀传统文化的历史发展类似，大学生校园文化也是在不断的社会实践中逐步形成和发展的，这种历史的相似性为中华优秀传统文化在大学这一平台上的继续发展提供了理论支持。大学生校园文化是社会主义先进文化的组成部分，而且由于其对时代脉搏的高度敏感，成为传承和弘扬中华优秀传统文化的理想载体。在大学校园中，无论是大学教育者、大学生、大学管理者还是其他服务人员，都直接受益于大学生校园文化的熏陶，这为中华优秀传统文化的传播和发展提供了坚实的主体基础。大学校园因其文化的深厚底蕴和教育功能，具备了高效传递和培育传统文化价值的条件，能够有效地将中华优秀传统文化的精髓与现代教育理念相结合，推动文化遗产的现代转化和全面发展。

（二）中华优秀传统文化是大学生校园文化建设的文化根基

中华优秀传统文化是在中华民族长达五千年的文明进程中逐渐形成和发展起来的，它蕴含着深厚的民族价值追求和丰富的文化精神，对世界文化发展和人类社会进步具有不可忽视的贡献。在当今时代，这种文化依然展现出独特的魅力和生命力。大学生校园文化在发展历程中，融合和传承了这些中华优秀传统文化的元素，展现了传统与现代文化的有机统一。

全球顶尖大学的竞争实质上也反映了大学生校园文化的竞争。为了在全球高等教育的竞争中占据一席之地，中国大学必须深入挖掘并活用中华优秀传统文化的丰富资源，构建具有独特魅力的大学生校园文化。中华优秀传统文化的内涵远不止传统建筑、服饰或习俗，它还包括深刻的核心价值观、人文精神和传统美德等精神层面的元素，这些都是构筑现代大学生校园文化的宝贵财富。在新的历史发展时期，大学生校园文化的创新与发展需要扎根于这些深厚的文化传统之中，通过创造性的转化和创新性的发展，不断适应和满足校园成员的精神和文化需求。只有这样，大学才能构建出既具有深厚文化底蕴又符合时代特色的大学生校园文化，有效地促进教育质量的提高和文化传承，为社会主义现代化建设培养更多优秀人才。

二、中华优秀传统文化融入大学生校园文化的价值意义

（一）落实立德树人根本任务

在新时代，大学生校园文化建设的根本任务是通过培养具有高尚理想信念的大学生来实现立德树人的目标。这一过程重点强调理想信念教育，旨在塑造具备远大理想、扎实技能和社会责任感的新时代青年。

1. 坚定大学生的理想信念

大学生是我国社会主义现代化建设的中坚力量，承担着实现中华民族伟大复兴的时代责任。为了达成这一宏伟目标，大学生除了专业技能和综合素质的不断提升外，坚定的理想信念也是不可或缺的。理想信念为大学生提供了精神支撑和行为指南，是他们面对困难和挑战时的坚实后盾。只有拥有坚定理想信念的人，才能不畏艰难，坚持不懈地追求自己的目标。如果理想信念不坚定，大学生在职业和人生道路的选择上将易于偏离正轨，实现其担负的时代责任也将无从谈起。

我国社会主义现代化建设事业的持续推进，需要一代又一代有志青年的接力奋斗。当前，大学生理想信念的培养显得尤为重要。理想信念并非天生就有的，而需在大学生校园文化的熏陶和在思想政治教育中逐渐树立。大学在文化育人方面承载着重大的责任，应明确以何种文化来进行育人。在全球多元文化交融的今天，我国大学以开放和包容的姿态吸收世界优秀文化的精华，促进自身创新发展，同时需发挥社会主义核心价值观的导向作用，确保大学生校园文化建设正确的价值方向，以引导大学生形成正确的价值取向。

中华优秀传统文化之所以至今仍闪耀着真理之光，并被不断弘扬，是因为其超越时空的特性和与社会发展的高度契合。这一文化一方面与马克思主义理论相结合，另一方面还与社会主义核心价值观紧密相连，显示出强大的时代性和生命力。将中华优秀传统文化融入大学生校园文化，有助于大学生实现"格物""致知""诚意""正心""修身"等个人道德修养，还能帮助他们树立"齐家""治国""平天下"的宏伟理想。

2.培养大学生的过硬本领

新时代的中国特色社会主义现代化建设迫切需要培养全面发展的复合型人才，这对高等教育提出了全面提升大学生核心素养的要求，强调了综合素质培养的必要性。在这个过程中，虽然大学生校园文化对大学生专业技能的直接影响或许不显著，但其通过大学校园环境和无形的文化氛围，对大学生的精神世界施加深远影响，这种影响会伴随学生一生，能长久地指引其人生道路。中华优秀传统文化作为中华民族几千年社会历史沉淀的精神文化总和，涵盖了教育、文学、艺术、宗教、哲学、科技、政治等诸多领域，其丰富的精神内涵通过历代的文献记录和教育传承流传至今，还融入了日常生活之中，这些传统元素，如琴棋书画、戏曲舞蹈、神话节俗等，在历代传承中被打上了传统文化的印记，成为现代高等教育实施文化育人的珍贵资源。

将中华优秀传统文化融入大学生校园文化，不应只局限于简单地举办文化讲座或社团活动，而应深入到大学校园文化的每一个层面，包括在大学校园的建筑风格中引入中华优秀传统文化元素，在校风校训中融入中华传统教育理念，在校园日常活动中创新性地展现中华优秀传统文化。通过这些多层面、多形式的策略，中华优秀传统文化的精髓可以有效地与大学生校园文化融合，不仅仅是形式上的结合，更是精神和价值上的融会贯通。只有这样系统的大学文化教育和实践探索，才能确保中华优秀传统文化在现代大学教育中的生动再现，有效促进大学生的全面发展。

3.树立大学生的使命担当

在实现中华民族伟大复兴的历程中，中华文明五千年的积淀不断孕育并赋予社会主义先进文化以新的生命力，这些文化凝结了历史的智慧，是中华优秀传统文化的现代表达。作为中国特色社会主义事业的中坚力量，大学生承担着推动国家富强和民族振兴的重大责任，因此，高等教育机构的文化建设直接影响到未来人才的培养。

大学生校园文化的核心职责在于培养全面发展的社会主义建设者与接班人，这包括德、智、体、美、劳各方面的均衡发展，特别是强化理想信念教育，确保学生具备必要的社会责任感和历史使命感。为此，大学需要吸纳全球文化的优秀成果，更需深化对中华优秀传统文化的理解和传承，这是构建具有中国特色的大学校园文化的关键。通过在校园中开展丰富多样的文化实践活动，如社团活动、主题性讲座、志愿服务等，大学应积极引导大学生深入理解并认同中华优秀传统文化的核心价值观，增强大学生对传统文化的认知和尊重，激发他们对中华文化的自信与自豪。此外，这些活动还应帮助大学生探索传统文化的创新与应用，促使其在实际行动中展现对传统文化的理解和继承。

（二）建设新时代高水平大学

1.铸造一流大学精神

大学精神是高等教育的灵魂，是校园文化的最高境界①，它在校园中具有精神导航的作用，凝聚着大学历史发展的思想积淀和时代精神，这种精神文化既是一种历史的继承，也是对现代价值观念的创新表达，代表了一所大学的核心理念和文化追求。大学精神深深植根于中华优秀传统文化之中，折射出中华文明几千年的智慧和价值。在这一精神指导下，大学不断推动科学与人文的和谐发展，培养有理想、有道德、有文化、有纪律的社会主义现代化建设者和接班人。在新时代的大背景下，大学

① 王邦虎.校园文化论[M].北京：人民教育出版社，2000：137-138.

生校园文化建设的核心任务是实现理想信念的教育与人才的全面发展。中华优秀传统文化作为文化传承的重要源泉，为大学生校园文化的形成提供了丰富的养分和深厚的基础。大学生在这一文化熏陶下，学习科学知识和技能，并在道德修养和精神境界上得到提升。中华优秀传统文化中的伦理道德、集体主义和求真务实的精神，是塑造大学精神不可或缺的元素，帮助大学生树立正确的世界观、人生观和价值观。

现代大学校园文化的构建需要在传承与创新之间取得平衡。面对市场经济下的各种挑战，大学应当通过宣传大学生校园文化积极引导大学生识别和坚守文化价值，抵御功利主义的侵蚀，尤其是将中华优秀传统文化的核心精神与现代大学的教育理念相结合，通过举办各类文化活动、主题讲座和开展实践探索，让大学生在活动中体验中华优秀传统文化的智慧。

2. 完善一流大学治理

实现"双一流"大学的目标离不开一流的大学治理体系。完善的现代大学治理体系是一个复杂的系统，其中关键在于坚持法治校园、科学管理，并充分发挥大学校园所有成员的共同作用。在治理大学的过程中，不只是管理层，大学教师和大学生同样是重要的参与者。他们在遵循校园的管理制度和运行规则中，处理学术研究、教育教学与日常管理等事务，确保大学的顺畅运作与健康发展。大学生校园文化作为一个综合体，包含了各种价值导向、道德判断与行为准则。这些元素逐渐成为大学生校园文化的重要组成部分，对个人的全面发展有着深远的影响，也对大学本身的进步起到关键作用。大学的使命是培养全面发展的人才，所以，其章程、规则以及操作机制必须既能规范校园成员的行为，又要反映出其教育和文化育人的重要价值，成为大学文化的一个重要支柱。

现代大学治理需要不断地创新与完善，以适应时代的发展需求。中华优秀传统文化的人文精神和道德自律，可以丰富和强化大学治理体系，还可以通过这种文化的力量，提升校园成员的道德与文化水平，实现个人的全面成长。此外，现代中国大学在探索自我文化身份时，应更自信地吸收和利用中华文明的丰富遗产，而非单纯模仿西方模式，可以借鉴古代的教育制度和治学理念，如书院制度，为现代大学治理提供了宝贵的借鉴，促进我国大学治理体系的创新发展，进而充分发挥其在现代教育体系中的育人功能。

3.建设一流大学环境

大学校园环境是大学精神的重要物质载体，精心设计和安排的校园环境表达了丰富的内涵与深远的意义。大学校园内的基础设施、建筑雕塑、花草树木等物质环境的组合与规划，无不体现了一所大学的内在气质与独特风格，这也应成为"双一流"大学建设的重要内容。大学校园环境的建设发展受到其所处时代的经济发展水平、社会历史条件、大学办学目标以及多元文化的影响。中国古代先贤非常重视环境对人发展的影响，《荀子·劝学》中提道："蓬生麻中，不扶而直；白沙在涅，与之俱黑。"雅致宜人的学习环境能够为大学生带来舒适的学习体验，从而在环境的熏陶中返璞归真，获得超脱的心灵感悟。

从古代到今天，人们一直在追求适宜师生发展、引领大学发展的各具特色的大学校园环境。例如，北京大学西校门的古典三开朱漆宫门建筑，虽然高度不超过七八米，不如一些现代大学建筑高耸，却非常庄严典雅，具有浓郁的古典气息；坐落在岳麓山脚下的中国古代四大书院之一的岳麓书院，依山傍水，景色宜人，成为湖南大学独有的育人资源。这些都是中华优秀传统文化在大学文化中的自觉融入，它们在塑造大学校园环境的同时，深深地影响着大学的办学理念、办学风格与办学特色。这些中华优秀传统文化元素为大学文化的发展提供了新的空间场域与物质载体，为新时代提高我国大学的核心竞争力、建设有中国特色的世界一流大学积蓄了力量。在大学精神的引领下，校园环境是学术活动的场所，更是文化传承与创新的空间，通过融入中华优秀传统文化与现代设计，大学校园环境能激发大学生的学习热情，促进他们的全面发展。

（三）坚定社会主义文化自信

1.传承中华优秀传统文化

大学作为文化传播的场所，具有至关重要的文化传递功能。在高等教育的大背景下，大学是知识和科技的殿堂，更是文化教化的重地。通过校园内的深厚文化资源，如中华传统美德、人文精神和价值理念等，大学极大地推动了中华优秀传统文化的传承与兴盛。大学也通过教育活动、学术讲座、文化节等多样的形式，在社会层面广泛传播和弘扬这些文化，成为连接古今、传承与创新的桥梁。

当代大学生作为这一文化传播过程的直接受益者，也是未来文化创新的主体力量。他们肩负着传承和发展中华优秀传统文化的双重任务，这是个人成长的需要，也是国家文化繁荣的需求。尤其是进入新时代的"00后"大学生，他们以其开放的思维和创新能力，为中华优秀传统文化的现代转化注入了新鲜活力，这些"00后"大学生在校园文化的熏陶下，深入学习和理解中华优秀传统文化的精髓，在实际行动中积极继承和创新，使得这些文化能在新的社会环境中焕发出新的生机。

2.繁荣社会主义先进文化

大学生校园文化以其独特的理性和科学精神在文化传承与创新中占据重要地位，这种文化坚持批判性思维，挑战权威与传统，更勇于追求真理和创新。大学生校园文化是社会主义先进文化的重要载体，通过其理性和科学精神，促进社会主义文化的深入发展和广泛传播。大学生校园文化的发展方向由社会主义先进文化引领，同时作为先进文化的组成部分，大学生校园文化又反过来丰富和促进了社会主义文化的进一步繁荣。

中华优秀传统文化作为中华民族长期社会实践的结晶，承载了中华民族的精神追求和文化智慧，是历代先进文化的核心，当前社会主义文化建设依然需要借鉴和吸收传统文化的精髓。大学作为社会文化发展的重要基地，承载了培养现代新人的重任，这与其核心使命"立德树人"不谋而合。大学通过融合中华优秀传统文化的价值观念、人文精神和美德，实现了其文化育人的目标，推动了社会主义文化的全面繁荣，为培养具有社会责任感和文化自信的新时代青年提供了坚实的文化基础。除此之外，大学作为思想交流和学术开放的高地，具备强大的理论创新和文化研究能力，为中华优秀传统文化的现代转化和全球传播提供了重要平台。

3.建设社会主义文化强国

没有坚定的文化自信，文化的进步将缺乏动力，民族的未来也难以期待，在全球综合国力的竞争中，中华优秀传统文化越发重要。大学是文化传承与创新的重要阵地，大学生校园文化的形成和发展不仅关系到国家文化战略的实施，还是影响全球竞争力的关键因素。大学生校园文化要展现独特的个性和创新能力，还需内化深厚的文化底蕴。中华优秀传统文化作为中华民族精神文明的重要组成部分，为大学生校园文化提供了丰富的资源和精神支撑，是培养有理想、有能力、有担当的新时代大学生的文化基础。

大学生校园文化的建设需要精准的定位。将中华优秀传统文化的核心价值观融入大学生校园文化之中，旨在通过文化的力量增强大学生的创造力和大学的影响力。这种文化的深化将帮助大学生从文化的认知到自信，最终达到文化的自强。随着改革开放和"互联网＋教育"的发展，大学生校园文化展现了前所未有的活力和开放性，尽管大学生校园文化的多元开放带来了外来文化的冲击，但中华优秀传统文化的融入与弘扬起到了扶正祛邪的作用，确保了大学生校园文化的健康发展方向。在新时代的背景下，我国的综合国力显著增强，高等教育的蓬勃发展为大学生校园文化的国际化提供了坚实的基础。通过设立全球各地的孔子学院等文化交流平台，中华优秀传统文化在国内大学中得到传承与创新，通过其独特的文化魅力走向了世界，展示了中华文明的卓越和独特性。

三、中华优秀传统文化融入大学生校园文化面临的新环境

（一）受众群体的变化引领新的潮流

随着大批"00后"大学生正式步入大学校园，他们开启了自己的大学生涯。这一代年轻人成长在中国经济快速发展的时期，受到全球化和信息化的深刻影响，展现出与前一代显著不同的特质和行为模式。与"90后"相比，"00后"大学生更加强调个性表达和自我价值的追求，他们倾向于展现独特的兴趣和个性化的生活方式，具有较强的独立思考和批判能力，这塑造了他们自信和自主的生活态度。但是，"00后"这种强烈的个体化倾向也可能导致他们在社会适应上面临挑战，如以自我为中心、较为偏激等问题。在这样的背景下，大学生校园文化如何有效地与这一新兴群体接轨，利用中华优秀传统文化的力量满足他们的精神需求，成为教育者和文化工作者面临的重要课题。大学生校园文化不仅需要传承中华优秀传统文化，还需要创新，以适应"00后"大学生的特性和时代变迁。

大学生校园文化的塑造和传承，需要更为灵活和创新的策略来吸引"00后"大学生，包括重新设计大学生校园文化活动，使其更加符合年轻大学生的兴趣和生活方式，融入中华优秀传统文化的核心价值观，以寓教于乐的方式提升其文化吸引力和教育效果。大学的教育者、管理者及服务者都应主动适应这一代年轻人的思维模式和行为习惯，探索更符合现代大学生心理和精神需求的教育方法和文化活动。

（二）技术手段的革新创造新的机遇

随着21世纪初互联网技术的快速发展，特别是5G技术的推广，媒体融合已成为文化传播的新常态。在这一背景下，大学生校园文化传播也逐渐采纳现代化的传媒技术，如大数据、人工智能等，来优化和创新

立德树人的教育途径。中华优秀传统文化在这种现代传媒环境下与高新技术的结合，为传统文化的传承与发展开辟了新的途径，让传统文化在数字时代焕发新的生机。

融媒体技术，尤其是虚拟现实（VR）、增强现实（AR）、5D体验等，提供了全新的文化体验方式，这些技术能够将中华优秀传统文化的丰富内涵以更生动的形式呈现给公众，尤其是年轻的大学生群体。这些技术的应用不仅仅是技术层面的革新，更是一种文化的革新，它使得中华优秀传统文化能够跨越时间和空间的限制，以更加直观、互动的方式被现代大学生所接受和欣赏。这种创新的表达方式极大地增强了中华优秀传统文化的吸引力和影响力，使得文化的传承更加顺应时代的发展。

但是，融媒体时代也带来了不少挑战和风险。例如，如何保障数据的安全、防止知识的碎片化，以及确保技术应用不仅仅停留在表面的感官体验，而能深入到实质性的教育与文化理解之中。如何平衡传统与现代，确保技术应用与文化深度的结合，是大学和社会必须面对的重要课题。未来，大学需要在融媒体技术的助力下，探索出一条既能保留传统文化精髓，又能展现现代科技魅力的发展道路，为培养具有文化责任感和创新能力的新时代大学生奠定坚实的基础。

（三）地域特色与办学特色相结合

将中华优秀传统文化融入大学生校园文化，不是简单地创造新的文化形式，而要深化大学生校园文化的核心价值，通过吸收中华优秀传统文化的精髓来丰富大学生校园文化，为完成立德树人的根本任务提供一个更加优越的文化环境。这种"融入"的过程并非仅是理论层面的教育，而是需要大学根据自己的办学特色和文化发展历史，明确其发展方向，并考虑所在地的地域文化特色，从而使中华优秀传统文化以真实有效的方式融入大学生校园文化之中。例如，武汉理工大学自2006年开始举办的"楚凤鸣兮"端午诗赛，就是一项将地方文化特色与传统节日结合的创新实践。每年端午节，该校通过举办以纪念屈原为主题的诗歌比赛，既纪念这位伟大的爱国诗人，还融合了培育社会主义核心价值观的目标。通过将活动主题与国家重要的历史时刻和事件联系起来，大学可以成功地将中华优秀传统文化以一种大学生喜闻乐见的方式融入校园生活，如诗歌朗诵和艺术创作等活动。

（四）学术研究与文化实践相得益彰

在高等教育领域，将中华优秀传统文化融入大学生校园文化要注重文化的实践活动，还应加强对该领域理论研究的深化。大学校园作为学术探索的高地，应积极开展中华优秀传统文化的理论研究，以丰富和完善大学生校园文化这一重要分支的理论体系。在日常的教育与文化活动中，大学应该探索创新的方法，整合传统文化的丰富资源，开展多样化的高质量文化实践活动。例如，北京语言大学以其独特的文化传播策略和活动实践，不断提炼和升华"君子文化"主题，打造了以"君子文化"为核心内容的四大文化实践方阵：文化传播、美德培育、课程建设与学术研究，有效地增强了大学生的文化自信。具体到文化实践，北京语言大学定期举办的国学系列活动，如"君子雅茗"，以国学茶座形式，让大学生在轻松的氛围中体验国学的深邃与雅致，通过微电影大赛、书画沙龙和社团展演等丰富多彩的活动，让大学生在实践中感受和学习中华优秀传统文化。这些生动的活动增强了大学生的文化体验，也让中华优秀传统文化的美德和智慧在年轻的大学生中得以传承和发扬。为了确保文化实践活动的深度与广度，北京语言大学加强了与理论研究的结合，该校近年来立项的国家级和省部级研究项目数量显著增加，这些研究项目提供了丰富的理论资料，也为大学生校园文化课程的开设和教学内容的更新提供了科学依据。通过理论研究的支撑，大学能够在理论与实践之间建立起良性互动，推动中华优秀传统文化在校园中的全面融入和持续发展。

（五）线下传播与线上互动协同发力

互联网和现代科技的迅猛发展为大学生校园文化提供了创新的多元表达形式，使得中华优秀传统文化在大学校园文化中的融入呈现出新的活力。在当前高等教育领域，立德树人仍是教育的核心使命，大学生校园文化要深植于中华优秀传统文化的丰饶土壤中，利用现代科技手段更有效地继承与发展这一宝贵文化遗产。[①]

福建师范大学文学院便是一个积极响应这一使命的典范，该学院利用其专业优势，吸纳中华优秀传统文化的核心价值，通过"感悟—表达—践行"的教育模式，全面提升师生的道德素质、理想信念和政治认同。该学院一方面响应国家关于文化自信的号召，建立了文学创作的常态化机制，另一方面还利用学生主办的刊物举办文学创作比赛、开设道德讲堂等活动，激励大学生在文化实践中深化对中华优秀传统文化的理解与表达。这些活动培养了学生的文化创造力，也使他们成为中华优秀传统文化的坚定信仰者和积极传播者。此外，福建师范大学文学院还致力于将校园文化辐射、扩展到校园之外，面向更广泛的社会群体。通过校内外的文化长廊、文艺晚会、戏曲话剧等形式，以及利用微博、微信公众号等数字平台，该学院积极推广中华优秀传统文化，增强了社会对中华优秀传统文化的认知。该学院在网络社区中的"易"诵读活动等创新形式，通过网络空间的互动特性，增强了文化活动的参与度和感染力，使得中华优秀传统文化的现代传播更具吸引力和影响力，确保了文化育人功能的全面落实和持续发展。

① 周银.中华优秀传统文化融入大学文化研究[D].武汉：华中师范大学，2020.

第三章　中华优秀传统文化融入大学生校园文化生活的原则和措施

第一节　中华优秀传统文化融入大学生校园文化生活的原则

　　原则通常是指导公共生活、职业行为以及事物自然进展的基本规律。在新时代背景下，中华优秀传统文化融入大学生校园文化生活，应遵循的原则成为这些基本规律的一部分。[①]具体来讲，中华优秀传统文化融入大学生校园文化生活应遵循以下几大原则，如图3-1所示。

[①] 郭鹏飞.注重以文化人提高高校思想政治教育实效性[J].思想教育研究,2018(5):98-101.

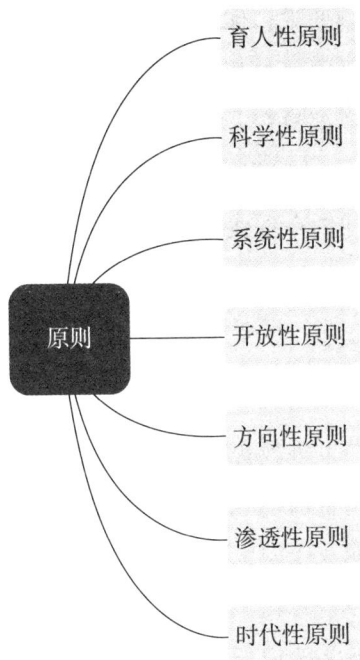

图 3-1 中华优秀传统文化融入大学生校园文化生活的原则

一、育人性原则

育人性原则强调利用中华优秀传统文化的育人价值。中华优秀传统文化是教化人、培养人、塑造人的宝贵资源，也是建设文化强国的核心优势。通过中华传统的道德文化、法治文化、励志文化教育，这些文化能深刻影响现代大学生的精神世界，提升他们的道德修养和人文素质。对此，大学必须采取多元化的方法，形成协同效应，以充分发挥中华优秀传统文化在大学校园中的育人价值。

中华优秀传统文化的核心之一是传统伦理道德，特别是以儒家思想为代表的道德教育体系，强调"修身、齐家、治国、平天下"的价值导向。儒家思想中的"仁爱"是一种深刻的人文关怀，涵盖亲亲、仁民、爱物等多个维度的道德要求，体现了对人的全面关怀。这种以"仁"为核心的道德理念强调了同情与帮助他人的重要性，是中华民族高尚德行的体现。这些传统的道德教育，能使大学生形成尊重他人、诚实守信的良好品格，帮助大学生有意识地规范自身的行为，有助于他们形成集体意识和责任感，促使他们在现代社会中树立正确的价值观，重建和加强社会的道德体系。

二、科学性原则

科学性原则强调在推进教育和文化融合的过程中，必须遵守高等教育的内在规律，确保教育活动既科学又有效。科学性原则要求教育者在教学、研究、学生培养及校园文化建设中坚持以事实为基础的方法，重视理性思考和证据支持的决策。此外，该原则也强调对大学师生的心理、思想及发展需求进行科学的理解和精准的把握，以确保教育内容和方法既符合学科发展的趋势，也贴合学生的实际需要。

中华优秀传统文化的融入应当超越简单的知识传授，更需在"以人为本"的教育理念指导下，通过创新的教育手段，如案例教学、情景模拟等，使中华优秀传统文化教育更具吸引力和感染力。同时，大学在传承中华优秀传统文化时应综合考虑文化背景、历史脉络与现代价值，避免中华优秀传统文化传承的断层与误读，确保教育内容的历史真实性和文化连贯性。通过科学的规划与实施，中华优秀传统文化能在激发学生认同感和尊重感的同时，增强其在现代社会中的应用能力，进而促进大学生全面发展，加深其对中华优秀传统文化的理解。

三、系统性原则

融合中华优秀传统文化到大学生校园文化中是一个涉及多方面、多层次的系统性工程，要求大学以全面、系统的策略实施。要实现这一目标，大学要先指定一个全面的策略规划，将中华优秀传统文化的融入作为大学生校园文化发展战略的核心部分，这需要大学制订详尽的行动计划，确保中华优秀传统文化的教育内容、活动和资源能够系统性地整合进大学生校园文化的各个方面。具体来说，这包括课程设计、教育活动、校园环境布局以及日常行为准则等，确保每一个环节都能反映出中华优秀传统文化的精髓。

大学还需要成立专门的校园文化建设委员会，这一机构的功能是统筹和推进中华优秀传统文化的融入工作。该委员会应该由校领导、相关部门负责人、各学院代表及文化教育专家组成，负责明确并分配任务，监督进展，并解决在推进过程中遇到的各种问题。大学应激励和动员全校教职员工参与文化建设，特别是那些在传统文化教育领域有专长的教师，他们将在传授相关知识和技能方面发挥关键作用。后勤人员和大学生的积极参与同样重要，前者可以在校园环境的文化氛围营造中发挥作用，而后者则是文化传承和创新的直接承载者。

四、开放性原则

在全球化快速发展的背景下，经济与文化的全球交流成为一个不可逆转的趋势。这要求每一个国家都需在开放的框架下发展自己的文化，而高等教育作为文化传承与创新的前沿阵地，更是开放性的重要体现。在"教育要面向现代化、面向世界、面向未来"的指引下，中国的大学正在逐步展开更为开放的大学生校园文化建设。这种开放表现在加强与国内外大学的学术交流和合作上，更体现在如何将中华优秀传统文化与世界文化进行有效的对话和交融中。这样的开放交流能够增强校园文化的生机与活力，也能更好地展现中华优秀传统文化的独特魅力和现代价值。

为了实现这一目标，大学需要采取积极策略，深化与全球高等教育机构的合作与交流，还要注重从国际视野中审视和塑造本校的文化特色。大学应该创造更多对外交流的机会，如举办国际会议、开展学术交流、举办联合开展研究项目等，为本校学者和学生提供接触世界高水平学术资源的机会，让世界了解和接触中华优秀传统文化。大学还应借鉴其他国家大学在文化融合、教育创新方面的成功经验，结合自身实际，创新大学生校园文化建设的方法和内容，推动中华优秀传统文化在开放条件下的创造性转化和创新性发展。

五、方向性原则

方向性原则明确指出，我国的文化建设必须服务于人民，支持社会主义现代化建设，并最终贡献于实现共产主义的宏伟目标，这种服务于国家与社会的根本方向，是所有文化活动和学术追求必须坚守的核心。作为社会主义教育的重要阵地，我国的大学生校园文化也必须是一种先进的社会主义文化，其发展方向和价值取向应明确体现这一点。

文化多元是大学生校园文化繁荣的重要来源，多种文化的融合和交流为校园文化带来了活力和创新。但是，文化的多样性并不意味着价值观和方向的多元。大学生校园文化的核心方向必须清晰，只有这样，才能保证校园文化沿着正确的轨道发展，避免偏离社会主义方向。

文化自信已被提升为国家战略，这体现在我国坚定地推动大学文化的进步和中华优秀传统文化的传承方面。坚持中国共产党的领导，坚持中国特色社会主义道路和先进文化的方向，是实现文化强国梦想的基础。大学生校园文化和中华优秀传统文化的融合必须紧扣社会主义先进文化的方向，确保文化传承与创新符合时代需求。具体来说，这一过程要以马克思主义为指导，特别是以习近平新时代中国特色社会主义思想为理论指导，通过其理论的现代化解读，推动传统文化的现代化转化和创新性发展。

中华优秀传统文化融入大学生校园文化，是对其价值的现代诠释和实践，大学生校园文化建设应积极弘扬和培育社会主义核心价值观，这些价值观深植于中华优秀传统文化的沃土中，并通过现代教育体系得到创新运用和推广。社会主义核心价值观的培育是中华优秀传统文化现代转化的重要表现，也是社会主义先进文化发展的关键要素。大学这一社会文化发展的高地，可以有效地将中华优秀传统文化传播给新一代，使他们在尊重传统的基础上，建立现代的世界观、人生观、价值观。

六、渗透性原则

中华优秀传统文化融入大学生校园文化是一个全面、深入且系统的过程，这种融入触及大学生校园文化的所有方面，从学术研究到日常生活，从校园建筑到教育方法。这种全方位的融入丰富了大学生校园文化的内容，也增强了其育人功能。首先，大学本身就是大学生主要的学习与生活环境，大学生在这里接受教育和文化的熏陶，而中华优秀传统文化的价值观、道德观念和行为规范在这一环境中得以传递和实践。而教师和行政人员等学校成员同样在这种文化氛围中受益，大家共同维护和发展这种文化环境。其次，大学生校园文化的具体表现形式，如校训、校歌，以及校园的建筑风格、公共艺术作品和文化展览等，都是中华优秀传统文化理念的载体。这些元素不仅美化了校园环境，更重要的是它们还承载着丰富的文化信息，引导大学生和校园社区成员思考和探讨。例如，校园中的雕塑和展览可以反映中华民族的传统美德，激发学生对传统文化的兴趣和尊重。最后，大学要为大学社区的成员，尤其是大学生，创造一个有利于个人成长和发展的文化环境。大学通过渗透性的方式将中华优秀传统文化理念融入大学文化中，既可以提高融入的针对性和有效性，还可以动员全校的资源和力量，确保这些传统价值观深入人心，形成共识。

在大学生校园文化建设中，中华优秀传统文化的融入需遵循渗透性原则，这是确保文化育人效果的基本方法。第一，增强大学生校园文化建设者的渗透意识。教育者、管理者和服务人员需自觉地将中华优秀传统文化的核心价值观应用于教学、管理和服务中，确保其在日常活动中自然而然地影响和培养学生，若缺乏这种自觉的渗透意识，中华优秀传统文化的融入可能仅停留在表面，难以实现深入人心的文化教化效果。第二，中华优秀传统文化应全面渗透到大学的精神、治理以及环境建设中，以实现全方位的文化协同育人。例如，诚信等传统美德可以融入大学精神，使之成为大学精神的重要组成部分。校园环境的布局和建筑设计可以吸纳中国园林艺术的元素，展示中华优秀传统文化的独特魅力。同时，制度和规章的制定也需体现如尊师重教的传统价值，确保其成为学生和教职工共同遵守的行为准则。第三，中华优秀传统文化的渗透需要层层深入，从学校到院系，再到每一个班级。学校应将中华优秀传统文化融入整体文化建设中，并在大学校园中营造浓厚的文化氛围。各院系结合专业特色，开展符合专业发展需求的文化教育活动，而每个班级则可以通过日常活动和特定节日庆典等方式，使大学生在实际活动中感受和学习中华优秀传统文化。

七、时代性原则

大学生校园文化随着各个历史阶段的变迁而展现出不同的特征和功能。自 1840 年起，随着外国列强的侵略，近代中国的大学生校园文化开始萌芽，并将自己的发展与国家的命运紧密相连，秉承了"救亡图存"的使命感。到了新文化运动和五四运动期间，大学校园成为推广"民主"与"科学"思想的前沿阵地，孕育了革新思想和政治热情，也是马克思主义在中国初步传播的重要场所。1949 年后，每一个时期的大学生校园文化都与国家的政治和经济发展紧密相连，反映出不同历史阶段的国家需求和社会变革。这些历史时期的大学生校园文化深受其时代背景的影响，而且在推动社会进步、文化传承和思想更新中扮演了至关重要的角色。大学作为知识的殿堂，始终在历史的浪潮中前行，不断适应和反映时代的需求，塑造和传播了一代又一代人的价值观和世界观。

第二节　中华优秀传统文化融入大学生校园文化生活的措施

一、整合校园文化资源，深化中华优秀传统文化教育

社会主义核心价值观为当代大学生文化生活的繁荣和健康发展提供了理论指导和道德指南。在高等教育机构中，校园文化深刻影响着学生的日常生活和学业成长。校园文化通过其丰富的内容和活动，提升了大学生的综合素质，还教给了他们必备的生活技能。可见，大学生校园文化的建设在学生的精神生活和道德品质培养方面起着至关重要的作用。

发挥组织优势，将中华优秀传统文化有效地融入校园文化建设中，可以显著增强大学生的判断力和防范意识，帮助他们正确识别并理解多元文化。校园文化活动的多样化，可以弘扬中华优秀传统文化，培养和强化他们的社会主义核心价值观。在这种文化熏陶下，大学生能深入体验到中华优秀传统文化的深厚魅力，塑造他们的自信心和坚强意志。这种文化力量有助于大学生培养面对挑战的勇气和决心，强化他们的道德观和人格形成。

（一）充分利用校园中华优秀传统文化育人资源，营造良好学习氛围

大学应充分利用并整合大学校园中华优秀传统文化的育人资源，着

力打造一个充满书香和古典雅致氛围的大学校园环境，通过组织各式各样的大学生校园文化活动，如设立"国学经典阅读会"，邀请学生和教师共同探讨传统经典，引发对国学的深入思考和讨论。举办诗词朗诵会、演讲比赛或辩论会，能够增强大学生对中华优秀传统文化的认识和爱好，激发他们的文学创作与表达能力。大学还可以引入"高雅艺术进校园"计划，定期邀请知名艺术家与学者来校交流，开设学术沙龙，以及组织书画展览和征文比赛，这些丰富多彩的文化活动能使中华优秀传统文化在校园中生动展现，深入人心，帮助大学生在不断地文化熏陶中培养良好的道德观念和审美情趣，使中华优秀传统文化成为促进大学生全面发展的重要力量。

（二）发挥高校中华优秀传统文化传承基地优势，激发学生学习兴趣

大学作为传承与创新文化的重要场所，应该发挥其中华优秀传统文化传承基地的优势，深入挖掘其独有的历史文化资源，将这些资源作为社会主义核心价值观教育的媒介。例如，设立主题丰富的"兵器博物馆"和"兵工书店"，以及创作寓教于乐的校园墙绘等，这些举措能有效地融合大学传统与现代教育理念，增强大学生校园文化的吸引力和教育功能。大学应把握传统节日和纪念日这些文化节点，举办系列讲座，深入探讨中国传统礼仪、服饰演变及各民族风情，采用情境教学和实践教学的方式，激发大学生的学习热情。学生经过中华优秀传统文化环境的长期浸染，一定会迸发出思想的火花。例如，2023 年春季，复旦大学、上海交通大学、同济大学、华东师范大学等几乎每天都开展不重样的文化活动，举办各种不同的文化讲座，大大充实和丰富了学生的课余生活，激发了大学生对中华优秀传统文化的浓厚兴趣和学习动力。

二、善用新媒体推动大学生校园文化的持续发展与创新

（一）校园网络载体

随着互联网技术的飞速发展，传统媒体和新媒体的界限日益模糊，共同促进了"融媒体"时代的兴起。这种媒体融合提高了信息交流的即时性和效率，还使信息传播更加普及和便捷。大学生校园文化也随之经历了一场深刻的变革，从传统的单向传播模式转变为立体的、互动的传播方式。新兴媒体的广泛应用，如社交网络、博客和在线论坛，已深入到大学生活的各个层面，丰富了大学生校园文化的表现形式和传播途径，为大学生校园文化的社会辐射提供了更广阔的空间。

在新媒体时代，大学生校园文化建设必须积极利用"融媒体"创新技术，构建校园文化的全面网络化平台，促进大学生校园文化的全方位、多层次发展。

第一，大学需要开发和维护一个文化特色数据库。这个数据库除存储传统的文化资料外，还应包括大学特有的文化资源，使用大数据和人工智能技术对信息进行整理和分析。这种技术的运用，尤其在整合和深化对中华优秀传统文化宝库的理解和应用上，显得尤为重要，能有效提升校园文化的系统性和科学性。

第二，大学应该建立和完善全方位的网络互动平台，利用微信、微博等社交媒体，以及抖音、快手这类流行的短视频平台，强化校园文化的信息传播和社区互动。这些平台能够加强师生之间的信息交流，也能够有效地将中华优秀传统文化的相关活动和知识普及到每一个校园成员，还能减少代际的文化隔阂，使得中华优秀传统文化能够以更接地气的方式在年轻大学生中传播。

第三，大学生校园文化建设者需增强网络话语权，并加强网络信息安全管理。培养具有强大影响力的网络文化代言人，如校园文化"大V"

或意见领袖，借助他们在网络空间的影响力传播中华优秀传统文化，同时维护网络信息的安全与秩序，确保网络空间的健康发展。在此基础上，大学还需关注网络信息的质量控制，防止文化碎片化，确保大学生校园文化在传承和发展中的连贯性和深度。

（二）校外传播途径

大学要善于把校园文化活动相关信息在校外媒体平台进行投放。在主流媒体平台的信息投放是现代信息传播的主要途径之一，因此，将大学生校园文化互动式的设计制作内容以及创新的成果推广至这些平台，可以大大拓宽大学生校园文化活动的传播渠道和方式，让更多的网络用户了解大学开展的校园文化活动，感受校园文化的氛围和魅力，从而扩大大学生校园文化活动的影响力。同时，校外主流媒体平台的分享和传播，可以大大增强中华优秀传统文化的传承和创新，推动弘扬中华优秀传统文化。投放方式主要有以下三种不同的形式：

第一，在相关主题的社交媒体平台上发布有关校园文化活动内容，如微博、微信等平台。因为这些平台拥有大量网络用户，活动中实时发布有趣、有价值的文化活动内容可以吸引用户点击并访问校园文化活动的相关网站。此外，活动组织者可以在这些投放平台上与用户进行互动，及时回答用户的问题，以此增加用户参与感。

第二，在各大社交媒体平台或网站上发布有关大学生校园文化网站的活动公告、预约通知等，提醒用户关注和访问大学生校园文化活动的网站。例如，在微信公众号、抖音等平台发布相关活动内容，可以吸引众多用户的注意力和关注度。

第三，在其他网站上发布大学生校园文化活动相关的内容链接，如新闻网站、旅游网站、博客等。这些网站的用户均具有一定的文化素养，大学可以通过发布有关校园文化的文本、图像、短视频等内容吸引网络用户前来访问大学生校园文化网站。此外，大学还可以通过与这些网站的管理员或网络编辑建立联系，寻求与其合作的机会，如进行学术交流、文化交流、链接交换等。

校园文化活动在校外主流媒体平台上进行投放，可以使大学生校园文化活动内容和文化元素得以广泛的传播，不仅能够促进优秀文化的传承和发展，强化了网络用户对大学生校园文化的了解，塑造大学的形象，提升大学的影响力，还能极大地强化大学生的自豪感，激发其认同并热爱中华优秀传统文化，热爱母校，进一步激发他们为之奋斗的动力。

（三）校园管理制度

有效的管理制度能够确保中华优秀传统文化深度融入大学生校园文化生活。大学校园文化建设必须依靠坚实的管理制度作为支撑。管理制度是大学办学理念和文化价值观的具体体现，管理制度的设定和执行，可以引导师生自觉遵守并培养良好的思想道德风尚。这些制度既展现了一所大学的办学特色，又构成了其独特的文化氛围。中华优秀传统文化的融入是一个双向互动的过程，涉及师生之间、学生之间以及大学与社会之间的多层次交流。在这些互动中，明确的管理指导既提供了方向和目标，还确保了这些互动的有序性和针对性，使得文化交流更加高效和深入。另外，运用管理制度是确保文化融入过程正常进行的必要条件。中华优秀传统文化的价值理念与大学生校园文化的系统融合，需要通过一系列精心设计的管理活动来维护和推动，包括制定相关政策、执行具体程序以及评估融合效果等。大学管理层需要不断地从中华优秀传统文化中提炼精华，形成与现代教育理念相结合的独特管理策略，以此来支持和加强大学生校园文化的建设。

在中华优秀传统文化融入大学生校园文化生活的进程中，管理制度的运用必须遵循明确的要求和规范，确保各类文化活动得以有序推进。管理制度在大学生校园文化生活的各个方面，无论是实践活动、理论推广还是网络文化建设，均发挥着基础性的规范作用。这要求领导者增强对管理工具的自觉运用意识，并提升管理人员的专业素质，以优化各类文化载体间的协调与互动。并且管理必须恰到好处，避免过度干预，保持教育的自然渗透力，过强的管理易造成反效果，因此领导者应在强调管理效能的同时，明确其在文化教育中的辅助和服务角色，旨在通过合理的导向和支持，精确实现大学的育人目标，而非单纯追求管理上的严格与控制。

三、在大学生校园文化设施与景观建设中融入中华优秀传统文化

（一）在大学生校园文化设施建设中注重融入中华优秀传统文化元素

在推进中华优秀传统文化融入大学生校园文化设施建设的过程中，资金和资源的保障是必不可少的条件。大学需要制定明确的财务预算策略，专门为此类文化活动和资源的采购设立专项基金，包括在年度财政预算中划拨一部分专款，积极探索与社会各界的合作，通过捐赠、赞助以及其他多种渠道来筹措必要的资金。比如，为了提高师生对中华优秀传统文化的认知和理解，大学图书馆应当充实与中华优秀传统文化相关的书籍和资料，帮助师生从理论和实践两个层面深入学习中华优秀传统文化，并在日常学习和教学活动中不断地影响和提升他们的文化素养。

目前，在大学校园中，校园设施建设正在积极融入文化元素，努力营造良好的大学生校园文化氛围，增添校园活力。但在实施过程中，因有些设施如校园建筑和校园布局等方面如何融入文化元素的技巧尚不成熟，导致设施与文化元素暂时难以保持统一的审美观念，设施与文化元素之间往往还存在一些不和谐之处，缺乏较为有效且独具内涵的表达方式。对于设计师来说，这无疑是一种挑战，这一方面在未来的设计过程中还有待不断地研究与发展创新，不断地完善设计方案，以便尽快将中华优秀传统文化元素有效、和谐地融入大学校园设施之中。

（二）在大学生校园文化景观建设中融入中华优秀传统文化元素

大学生校园文化景观作为大学物质文化建设的核心内容，是大学人文精神和教育理念的直观体现，在规划和构建这些校园景观时，大学应该采取综合考虑的策略，确保每一处校园景观都能反映校园的人文特色和教育目标。例如，大学可以在景观设计上融入中华优秀传统文化元素，通过整体的布局与设计，打造既美观又充满教育意义的校园环境。校园的公共空间可以设置以中华优秀传统文化为主题的艺术装置和展览，如书法作品、古典诗词的装饰板等，使大学生在日常生活中接触和学习到这些文化的精髓。例如，牡丹花是吉祥如意、富贵繁荣的象征，梅花是文人傲骨铮铮的象征，这些花卉历来就蕴含着特定的文化内涵。另外，表现中国历代文人风骨的松柏、翠竹、莲菊等富有特定文化寓意的一些植物，也可以在校园景观设计中加以合理的空间设置。它们与其他花草、树木等植物搭配起来种植，不仅可以充分发挥绿色效益，而且富有浓郁的文化氛围。

在校园的景观设计中，每个校园的文化景观都应恰如其分地反映大学的历史背景、地域特色及其学术追求。例如，大学可以在校园文化景观建设中使用地方特有的建筑风格或装饰元素，道路与建筑的命名也可结合大学历史和文化传统，如以历史人物或校园故事命名，这既增添了文化氛围，也使校园景观成为传承文化的桥梁。以贵州财经大学为例，校园教学楼紧扣中国历史文化来命名，如有博学楼、立德楼、文华楼等。再以塔里木大学为例，该校有意保留着校园历史文化建筑遗迹、道路命名及校园中的雕塑和标语，都充分体现了其文化自信和教育理念，特别是胡杨精神的塑像和以胡杨命名的学术建筑，更是彰显了该校为人民服务的根本宗旨，使校园文化景观成为学生日常学习和生活的有机部分，有效地对学生进行文化教育和精神熏陶。

四、强化制度保障

（一）科学构建文化育人的长效机制

大学生校园文化的育人功能是一项系统性强、周期长的战略任务，需要大学长期坚持并不断优化。大学应当建立一套科学完善的校园文化建设机制，从顶层设计到具体实施，形成一个全面、协调、持续的文化育人体系。大学需要成立由教学主管领导牵头的校园文化育人工作领导小组，该小组下设学生处、团委、教务处等相关部门，负责制定和实施年度校园文化育人的具体方案和操作细则。大学还应完善校园文化育人的相关规章制度，建立稳定的经费保障机制，确保文化育人活动的顺利进行和质量提升。

陕西能源职业技术学院采取了"传承红色基因，担当复兴重任"为主题的"五个五十工程"项目，典型地展示了如何构建校园文化育人的长效机制。该学院成立了专项活动领导小组，专项活动办公室设在思政部，由思政部主任担任办公室主任，负责日常的活动方案制定、组织协调和进展上报。通过这种组织结构和运作模式，学院确保了活动的顺利开展，还通过多层次、多渠道的宣传推广，成功地营造了浓厚的人文氛围。

（二）建立大学生校园文化建设的协同育人机制

大学生校园文化建设的协同育人机制通过整合多方资源，可以优化教育资源的配置，增强大学生校园文化活动的影响力和实效性。首先，这种机制促进了政府、行业、企业和大学之间的密切合作，这是因为现代高等教育已经不再是孤立的学术训练场所，而是需要响应社会需求、产业发展和文化创新的综合平台。例如，政府部门可以提供政策和资金支持，企业和行业分别可以提供实践基地和最新的行业需求，大学则负责具体的教学和人才培养。通过这样的协同合作，大学生校园文化建设能更好地对接社会需求，培养大学生的实践能力和创新意识，也使得大学生校园文化活动更加贴近实际，具有针对性和前瞻性。

其次，建立大学生校园文化建设委员会和顾问委员会是保证大学生校园文化建设质量和深度的关键。这些机构的建立不仅为大学生校园文化建设提供了组织保障，也有利于形成一个重要的决策和监督机制。其中，大学生校园文化建设委员会的成员多来自校内外的专家和管理层，他们能够从多个角度审视和评估大学生校园文化活动的设计和实施，确保活动的科学性和教育性。这种机构设置还有助于发挥校友和社会资本的作用，特别是校友的参与除能带来资金和资源的支持外，还能引入新的思想和经验，丰富大学生校园文化的内涵。通过这种机制，大学生校园文化建设能够持续地自我完善和创新，形成一个自我驱动、开放包容的大学生校园文化系统，有效地推动大学的整体教育目标和社会使命的实现。

五、加强考核

（一）考核目的

教育主管部门应制定一系列科学且可操作的考核标准，用以评估大学在融合中华优秀传统文化与大学生校园文化建设方面的表现。这套考核系统需要涵盖明确的评价标准、详尽的考核流程以及透明的结果呈现，以确保评价的客观性和实用性。这种方式不仅可以客观地评价各大学在融合中华优秀传统文化方面的成绩，还可以为他们提供宏观的指导和反馈，激励各大学将中华优秀传统文化的元素系统地融入大学的各项规章制度、日常管理及教育教学的全过程中。

（二）考核内容和要求

第一，大学生校园文化建设的制度保障须规范化，包括明确的组织机构，如校园文化建设委员会和学生委员会，以及完善的规划、执行、监督流程，确保校园文化建设的系统性和连续性。要实现这些目标，就需要全体师生员工积极参与，形成良好的参与氛围。在建立大学生校园文化建设机制的过程中，大学要立足于校园文化的实践和发展，认真思考和回顾大学生校园文化建设所涉及的相关理论和具体问题，从而把握好大学生校园文化建设的主要特点和内在规律，进一步研讨如何适应大学生校园文化建设制度的保障和规范化，建立完善的大学生校园文化建设机制，促进大学生校园文化建设制度的正常化、规范化。大学还可以借鉴一些定性和定量的检测和评估方法，对大学生校园文化建设制度等多项评价指标进行科学的、客观的、精确的评估，同时及时作出相应的信息反馈，这样才具有针对性和可行性，才能为大学生校园文化建设制度的正常执行提供比较可靠的保障。

第二，大学师生和校友的满意度是衡量大学生校园文化建设成功与否的重要指标。大学应定期收集和倾听他们的意见与建议，建立有效地参与和反馈机制，使师生和校友成为校园文化建设的共同参与者和受益者。大学可以对在校大学生进行校园文化建设满意度的问卷调查和影响因素分析，在设计校园文化建设调查问卷时，针对考核目标，设置多个维度、多个条目，采用李克特量表进行评分，分数越高表明大学生校园文化建设满意度越高。为了进一步调查大学生校园文化建设的满意度和存在的主要问题，为大学生校园文化建设发展提供更为具体有效参考依据，组织者还可以采用 SPSS 25.0 软件进行描述性分析、单因素分析和多元线性回归分析等多种分析，其中多重比较可以选择克鲁斯卡尔 – 沃利斯单因素 ANVOA 检验等。

第三，大学生校园文化活动的载体应多样化，如各学院特色的文化活动"一院一品"，这丰富了校园生活，也提升了大学生校园文化的品牌价值。通过这些活动，大学能够孕育出具有较高影响力的大学生校园文化项目，增强大学的文化输出能力和社会影响力。例如，贵州黔南经济学院开展的"道德文化"专题活动，由学生代表上台演讲，分享校园内外爱岗敬业、无私奉献、助人为乐、孝老爱亲等道德模范人物的先进事迹，宣传校园内的"好人好事""身边的感动"，效果比较好。

第四，配套设施的完善。这包括硬件设施的完善和软环境的优化，如创造具有文化氛围的大学校园环境，提升服务文化领域的意识，使大学生校园文化环境更加人性化和艺术化。以校园内路灯供电为例，许多大学的校园内路灯采取的都是集中供电方式，这种路灯虽可以统一控制开启关闭时间，却增加了公共用电量。如果大学校园内的路灯改用太阳能设施，白天在太阳光充足的情况下可以将太阳能转换成电能，夜间将自动把白天存储的电能用来照明。这种先进的太阳能设施较好地解决了大学公共用电浪费突出问题，又很好地解决了校园夜晚室外开展各种大学生校园文化活动的用电问题。

第五，大学品牌形象的塑造。大学应通过有效的文化传播标识和形象标识，提升其社会知名度和影响力，展现本校文化的力量。目前全国大多数大学都积极踊跃地制作短视频在各大媒体平台上发表，全力彰显大学的办学理念、办学规模、校园文化等。

第四章　中华优秀传统文化融入大学生校园文化生活的多元化创新路径（一）

第一节　中国诸子百家优秀文化概述

一、诸子百家兴起的历史渊源

春秋战国时期是中国历史上思想文化最为丰富多彩的时代，诸子百家的思想涌现，对后世产生了深远的影响。这一时期，各个学派的代表人物，如孔子、老子、墨子、孟子、荀子等，他们的思想体系各具特色，极大地丰富了中国的哲学和政治理论，是中华优秀传统文化的重要组成部分。

关于这些学派的分类，早在西汉时期，历史学家司马谈便在其《论六家要旨》中对先秦的学术派别进行了系统的分类，提出了"阴阳、儒、墨、名、法、道"六家的划分。继承和发展了司马谈的分类理论，西汉的人文学者刘歆在其著作《七略》中，进一步拓展了这一分类，增加了"纵横、杂、农、小说"四家，形成了十家的体系。到了东汉，班固在

《汉书·艺文志》中提出"诸子十家，其可观者九家而已"，他去除了小说家，形成了所谓的"九流十家"的说法。这种分类方法被后世学术界广泛接受。吕思勉在其《先秦学术概论》中进一步扩充了分类，增加了"兵"和"医"两家，提出先秦学术实际上可以划分为十二家，这种详细的分类更是深化了对先秦各学派思想源流的理解。

在思想流变的描述上，中国古代倾向于使用"源流观"来形容，这种观点在《庄子·天下篇》中有所体现。庄子认为，各学派的思想都源于古代的道术，随后如水流般地逐渐分化，各学派便是这一源头的不同支流，这种分化的过程使得每一学派都形成了自己独特的学术特色和理论体系。

关于这些学派的起源，还有一种说法是"诸子出于王官论"，这种观点认为，各大学派都源自古代王官的不同职责。例如，儒家源于司徒之官，道家源自史官，法家来自理官，墨家则与清庙之守相关。这种分类说明了各家学派的职能背景，也反映了它们各自的社会职责和学术追求。在孔子之前，王官之学代表了早期的学术思想和状态。孔子以后，随着社会变革和思想的进一步发展，王官之学发生了显著变化，诸子百家因此应运而生，标志着一个新的思想文化时代的开启。

二、诸子百家中的和谐思想

儒家、道家、法家、墨家的和谐思想及其教育价值，如表4-1所示。

表4-1　儒家、道家、法家、墨家的和谐思想及其教育价值

学　派	和谐观	教育价值
儒家	人与自我、人与他人、人与自然和国与国之间的和谐关系	强调人际和谐和"仁爱"精神，重视礼仪教化，强调公正和公平
道家	人与自然的和谐共处，无为而治	强调顺应自然，减少不必要的欲望，追求人际无争的和谐生活

学　派	和谐观	教育价值
法家	社会的安定有序和公平正义	强调法律的严格执行，公正无私，通过法治实现社会和谐
墨家	"兼爱"与"非攻"，反对战争，提倡无差别的普遍的爱	倡导社会公正，节俭生活，推动社会资源合理利用

（一）儒家和谐观及其教育价值

儒家思想在中华优秀传统文化中占据着核心地位，其独特的和谐观贯穿于人与自我、人与他人、人与自然以及国与国之间的关系。在人与自我方面，儒家强调内心的和谐与平衡，主张通过内心的清净和情绪的调节来达到身心健康，孔子曾言"曲肱而枕之，乐亦在其中矣"，表达了即使生活俭朴也能找到内心的满足与快乐。孟子更是将和谐提升到了社会层面，提出"天时不如地利，地利不如人和"的观点，强调了人际和谐的重要性，认为它是社会稳定与发展的关键。在人与自然的关系上，儒家教导人们应当明白人与自然的分界，尊重自然法则，主张"仁民爱物"，通过这种方式实现与自然的和谐共处。此外，儒家哲学中的"天人合一"思想强调人应与自然和谐相处，如此方能实现人的道德提升和自然的共兴。对于国与国以及民族与民族的关系，儒家推崇以"礼"治国，反对暴政。在国际关系中儒家提倡以道德力量影响他国，追求和平共处的理想状态，力求达到"天下为公"的大同世界。《礼记·礼运》中描绘了一幅理想社会图景："大道之行也，天下为公"，强调和谐社会的构建是基于公平正义的基础之上。这种对和谐的追求体现了儒家对理想人格和理想社会的向往，其根本目的在于通过教化与礼仪来构建一个既和谐又有序的社会。

儒家的和谐观非常深刻，对当代大学生的教育和自我提升具有重要的启发意义，儒家重视"德"的培养，尤其在促进人际关系和谐方面有独到的见解。第一，儒家强调"和而不同"的价值观念，这对于当今社会多元化背景下的青年学生特别重要，在社会主义和谐社会的构建过程中，尤其需要这种包容多样性的心态，接纳和尊重不同观点和生活方式的存在，这种理念有助于解决改革深入过程中出现的各种矛盾和冲突，促进社会的稳定与和谐。第二，儒家的"仁爱"思想强调以"仁义"为核心处理人际关系，即通过对他人的关爱来构建和谐的社会关系，这种思想激发了人们对国家、对人民以及对自然的爱，为建设社会主义和谐社会提供了坚实的情感基础和道德支撑。第三，儒家教导"修身、齐家、治国、平天下"，提倡从个人做起，以身作则，影响他人，进而实现家庭和社会的和谐，这一系列的价值观和行为准则，有助于个人的道德修养，也为维护社会的稳定和推动社会主义和谐社会的建设提供了理论依据和行动指南。

（二）道家和谐观及其教育价值

道家的和谐观深刻地揭示了人与自然和谐相处的哲学。道家认为"道"是宇宙间的根本法则，强调顺应自然的生活方式，认为这是达到生命和谐的最高境界。老子提出的"道法自然"，意味着一切行为应当顺应自然的规律，而非人为的强制与干预，他倡导人们在生活中减少不必要的欲望和人为的制约，通过回归自然本性来实现内心的平静和生活的和谐。庄子进一步发展了道家的和谐观，他认为宇宙万物与人本质上是统一的，主张"万物与我为一"。庄子反对人类社会的人为规范和道德束缚，认为只有放弃社会赋予的人为标签和桎梏，人的本性才能恢复自由和纯粹，达到与自然和谐相处的状态。他通过故事和寓言表达了这种"无为而治"的理念，认为真正的和谐来自对事物自然本性的理解和尊重。

道家的和谐观特别强调人与自然及人与人之间的和谐共处，这为大学生提供了重要的生活和道德指导。老子在《道德经》中提出："人法地，地法天，天法道，道法自然。"这一系列的递进关系揭示了人类行为应顺应自然规律，从而实现与自然界的和谐相处。这一点在今天推动可持续发展和生态文明建设中尤为重要，呼应了现代社会对环境保护和自然和谐的追求。同样，道家的思想也强调人际的和谐，认为真正的智者会以平和的心态对待他人，追求无争的人际关系。老子说"上善若水，水善利万物而不争"，意思是最高境界的善行如同水一样，能够惠及所有事物而不与任何人争斗，这种无争的生活态度有助于缓解社会冲突，促进人际关系的和谐。在建设社会主义和谐社会的过程中，大学生作为社会的未来建设者，应深入理解和实践这些道家思想。通过学习"无为而治"，大学生可以学会在个人发展和社会交往中寻求平衡，以宽容和谦逊的态度与人交往，这对于培养他们的社会责任感和集体主义精神至关重要。

（三）法家和谐观及其教育价值

法家的和谐观主要强调社会的安定有序和公平正义，这种观念体现在韩非子等法家的著作中，他们认为社会和谐的核心是法律的严格执行和对等适用。法家追求的理想社会是一个法不阿贵、公正无私的社会，不论贵贱，法律面前人人平等，彻底消除社会特权。法家还特别强调社会资源的合理分配和人才的合理利用，反对那种"不作而食，不战而荣"的社会现象，主张社会地位和个人权利应基于个人的努力和贡献来决定。法家主张通过奖励耕战，鼓励公民积极参与国家和社会建设，以实现国家的富强和社会的稳定。《韩非子·显学》中明确提出"明君务力"，表达了法家认为国家强盛源于民众的勤劳和国家的合理激励的观点。法家的这些思想不仅仅在于治国的权术，更在于通过法治来实现社会的长远和谐。例如，《商君书·靳令》中提道："力生强，强生威，威生德，德生于刑。"这一观点强调了力量和德行的相互关系，认为社会的道德和谐依赖于国家的强大和民众的积极参与。法家倡导的这种和谐观，通过法律的严格执行和奖励制度的建立，旨在创建一个每个人都能通过个人努力获得应有回报的公正社会，这对于建立现代法治社会有着深远的启示和价值。

法家的和谐观对当代大学生的法治教育具有深远的启示意义。在构建社会主义和谐社会的背景下，法治国家的建设成为基本的国家治理策略，而这一策略的实现依赖于全民尤其是青年学子的法治意识。大学生作为未来社会的主力军，他们的法律素养对于推动法治社会的发展至关重要，因此，强化大学生的法治教育，是高等教育的责任，也是社会发展的需求。法家主张"法不阿贵，绳不挠曲"，强调法律面前人人平等，这种观点可以帮助大学生树立正确的法治观念，认识到法律的权威性和严肃性。大学生在校期间，正值人生观、价值观形成和确立的关键时期，他们面临来自学习、生活、心理等多方面的挑战。法家的和谐观能帮助学生调整心态，还能促使他们在面对压力和挑战时合理地解决问题，遵循法律规范行事。通过法家思想的学习和研究，大学生可以更深入地理解和尊重法律的普遍适用性和执行的必要性，从而自觉地在日常生活中践行法律原则，增强法律意识。大学应当结合法家的和谐观，在课程设置、教育实践和校园文化中融入法治教育，通过开展丰富的法治教育活动，如模拟法庭、法律讲座、法治主题教育月等，有效地提升学生的法律素养，为构建法治国家和社会主义和谐社会培养合格的人才。

（四）墨家和谐观及其教育价值

墨家的和谐观，核心在于通过"兼爱"与"非攻"来实现人与人、国与国之间的和谐共处。墨家提倡的"兼爱"，即无差别的普遍的爱，反对基于血缘、地缘的偏私之爱，主张人人平等地相互关爱。这种思想是墨家和谐观的哲学基础，它超越了亲疏远近的界限，认为每个人都应当被平等地对待和关爱。与此同时，"交相利"则是"兼爱"得以实现的社会原则，即通过互利互惠的交往，增进人们的相互理解和尊重，推动社会和谐。墨家还深刻剖析了社会不和谐的根源，认为战争是导致人民苦难的主要原因，他们区分了"攻"与"诛"两种战争形态，前者指的是侵略战争，后者则是正义的战争，用以平息暴政。墨家强烈反对侵略战争，视其为"天下之巨害"，而支持那些能够维护正义和社会稳定的"诛"。墨子倡导"非攻"思想，即反对无端的攻伐，强调只有消除侵略，人民的生活才能得到改善，社会才能真正实现和谐。

墨子的和谐观特别强调了"兼爱"与"节俭"两大核心理念，这对于当代大学生来说，既具有深远的教育意义，还具备现实的指导作用。一方面，"兼爱"作为墨家的重要思想，其本质是倡导无差别的普遍关爱，这一理念在构建和谐社会的大背景下，强调了人与人之间的平等与尊重，倡导无论对友或敌都应持有关爱之心，这种思想对于今日社会强调多元包容和社会公正具有重要的价值。另一方面，"节俭"的思想则教导人们在资源有限的条件下，应当珍惜利用每一份资源，反对奢侈浪费。在当前消费主义日益盛行的社会背景下，大学生应该树立正确的消费观，提倡俭朴生活，这有利于个人的健康成长，也是对社会负责的体现。这两大理念在今天的教育中应当被更加重视。大学生作为社会的未来，应当积极继承和发扬墨家的"兼爱"与"节俭"思想。通过校园内的课程安排、研讨会和社团活动，大学可以为大学生提供更多关于这些思想的学习和实践机会。例如，开设相关的哲学课程，组织志愿服务活动，强化对公共资源的节约意识，培养大学生的社会责任感；通过日常教育和校园文化的塑造，将"兼爱"与"节俭"融入大学生的日常行为和价值观念中，使这些古老的思想焕发新的生命力，助力构建更加和谐的社会环境。

三、诸子百家中的音乐思想

儒家、道家、法家、墨家的音乐思想及其教育价值如表4-2所示。

表 4-2　儒家、道家、法家、墨家的音乐思想及其教育价值

学　派	代表人物	音乐思想	教育价值
儒家	孔子、孟子	音乐与礼仪紧密联系，通过音乐教化人心	培养道德修养，达到个人与社会和谐
道家	老子、庄子	音乐应超越形式，达到内心的和谐与平静	通过音乐体验达到"无为"的自然状态，精神升华
法家	管仲	音乐是治理国家的重要工具，与仪式密切相关	通过音乐影响人的情绪与行为，维护社会秩序
墨家	墨子	反对音乐的奢侈和享乐性质，认为音乐是社会负担	在节俭原则下，音乐可能导致资源浪费和劳动力分散

（一）儒家音乐思想

1.孔子的音乐思想

孔子在音乐教育方面的思想强调了音乐与礼仪的紧密联系，他提倡通过音乐的和谐美来引导和规范人的行为，达到礼乐合一的社会理想状态。孔子认为，音乐不只是一种艺术表达，更是一种深具教化功能和调和社会矛盾的重要工具。他倡导的音乐哲学理念是"乐而不淫，哀而不伤"，即音乐应当是激发人的正向情感，而不应诱导人迷恋或沉溺。通过音乐，孔子希望能培养出既有文化涵养又具有道德修养的君子，实现文质彬彬、以和为贵的理想人格。在他看来，音乐教育是完善个人品德、达成个人与社会和谐的关键途径。

2.孟子的音乐思想

孟子的音乐教育理念深植于他的"性善论"中，他认为人性本善，自然而然地倾向于美好的事物，这种倾向也体现在对音乐的感受上。他强调音乐的感染力和教化作用，认为富有仁义的音乐能够触动人心，引导人们实现道德的自我提升。孟子视音乐为比抽象道德讲授更有效的教

育工具，因为音乐能直接与人的情感相连，激发内心的道德感。他认为，当一个人将外在的道德要求内化为自己真切的感受后，通过音乐体验能进一步提升至善美的层次，实现内心的和谐与美好。①音乐可以引发人们的自然表达，如"不知足之蹈之，手之舞之"，这说明音乐不只是一种听觉的享受，更是一种情感和道德的洗礼。在孟子看来，许多道德教育失败是因为过于强调强制和说教，而忽视了教育的感性和情感层面，如果教育不能触及学生的内心，就难以获得真正的认同和接受。因此，孟子提倡用音乐这种美感体验的方式进行道德教育，通过潜移默化的影响，使道德价值自然而然地融入个人的情感和行为中，进而达到教育的最高境界。

（二）道家音乐思想

道家学派以老子和庄子为核心人物，对音乐的理解深刻体现了其哲学思想，即追求内心的和谐与平静，并通过音乐的陶冶作用达到人的精神升华。

1.老子的音乐思想

老子在《道德经》中强调了音乐的美，不在于单纯的声音之美，而在于其能够引发的内心平和与和谐，他认为美的认知往往源于比较和对立，真正的美应超越这种相对性。他主张人们应超脱表面的音乐形式，通过音乐体验达到一种"无为"的境界，即不刻意追求，而自然而然地感受音乐带来的内在平静。

2.庄子的音乐思想

庄子从一个更加自然和本质的角度来看待音乐。他在《齐物论》中的"天籁"和天道中的"天乐"，都表明了他对音乐的看法。他认为音乐的最高境界是表达人的天性和本真，音乐的美应该是不造作、自然流

---

① 赵维纳.浅谈中国诸子百家的音乐思想[J].黄河之声，2018（3）：23.

露的。庄子反对音乐被过分的礼节和形式所束缚，主张音乐应当摆脱外在的制约，真正回归到适合自然和人的本性的状态。通过这种方式，音乐既是耳朵的享受，更是心灵的抚慰和提升。

（三）法家音乐思想

法家学派，特别是管仲，对音乐在社会治理中的角色有着独到的见解。从管仲的《管子》中可以看出，音乐和仪式是治理国家的重要工具，它们之间有着密不可分的联系。在管仲看来，音乐是艺术表达，更是维护社会秩序和稳定的手段，他提倡使用和谐的音乐来促进社会稳定，通过规范的仪式和悦耳的音乐，影响和调节人们的情绪与行为。良好的音乐可以深入人心，调和人的情绪，使人们在不知不觉中接受礼法的约束，从而达到治国安民的效果。这种思想表明，他将音乐视为一种治理工具，通过其对人的情感的影响实现国家的长治久安。管仲的这种音乐观反映了他对音乐的深刻理解，也体现了他将民本主义理念融入治国策略的智慧。

（四）墨家音乐思想

墨子是墨家学派的重要人物，他对音乐持批判态度。他认为音乐的奢侈和享乐性质违背了节俭的原则，是不必要的社会负担，在墨子看来，音乐不仅消耗资源，还分散了劳动力，影响农业生产和其他生产劳动。[①]例如，他曾在一次外出中，得知前方是音乐之城朝歌，便立刻改变路线以避免其影响。

墨子的反音乐观点基于对音乐的实用性和社会影响的考虑。他认为，制造乐器和表演音乐不仅浪费制造工具和演奏的时间，还可能引诱青年男女忽视实际的劳动，陷入非生产性的活动。更重要的是，音乐可能导致社会上层的官员和贵族沉溺于奢华的生活，忽视公务和政治责任。尽

[①] 康彦.试析中国先秦时期诸子百家的音乐美学思想[J].戏剧之家，2021（16）：69-70.

管他的观点体现了对劳动人民利益的关心，但也显示出了对音乐社会功能的忽视，反映了一种较为狭隘的功利主义思考。

四、诸子百家中的体育思想

儒家、道家、墨家、兵家的体育思想及其影响如表 4-3 所示。

表 4-3　儒家、道家、墨家、兵家的体育思想及其影响

学　派	代表人物	体育思想	影　响
儒家	孔子、孟子、荀子	强调"礼"在体育中的重要性，倡导体育与道德教育相结合；体育是全面教育的一部分	体育活动不仅是身体锻炼，也是品德培养的途径
道家	老子、庄子	体育活动应与自然和谐相处，反对过度竞技和违背自然的体育行为	体育的可持续发展需以健康为基础，强调与自然和谐相处
墨家	墨子	强调实用性和道德纪律，提倡"以行为本"的实践主义	体育训练应重视实践和体验，通过体育锻炼提升个人道德和培养集体主义精神
兵家	孙武、吴起	体育训练是提升军队战斗力的手段，士兵要进行严格的体能和战术训练	体育竞技与军事训练相结合，强调策略和前期准备的重要性

（一）儒家体育思想

1.孔子的君子理念

孔子作为儒家思想的奠基者，其思想深刻影响了中国的教育理念，尤其是教育的内容与形式。在孔子的教育体系中，"礼"是其核心原则，教育应该全面发展，包括德性与才艺的培养，这也构成了他所倡导的"成人教育"的精髓。在孔子眼中，"六艺"——礼、乐、射、御、书、

数，是周朝教育体系的继承，也是成人教育的重要组成部分，其中射箭（射）和驾车技术（御）直接与体育训练关联。孔子特别强调，射箭不仅是技能的展示，还是个人德行和精神的体现。在射箭比赛中，他认为重要的不是箭头射入靶心的深度，而是射手遵循正当礼仪的程度以及射击的精确性。[①]"非礼勿动"意味着所有体育活动都应该建立在遵守礼仪的基础之上，强调体育竞技是身体的较量，更是品德的较量。

2.孟子的仁爱理念

孟子将"仁"视为其哲学的核心，并特别强调体育训练在培养优秀个人品格中的重要性。他认为体育活动，特别是射箭和驾驭马车，一方面是身体锻炼的手段，另一方面也是提升个人责任感和技能的重要途径。[②]孟子提倡每个人都应该从自身找寻不足，通过刻苦训练提高自我，这种主张也反映了他的全民健身观念。此外，孟子的这种观念还透露出一种民本主义的思想，强调"全民参与"体育的重要性，认为这是社会稳定与长治久安的基础。他的这种思想对今天体育政策的制定具有启示意义，即体育活动的推广和投资应考虑国情，合理规划，确保投资的效益最大化，真正做到惠及民众。

3.荀子的运动与健康思想

荀子是先秦儒家的重要代表，其思想核心之一是通过教育和法度来达到人的全面发展，特别强调体育在培养个体"勇"性方面的作用，"勇"既关乎体力的增强，也涉及心理的胆识，这一观点使得体育教育在其理念中占据重要地位。他提出的全面教育理念中，包含了体育的重要组成部分，旨在通过体育活动来促进学生的身心发展。在《荀子·天论》中，荀子进一步阐述了动养结合的理念，他认为适当的衣食供给加上恰

---

① 董雷，崔国文.诸子百家对中国古代体育人才认知及现代启示[J].体育文化导刊，2018（2）：128-132.

② 张波，姚颂平."以德引争"：中国古代体育竞赛的秩序关怀及其当代价值：以射礼为例[J].成都体育学院学报，2018，44（5）：60-65，72.

当的体育活动,是维持健康和长寿的基础。他指出,充足的物质基础和积极的体力劳动是健康的两大支柱。

(二)道家体育思想

道家强调与自然和谐共存的"自然体育观"为当代体育发展提供了一种独到的视角。道家提倡的体育活动应与自然规律相符合,反对违背自然本性的行为,这与今日可持续发展的理念不谋而合,都强调体育活动的健康和长远性。在现代竞技体育快速发展的背景下,一些问题逐渐显露,如追求极端成绩而使用兴奋剂,或通过过度的训练方法来强化运动员的体能,这些行为虽然可能短期内带来成绩的提升,但从长远看是对运动员健康和体育精神的损害。道家认为,体育活动应当顺应自然,遵循身体的自然需求和限度,而不是过度追求竞技成绩或利益。体育的发展应当从小处着手,注重积累和逐步提升,不应急于求成。体育的可持续发展需以健康为基础,以公正和公平为原则,推动体育事业健康和谐发展。

(三)墨家体育思想

墨家学派以墨子为首,对体育领域的影响主要表现在强调实际操作和道德纪律上。墨家提倡"侠义"精神,注重纪律性和对客观环境的适应能力,这为现代体育人才的培养提供了重要的启示。他们的"以行为本"原则,特别强调实践在体育技能提升中的核心作用,认为只有通过持续的实践活动,才能验证和加强体育理论的有效性,进而提高运动技能和策略的应用效果。墨家的体育观念也倡导通过体育活动来培养个人的道德品质和集体主义精神,认为体育是提高个体技能的平台,更是塑造社会责任感和团队协作能力的重要途径。墨子本人在古代学术界中以其独特的学说和实践主义立场占据重要地位,他对古代体育的发展产生了重要影响,包括以下几个方面。

1.墨家思想中的生命和运动

墨家在伦理思想中特别强调形与神的统一，认为人的物质形态（形骸）与精神（神）的结合是生命存在的标志。墨子认为，只有形骸与内心紧密相连，人才真正活着；反之，分离则意味着死亡，这一思想与现代心理学中关于身心一致性的观点有着异曲同工之妙，强调了心理状态与身体状态的互相影响。[①]墨家进一步主张，为避免身心的散逸，人应当持续进行体育活动，因为运动是维持生命活力的核心。他们提倡在日常生活中融入持续的身体锻炼，认为这能够塑造良好的身体，还能促进心理的平衡与和谐。

2.强调纪律性与客观环境

墨家强调组织纪律性和秩序性，特别在其弟子组织的活动中体现得淋漓尽致。历史上，墨家是哲学思想流派，也是实践武术的先锋，其成员多涉猎武术领域，形成了一种严密的社团结构。这种结构以严格的规章制度为基础，建立了高度组织化和规范化的运作模式，使墨家在那个时代的武术社团中表现出非凡的组织力和执行力。这些制度规定了弟子的行为准则，而且在很多方面超越了当时国家的法律，为墨家社团的凝聚力和执行力提供了坚实的基础。随着时间的推移，这些制度也逐渐发展和完善，为武术及其他技艺的传承提供了有力的组织保障。

在墨子的教育观中，培养人才需谨慎周全，他喻之为"染丝"，强调环境对个人成长的重要影响。墨子认为，一个人的成才不仅取决于个人努力，还受到周围环境的极大影响。[②]他提倡在良好的学习环境中通过恒定的自我修炼和自省来培育人才，称之为"反之身"。这种自我修炼的概念也体现在体育活动中，墨家主张体育训练应该考虑个人条件，量

---

①王洪珅.中国体育文化生态的历史演变论绎[J].上海体育学院学报,2017,41（1）:1-6.

②王震.先秦诸子体育思想研究[M].西安:陕西师范大学出版总社有限公司,2014:35.

力而行，而非盲目追求。

3."以行为本"的原则

墨子强调在培养人才时理论与实践应紧密结合，理论的真正价值在于其应用于实践中的程度。在体育教育中，这种思想尤为重要，因为体育活动本质上依赖于动手操作和身体经验。通常，理论知识虽然能够为体育技能提供指导，但仅通过书本学习往往难以达到深刻理解，只有将这些理论应用于实际训练和比赛中，通过亲身体验和重复练习，学生才能真正掌握技能，实现知行合一。这种"以实践为本"的教育方式，正是体育学习中"实践出真知"的体现，突出了经验的不可替代性和实践活动的核心地位。

（四）兵家体育思想

在春秋战国时代，兵家学派重视士兵的身体训练和战术策略，视体育训练为强化军队战斗力的关键手段。兵家学者孙武、孙膑等人的作品，如《孙子兵法》和《孙膑兵法》，详细阐述了军事训练中的体育元素，包括体能训练和战术演练等。这些训练提升了士兵的体能，也磨炼了他们的战斗意志和策略思维。兵家的体育观念为后世留下了丰富的战术和训练方法，成为中国古代体育发展的一个重要理论，其深远的影响至今仍在现代体育训练中可见，显现了古代先贤对体育与军事训练结合的深刻理解和实践智慧。

1.军事训练产生竞技雏形

在古代中国，军事家孙武和吴起高度重视军队的训练和备战能力，他们的著作《孙子兵法》和《吴子兵法》详细阐述了这一观点。孙武认为，战争是国家生存的关键，因此必须对士兵进行严格的训练。吴起在其著作中强调，军队失利往往是因为缺乏战略训练和人才。他们提倡"国之大事，在祀与戎"，显示了军事训练的至高重要性，这种训练不仅包括战略和战术，也涉及士兵的体能和技能训练。

2.兵法对体育竞技的启示

《孙子兵法》在体育竞技中的应用显示了其超越时代的战略智慧，特别是在现代体育竞技中，运动员的天赋与训练固然重要，但战术的运用同样不可或缺。在《孙子兵法·形篇》中，孙子提倡"先胜而后求战"的原则，教导人们在体育竞技中应充分准备和预判，尽量隐藏自己的弱点，同时敏锐地观察对手的不足。只有把握住对手的失误，及时发动攻势，才能保持在比赛中的优势。这种思想告诉运动员和教练，比赛的胜利不仅取决于表现，还在于前期的策略和准备。

《孙子兵法》中的"因形造势"原则强调要根据运动员的技术特点和比赛情况灵活调整战术，这意味着运动员在比赛中需要根据对手的策略和场上的实际情况，适时调整自己的策略，以求在比赛中占据主动。孙武的"知己知彼，百战不殆"教导人们在体育竞技中，深入研究对手的战术和特点是赢得比赛的关键，这要求运动员和教练既要熟悉自己的长处和短处，还要对对手有深入的了解。通过这样的战术研究和应用，运动员能在比赛中利用"先胜"和"因形造势"的战略，有效地出奇制胜，最终获得胜利。这些策略的运用确保了在体育竞技中能够适时调整战术，以达到最优的比赛表现，孙武的战略智慧因此在体育领域内得到了现实和有效的应用。

第二节　大学校园开展诸子百家系列文化活动

一、举办诸子百家优秀文化讲座

在学习和推广中国古代哲学方面，举办诸子百家优秀文化讲座是一种行之有效的方法。这类活动不仅有助于传播中华优秀传统文化，还能激发公众对历史哲学思想的兴趣，尤其是那些源远流长、影响深远的诸子百家思想。近年来文化讲座是全国各大学经常开展的校园文化活动，如浙江大学的"丝竹梵韵"系列讲座、重庆师范大学的"三春湖讲坛"等。大学系列文化讲座活动的蓬勃开展，在校园里营造了浓厚的文化氛围，极大地丰富了大学生校园文化生活，成为大学生精神食粮的重要来源。

大学在举办诸子百家优秀文化讲座时，需要注意以下几点。

（一）确定讲座主题与内容

讲座应覆盖诸子百家中的主要学派，包括儒家、道家、墨家、法家等，每个学派都应有相应的专题讲座，尽管诸子百家与现代社会时空相隔，但人们仍然可以通过将其文化有益的成分进行创造性转化、创新性发展，汲取其中的文化精髓，做到古为今用。每场文化讲座力求深入探讨各家的核心思想、历史背景、主要人物及其思想对后世的影响。例如，儒家文化讲座着重探讨孔子的"仁爱"思想、修身养性、齐家治国平天下的进取观等，孟子的"性善论"，以及这些思想如何影响了中国的道德和社会结构；道家讲座可以分析老子的"道法自然"和庄子的自由思想，探讨道家如何影响了中国的哲学思想；法家讲座可以集中于韩非子和慎到的严格法治观念，以及其对秦朝政治制度的形成和发展的影响。

（二）选择讲师和专家

在组织关于诸子百家的优秀文化讲座时，选择合适的讲师和专家是确保讲座成功的关键因素之一。专家对诸子思想文化深刻又生动的讲解，富有逻辑性、哲理性的推理，幽默风趣且充满睿智的语言，再融入自身丰富人生阅历的讲解，为校园师生带来独特的真切体验和人生启迪。由于诸子百家文化讲座是为大学校园文化打造的专项活动，内容丰富而有一定深度，专家的知名度和可信度要求相对比较高。专家的知识深度、讲解技巧以及对主题的研究深度都将直接影响听众的学习体验和讲座的影响力。

第一，专家的学术背景和研究成果是选择讲师的主要标准。这些专家通常来自高等教育机构，如大学的哲学系、文学院或者中国文化研究中心，拥有深厚的学术积累和广泛的研究视野，他们对儒家、道家、法家、墨家等哲学体系有系统的理解，而且能够将复杂的哲学思想简化传达，使听众易于理解。

第二，教师的讲解能力和互动技巧也非常重要。一个优秀的讲师能够清晰、有条理地传达知识，还能够通过提问、讨论等方式与听众进行有效互动，激发听众的思考和兴趣。此外，具有较强表达能力的讲师能够用生动的语言和丰富的案例，将古老的哲学思想与现代生活联系起来，增加讲座的吸引力和实用价值。

第三，选择具有跨学科研究经验的专家作为主讲人，可以帮助听众从更广泛的角度理解诸子百家的思想。例如，一个同时精通法家思想和现代法律的专家，能够深入探讨法家思想对现代法律制度的影响。

另外，大学图书馆网站也可以在网络平台上设置文化讲座栏目，在线上开展诸子百家讲座活动，这样可以打破时间与空间的限制，有利于从全国找到知名的专家在网上进行文化讲座。崔云和于奇就对全国42所大学展开了调查研究，获得结论。①这42所大学的图书馆开设的线上网络文化讲座，客观上扩大了文化讲座的影响力和传播力，强化了文化讲座的品牌作用，也有助于文化讲座资源的编辑和深加工，与线下校园文化讲座活动相辅相成，互为补充，很好地推动了文化讲座活动的开展，促进了大学生校园文化的建设。

（三）举办地点和宣传

理想的场所应具备良好的交通连接、充足的座位、适宜的听觉环境

---

① 崔云，于奇.高校图书馆网站文化讲座栏目调查与研究：以42所"双一流"大学为例[J].图书馆工作与研究，2019（11）：85-92.

以及必要的视听设备。大学校园内的演讲厅是首选之地，因为它们通常配备有先进的演讲设施，如高质量的音响系统和大屏幕投影仪，这些设备可以增强讲座的互动性和观众的参与感。大学环境自然吸引大学生和教职工，他们是讲座的主要听众群体，对诸子百家的哲学内容有浓厚的兴趣。

在宣传策略方面，大学需要通过多元化的渠道来增加讲座的可见度和吸引力。利用社交媒体平台进行宣传是非常有效的方法，通过创建事件页面或使用相关的教育和文化标签，可以在大学生和年轻专业人士中快速传播信息。此外，合作媒体，如地方电视台、电台和报纸可以在本地社区中引起广泛关注，尤其是针对那些不经常使用社交媒体的年长听众。大学内部的邮件列表、公告板和定期举办的开放日也是宣传讲座的有效方式，可以直接向潜在的听众传递活动信息。

（四）互动与参与

主办方应设计多种互动环节，鼓励观众积极参与。

（1）可以在讲座中安排问答环节，允许大学生和教师直接向讲师提问，这可以解决听众在听讲过程中产生的疑问，还能激发他们对诸子百家思想的深入思考。

（2）可以利用现代技术，如实时投票系统或互动软件，使听众能在讲座中通过手机或其他电子设备参与实时讨论，这种方式能极大提升大学生的参与感，使他们在互动中获得更深层次的知识理解和形成个人见解。

（3）还可以采用小组讨论的形式，如将听众分成小组探讨特定主题，每个小组可以由一名指导教师或研究生助教带领，讨论结束后，各小组可以向全体听众展示他们的讨论成果。这种形式既增加了大学生的参与度，还培养了他们的团队合作能力和表达能力。为了使讲座内容更贴近大学生的实际需求，主办方可以事先通过问卷调查或社交媒体了解大学生最关心的问题或最感兴趣的诸子百家学派，据此调整讲座内容。

（五）后续活动与资源分享

为了扩大讲座的影响力和教育效果，主办方应设计一系列后续活动，如研讨会、研究项目和论坛等。例如，可以设立特定的研讨会，邀请大学生参与，深入探讨讲座中提到的主题或问题，这些研讨会可以是跨学科的，涉及哲学、历史、文学和社会科学等领域，以促进大学生从不同角度理解和应用诸子百家的思想。大学生还可以在这些研讨会中提交自己的研究成果或论文，与校内外的学者和同学分享自己的见解。资源分享也是不可忽视的一环，大学可以通过建立一个专门的在线资源中心来支持大学生的学习和教师的教学活动，这个资源中心可以包含讲座的录像、相关学术文章、诸子百家的经典著作以及最新的研究成果。通过这种方式，即使错过了讲座的大学生也能通过视频回放功能回看讲座内容。资源中心还可以提供论坛或讨论板，鼓励大学生和教师就讲座主题进行在线讨论和互动，从而延长讲座的生命力，增强学生的学术参与度。

以陕西财经职业技术学院为例，为提高学生的反诈防诈能力，强化大学生的法治观念和自我保护意识，营造平安、文明、和谐校园，该校经济与金融学院举办了法家系列活动之《电信诈骗及相关犯罪研究与预防》专题讲座，该讲座以"冬十月之约"法治小剧场拉开了诸子百家进校园法家系列活动的帷幕。活动邀请秦都检察院工作人员对大学生进行相关知识宣传。检察官从电信诈骗的概念、电信诈骗与犯罪、帮助信息网络犯罪活动罪、电信诈骗及帮信罪的预防等四个方面进行了详细讲解。他们以生活中常见的电信网络诈骗典型案例导入，采用现场互动和问答相结合的方式剖析了诸如"冒充亲朋好友""冒充公检法工作人员""冒充老师""网络交易诈骗"等电信诈骗的常见套路及特点，结合自身经验，以通俗易懂的语言有针对性地向师生阐述了如何识别和防范电信网络诈骗，并告诫大家要时刻强化法治安全意识，提高明辨是非能力，合理利用法律武器维护自身的合法权益。

二、举办诸子百家优秀文化知识大赛

（一）知识大赛的目的与意义

诸子百家知识大赛作为一项学术性的活动，其目标在于促使大学生全面而深入地探索和理解中国古代的主要哲学流派，如儒家、道家、法家和墨家等，这些学派各自展示了不同的世界观、人生观和价值观，对大学生的思维方式和价值判断具有重要的影响。通过对这些哲学思想的学习，大学生能够获得关于中国古代社会、政治、经济和文化的知识，而且能够激发他们的批判性思维，学习如何在现代社会中应用这些古老的智慧。此类大赛还能增强大学生的文化自信，使他们认识到中国文化的深度和广度，理解中华文化的持久影响力，进而在全球化的背景下更好地定位自己的文化身份和价值。

（二）赛事组织结构

成立一个多元化的组织委员会，可以确保赛事从筹备到执行各个环节的专业性和效率。组织委员会应当涵盖教授、学者以及大学生代表，这样的组合可以使得赛事内容更具学术性和实践性，也能确保赛事更符合大学生群体的兴趣和需求。首先，教授和学者的参与可以提供学术指导和资源支持，确保比赛题目不仅具有挑战性，也能体现教育意义，帮助大学生深化对诸子百家哲学的理解。他们在制定比赛规则和评审标准方面的专业能力，可以提升比赛的公正性和权威性。其次，大学生代表的加入则是连接组织者与参赛者的桥梁，他们能够从大学生的视角出发，提出更贴近大学生需求和期待的建议，如赛事宣传方式、参与动机等，使得赛事能够吸引更多大学生的关注和参与。最后，组织委员会还需要负责制订详尽的时间表和流程计划，确保比赛的各个环节能够按照预定计划顺利进行。

（三）参赛对象与宣传

为了成功吸引和广泛动员大学生参与诸子百家优秀文化知识大赛，明确参赛对象并采用多元化的宣传策略至关重要，比赛主要面向全校学生，尤其是那些学习中国文化、哲学、历史等相关专业的大学生，因为这些大学生通常对诸子百家的学术内容有更深入的了解和兴趣，更有可能积极参与并从中受益。宣传策略需要多样化。利用社交媒体平台可以快速传播比赛信息，尤其是针对习惯于在线互动的年轻大学生群体。使用大学网站和校园广播可以覆盖到更广泛的师生，确保每位校园成员都有机会了解并参与赛事。传统的海报宣传也同样重要，尤其是在大学的公共区域，如图书馆、大学生活动中心等，这可以提醒并激发大学生的参与兴趣。

（四）比赛内容与形式

比赛内容的设计需涵盖儒家、道家、法家、墨家等主要学派的核心理念及其对中国历史与文化的深远影响。具体题目可以设计如下：选择题测试参赛者对基础知识点的记忆和理解；简答题则要求参赛者简明扼要地回答关键问题，考查其对知识点的准确把握；论述题需让参赛者深入分析某一学说或比较不同学派的思想差异，展示其批判性思维和逻辑推理能力；实际应用题则更进一步，要求参赛者将古代哲学应用于解决现代社会问题，考察其创新思维和实际操作能力。通过比赛，大学生参赛选手围绕诸子百家文化起源、发展、影响等主题，准确全面地解答诸子百家文化的知识点，能深切地体验到中华优秀传统文化的魅力和潜在影响。

比赛的形式分为初赛和复赛两个阶段，这种分阶段的设置旨在逐步筛选和深入挖掘学生的潜力。初赛阶段采用笔试的形式，能够在短时间内有效评估较大范围内参赛者的基础学术水平，确保公平性和高效性，这一阶段的题目以选择题和简答题为主,以快速筛选出具备扎实理论基础的参赛者。复赛阶段则更注重参赛者的综合能力,包括知识的深入理解、逻辑表达、辩证思维等,这一阶段可以采用口试或辩论形式,这能测试参赛者的即兴反应能力和理论深度,还能考查其沟通和表达能力。例如,口试可以设置场景模拟题,要求参赛者从某一学派的视角出发,解答或讨论问题;辩论则要求参赛者就某一争议话题选择立场,展开辩护或攻击。

(五)评审与奖励

为确保诸子百家优秀文化知识大赛的公平性和权威性,选择评审团是一个关键步骤,邀请具有深厚学术背景和广泛认可度的专家和学者担任评委,既可以提升比赛的专业性,还能增加比赛的公信力。这些专家可以来自大学的哲学、历史、文化研究等相关学科,也可以是社会上知名的文化研究机构的研究人员,他们的专业见解和经验将为评判带来权威的判断标准。

评审标准的制定和公布也同样重要,这关系到比赛的透明度,还影响到参赛者的准备方向。标准应包括对参赛者知识掌握的深度、理解能力、创新思维和表达能力的综合评估。这些标准需要在比赛前明确告知所有参赛者,以确保每位参赛者都在同一起跑线上。

对于获奖者的奖励,除了传统的证书和奖杯之外,提供更具实质性和启发性的奖励将更加有效,如组织获奖者参观历史文化遗址,能够让他们亲身体验和感受古代文化的魅力,还能激发他们对学术研究的兴趣和热情,另外还可以考虑发放奖品或者奖金等,从多个方面激发大学生参与活动的动力。

三、举办诸子百家优秀经典文化名篇鉴赏活动

（一）活动目的与重要性

诸子百家优秀经典文化名篇鉴赏活动是一种深度文化教育的实践，它将中国古代哲学的深厚思想通过具体的学术和文化活动传递给现代社会。通过专注于儒家、道家、法家和墨家等主要学派的核心著作，这种活动有助于传统文化的复兴，也使参与者尤其是大学生能够在理解中华优秀传统文化的同时，增强其批判性思维和道德判断力。这样的活动构建了一个学术与公众互动的平台，加强了公众对传统知识的理解，使之成为提升个人文化素养和促进社会文化多样性的桥梁。

（二）活动内容与形式

1.精选经典名篇

为了成功举办诸子百家优秀经典文化名篇鉴赏活动，精选经典名篇是核心前提。组织者应从各主要哲学学派中精心挑选出具有广泛影响力和代表性的文本，如儒家可以选择《孟子》中的《梁惠王篇》，这一篇章展示了孟子的政治哲学和伦理思想，而且通过对话形式让思想观点生动化，易于理解和探讨。道家则可以选取《道德经》，这是研究道家思想的根本典籍，其精深的哲理和简洁的表述至今影响深远。

2.小组讨论

通过这一环节，大学生参与者能够在讲座结束后围绕讲座中提到的经典文本和思想展开深入的对话和辩论。例如，可以选择具有讨论性的经典文本，先由参与者进行独立学习鉴赏，规定每位参与者至少发言一次。讨论现场可选一位参与者代表主持小组讨论，每位参与者都有机会表达自己对文本的理解和感受，既还能听取来自不同背景的同伴对相同内容的不同解读，也能对其他参与者的发言进行分析评价。讨论小组在

规定的时间内结合对文本学习鉴赏形成的心得进行发言，通过讨论形成比较一致的共识，然后由小组主持人或推选出一名参与者代表对小组讨论结果进行总结评价。最后，教师可以针对大学生的讨论情况进行回顾和复盘。对同学讨论的评价往往需要具备更高的专业性及概括性，让大学生参与者充分认识到自己讨论发言的成功与不足，使参与者及时有效地总结不足，开阔思维视野，增强批判性和创造性思维能力。这种深层次的交流和思想的碰撞，有助于促进对诸子百家文化精髓的深刻领悟，领会经典文本的文化内涵和独特风采。另外，组织者还可以考虑设置多样化的讨论方式，有效激发大学生参与和学习的兴趣。

3. 作品展示

在开展了经典文化文本的鉴赏活动之后，组织者要进一步鼓励参与者利用他们从学习和讨论中学到的知识来创作不同形式的作品，这样既可以加深他们对诸子百家文化的理解，还能激发他们的创造性思维和艺术表达能力。校园主办方应积极征集参与者创作的这些作品进行展示，校园内图书馆、校园走廊等都可以提供作品展示场地，尽可能满足参与者作品展示的需求，也可凭借校园展示的机会，渲染校园文化氛围。对于优秀的作品，主办方还要努力找机会推荐到全国大型的展示会参展。作品展示活动为参与者提供了一个展现个人解读和创意的平台，使他们尽可能地将中国历史上诸子百家的文化知识具体化、形象化和情感化，并通过艺术和写作的形式表达出来。作品的展示也有助于建立一个互动和互鉴的学习环境，大学生参与者除有机会展示自己的作品外，还能欣赏和评价其他人的创作，从而在互动中发现不同的思考角度和表达方式，这有效地促进了大学生之间的交流和联系。

（三）组织与实施

策划与组织诸子百家优秀经典文化名篇鉴赏活动是一个复杂且需要精细管理的过程，这类活动的成功举办依赖于大学、文化机构或社区中心的紧密合作与专业策划，确保活动一方面能吸引参与者，另一方面在教育和文化传播方面达到预期效果。为此，学校需要组建一个由经验丰富的成员组成的筹备团队，负责活动的全方位规划和实施。

第一，筹备团队需要确保活动内容的科学性和系统性。这意味着活动要涵盖诸子百家的广泛知识，还应保证信息的准确性和深度，这通常需要邀请相关领域的专家或学者来设计活动内容和讨论话题，确保活动内容既有深度又具吸引力。团队还需负责专家的邀请，包括确定并联系合适的讲师，安排他们的日程，并处理与之相关的行政和后勤保障事宜。

第二，场地安排也是筹备团队重要的职责之一。他们需要选择适合此类文化活动的场地，确保场地可以容纳预期的参与者人数，并配备必要的视听设备，为活动提供技术支持。场地的氛围和布局也应符合活动的文化主题，营造出促进学习和交流的环境。

（四）效果评估与反馈

1.参与度评估

要准确评估诸子百家优秀经典文化名篇鉴赏活动的覆盖面和受众活跃度，首先需要通过参与者的数量来衡量活动的吸引力，包括实际出席的人数，还应考虑通过网络平台参与的远程观众数量。其次，互动的质量是另一重要的评估指标，它可以通过参与者在活动中的提问、讨论以及对活动内容的反馈来衡量，这些互动反映了活动在激发参与者思考和参与度方面的有效性。最后，收集和分析参与者的直接反馈，如满意度调查或意见反馈表，可以更全面地理解活动的影响和参与者的感受，进而评估活动的总体成功程度。

2.学术贡献

活动的学术贡献评估关注的是它在推动诸子百家文化研究领域的深入探讨及新知识生成方面的作用，这可以通过汇总活动期间提出的研究问题、论文提交或研讨会的内容来进行评估。有效的学术贡献评估需要分析这些学术交流是否带来了新的理论见解或推动了对现有知识的重要补充。跟踪活动后发表的研究文章和学术出版物也可以评估活动对学术界的长远影响，尤其是这些成果在学术界中的接受度和引用情况。

3. 社会反响

评估活动在社会层面的影响主要通过媒体报道、公众反馈和大学生参与者的后续行动来进行。媒体的关注度可以通过报道的数量和质量来衡量，这反映了活动的社会关注度，并且可能影响公众对中国传统文化的认识和兴趣。公众反馈则可以通过社交媒体、文化论坛等反馈渠道收集，了解公众对活动的看法及其在推广和教育公众方面的效果。大学生参与者的后续行动，如是否参与相关社团活动、进一步学习或在实践中使用所学知识，是评估活动是否在个人行为和态度上产生长远影响的重要指标。

4. 开展大学生爱国主义的校园系列文化活动

爱国主义作为中华民族维护独立与尊严的核心力量，深植于每位国民心中，既表现了个人对祖国深沉的情感，也反映了个人与国家之间的不可分割的联系。国家是无数家庭构成的总体，而且为这些家庭提供了坚实的支持与保障，从某种意义上来说，国家的强盛直接关系到每一个家庭的福祉与安定。此外，国家是精神和物质财富的源泉，个体的生活质量、成就甚至理想的实现，往往依赖于国家所创造的环境与条件。因此，培养强烈的爱国心，不仅是每个公民的责任，也是实现个人价值、促进社会进步的基石。在大学校园中开展爱祖国的文化活动是增强大学生国家认同感和爱国情感的有效方式，这些活动包括举办爱国主题的讲座和研讨会，邀请历史学者或社会活动家来校分享国家的历史、发展与未来展望。此外，组织学生参观国家历史博物馆、革命纪念地等也是重要的实践活动，通过亲身体验和现场学习，学生可以更直观地了解国家的发展历程和英雄人物的事迹；举办主题艺术展览和演出也是弘扬爱国情感的有力手段，通过展示以国家历史和文化遗产为主题的艺术作品，以及观看反映民族精神和爱国情怀的戏剧、音乐作品，学生能在审美和情感上与国家文化产生共鸣。

大学团委要充分鼓励和支持学生社团开展各式各样的爱国活动，点燃全校学生的爱国热情，为社会主义建设，为实现中华民族伟大复兴而贡献自身的力量。社团组织可以在爱国主义和爱国精神校园文化活动中起到了重要的作用，具体而言体现在以下几个方面。

一是借助校园大型纪念活动开展爱国主义活动。学生的爱国主义活动最具典型性的就是纪念五四运动。例如，贵州黔南经济学院2020年5月3日晚上在体育馆为纪念五四运动开展了大型校园文化活动。通过纪念活动，师生抒发了爱国主义的情怀。

二是借助文艺演出开展爱国主义校园活动。最典型的就是校园的国庆演出。学生在表演过程中所表现出来的激情，正是家国情怀的集中体现，焕发出尤为强烈的爱国热情，深深地打动了广大师生的内心，教育意义深刻。在学生社团努力下，爱国主义活动开展得蓬蓬勃勃，唤醒了众多学生的爱国意识，产生了显著的效果。

学生社团开展爱国主义教育体现出鲜明的特点，归纳起来有以下几点。

第一，鲜明的学生主体性。校园环境为大学生爱国意识的觉醒创造了先决条件。优秀的学生群体，一直将国家兴亡和民族大义作为自己的任务和理想追求，具有坚定的民族自豪感和责任心。他们自发救助贫困、宣传爱国思想和弘扬爱国主义精神，在校园内外产生了积极的影响。

第二，具有的文化传承性。大学生的爱国主义精神是通过对中华优秀传统文化营养的汲取和继承而来的，使他们形成了"国家兴亡，匹夫有责"的价值观。在这样的传承中开展的校园文化活动，才能够顺应时代和社会的要求，帮助大学生形成为国家贡献力量的理念，实现对中华民族精神的传承与弘扬。

第三，广泛的相互理解和认同。爱国主义活动使大学生有共同的信仰，使他们相互理解与认同，在进行社团活动时可以紧密团结起来，互帮互助。爱国主义活动可以促进大学生对先辈的认同。这些先辈既包括为国家强盛和民族复兴而奋斗的革命先烈和社会各界人士，也包括长期在校任职的教师。这份认同使得大学生愿意追寻先辈的脚步，更加坚定自己的爱国主义理想信念。

第五章　中华优秀传统文化融入大学生校园文化生活的多元化创新路径（二）

第一节　中华传统节日文化概述

一、中华传统节日的概念

（一）节日的概念

"节日"在人类文化中扮演着标志性的角色，是各民族适应其生产和生活需求过程中共同创造出的文化现象。全球不同的国家和地区都根据自己独特的传统、宗教或历史事件发展出了各自的节日。例如，中国的春节和中秋节是基于古老传统习俗而形成的；端午节和寒食节这样的节日，则是为了纪念特定的历史人物或事件而设立的。还有由国际组织倡导设立的节日，如国际劳动节和国际妇女节，这些都是为特定的社会意义而设立的纪念日。在汉语中，"节"字最初指竹子的节，象征着连接和分隔，这一概念逐渐演化成为特定的日子，用以区分平常日子，成了特殊的"时令化了的日子"，即所说的节日，这一天往往被赋予了特殊的文化意义和社会价值。

（二）传统节日的概念

"传统节日"作为一个总称，涵盖了中国多元文化中的各种历史性庆典。这些节日既是多样的文化表达形式，也是中华民族丰富文化传统的体现，承载着深厚的民族文化遗产。它们包括汉族的传统庆典，以及众多少数民族的节日庆祝活动，反映出中华文化的多样性与包容性。在本书中，特别关注中国的四大传统节日——清明节、端午节、中秋节和重阳节，这些节日在中国文化中具有重要位置，代表了中国人民对季节变换和传统价值的尊重与庆祝。

（三）传统节日文化的概念

文化是一个包罗万象且富有深厚人文意义的概念，简单来说，它包括了一个地区人们的生活方式，如穿着、饮食、居住和出行等方面。在东西方百科全书词典中，文化通常被定义为人类精神活动及其产物，这一定义将文化置于政治和经济之外。有学者提出，传统节日文化是传统节日与传统文化相结合的产物[1]，还有学者认为"节日"本身也被视为文化的组成部分[2]。从文化学的视角看，传统节日文化可以从物质和精神两个维度进行分析。本书认为，传统节日不仅是传统节日文化的表现形式，更深刻地映射了其文化内涵。这些节日在民族和国家的长期发展过程中逐渐形成，它们既承载着历史的记忆，也体现了民族的文化特征。

---

[1] 匡雅楠.中国传统节日文化的价值及其弘扬[D].宁波：宁波大学，2012：7.
[2] 张勃.从传统到当下：试论官方对传统节日的积极干预[J].民俗研究，2005（1）：14-26.

二、中华传统节日的文化内涵

（一）中华传统节日的物质文化内涵

中华传统节日从其深厚的文化传统中得以形成，这些节日体现了人们对生活美好的憧憬，并通过在这些特定的日子里运用和创新艺术与技术，逐步增添了节日的物质文化层面。物质文化，作为传统节日内容的一部分，指的是人们为节日创造的各种实体文化产品，它们丰富了节日的庆祝方式，也反映了节日的传统文化价值。

在中国的传统节日中，人们通过丰富多彩的艺术形式表达对美好生活的向往，这些艺术形式包括但不限于手工艺品、舞蹈、歌曲以及烹饪艺术等。每种形式都承载着深厚的文化意义和历史传统，通过节庆活动加以展现和传承。例如，传统节日中的节庆活动是欢庆的时刻，还常伴随着各种仪式，这些仪式和庆典共同构成了节日的文化内核。以清明节为例，除了传统的扫墓祭祖仪式，人们还通过黄陵祭祖等形式纪念先人，这种祭典既是对先祖的敬仰，也象征着生命的新生和对未来的期盼。清明节的庆典内容虽以祭奠为主，但也包括了具有仪式感的食物制作，如将艾草汁与糯米粉混合制成的青团，这种食品不仅美味，还富含文化象征意义。春节作为另一个重要节日，其庆祝活动则更为广泛和深入，春节标志着一年的开始，象征着辞旧迎新，人们通过各种准备活动和庆祝方式来迎接新年的到来。从腊八节开始，家家户户便忙碌起来，准备过年。这种习俗也融入了民间童谣《正月里来年儿来到》中，这首歌谣不仅便于记忆，也帮助传承了春节文化。食物方面，春节期间的饮食非常丰富，其中饺子和年糕是必不可少的传统食品，它们不仅美味，还蕴含着吉祥和丰收的美好寓意。端午节和中秋节同样是中国的重要传统节日，各自有着独特的庆祝方式和文化意义，端午节以赛龙舟、吃粽子为主要习俗，旨在纪念爱国诗人屈原，这一天，人们还会进行一系列寓意健康和驱邪的活动，如挂艾草、系五彩线等，以此来祈求一年的平安健康。中秋节则是感恩自然、庆祝丰收的节日，赏月和吃月饼是这一节日的核心活动，象征着团圆和丰收的喜悦。

在传统节日中，艺术创作的丰富性一方面展现了人们对理想生活的向往，另一方面体现了节日文化的物质层面。庆典仪式、童谣和其他形式的艺术都是由社会公众共同创造出来的文化表达，这些表达形式是人们内心对美好生活渴望的直观反映，它们在节日中无处不在，无论是节日相关的绘画、音乐，还是整体的节日气氛，都充满了浓厚的民族特色，使得每个节日都能被明显地感知为中华民族的传统庆典。例如，在各种传统节日中，常能见到与节日主题相关的舞蹈演出和传统服饰展示，这些都是节日文化物质层面的重要组成部分，通过艺术的方式加以庆祝和传承。特别是一些电视台在传统节日推出的特别节目，如河南卫视在端午节期间播出的《端午奇妙游》，其中的《洛神水赋》是一出水下舞蹈，巧妙地将现代科技与传统节日文化融合。通过舞者的精彩表演，将《洛神赋》中的诗意画面如"翩若惊鸿，宛若游龙"生动地呈现出来。这样的艺术展示既展现了传统文化的独特魅力，也满足了现代观众对于传统文化的审美需求，同时让传统的服饰文化在现代社会中得以重现，促进了观众对传统文化的深入了解和欣赏。

（二）中华传统节日的精神文化内涵

中华传统节日是中华文化历史的精髓，承载了民族复兴的文化使命。这些节日不只是历史的纪念，也是民族精神和文化价值的集中展示。传统节日中表现的敬天尚祖、重视家族和谐、和平与礼仪的文化特质，体现了中华民族对美好生活的不懈追求。历史上，节日从最初对自然和神灵的崇拜演变为现今对生活的热爱和道德的尊崇，这一过程反映了民族文化的发展和人民生活观念的提升。中华传统节日的庆祝不仅是对过往岁月的回顾，更是一种对未来理想生活的期待和映射，每一个节日都浓缩了千百年来民族的文化追求和精神发展。节日的精神文化内核，即节日在精神层面上的文化表达，是节日得以延续的根本，这种精神内核包含了一系列的价值观念和生活哲学，如社会道德、历史责任感及艺术创造力。每个传统节日都依托于其独有的精神内核，这些精神内核支撑着节日文化的传递和演绎，使得节日既是庆祝的时刻，也是文化传承的桥梁。例如，春节强调辞旧迎新的社会文化价值，中秋节则体现了人们对团圆和丰收的向往，这些节日的精神文化内核不断影响着社会的发展和个人的价值观，它们通过不同的艺术形式如舞蹈、音乐和视觉艺术等得以表现和教育新一代，确保了文化遗产的持续传承。

在不同的历史时期，人们对传统节日的精神文化内核进行了不同的解读和丰富，使得每个节日都承载了丰富的文化意涵和社会价值。例如，唐朝诗人杜牧的《清明》描绘了清明节细雨纷飞、行人心碎的景象，通过个人的孤独旅行反衬出节日中家人团聚的传统价值，表达了清明节的传统精神文化核心——家庭和睦与人际之情。同样，北宋王安石的《元日》诗中，"千门万户曈曈日，总把新桃换旧符"生动地描绘了新年日出的景象和换桃符的习俗，通过这种描述突出了春节辞旧迎新、希望繁荣的精神内核。端午节的传统精神文化内核也反映了人们对政治清明和生活稳定的渴望，起源于纪念屈原的端午节，既是对伟大爱国诗人的缅怀，也是人们通过龙舟竞赛、挂艾草、吃粽子等习俗来表达对历史和传统的尊重及对未来吉祥安康的祈愿。

中华传统节日的精神文化内涵是中华民族精神的核心组成部分，对于节日价值的持续发展起到了关键的支撑作用。每一个传统节日都深深植根于中华民族的文化土壤中，它们的精神内核是民族的信仰象征，也是面对逆境时不屈不挠的力量源泉，这种精神支柱在中华民族的历史长河中，犹如个人对祖国不变的信念一般，即便身处异国他乡也依旧坚定不移。传统节日的精神内核，如同一种信仰般存在，在社会的变迁和时代的演进中，不断地进行着自我更新和完善，确保了节日文化的连续传承。如果这一精神文化内核被忽视或不被重视，那么传统节日也将如流水般消逝，无痕迹可寻。

中华传统节日还是中华优秀传统文化的重要承载体，节日中的物质和精神文化内涵共同构成了其丰富的文化内涵，这是中华民族文化的一个重要方面，也是通过传统节日这一平台，展现中华民族文化光彩的方式。中华传统节日文化在形式和内容上的多样性，包含了丰富的精神文化内核，虽然这些内核多样，但它们的核心都围绕着一个共同的主题——对健康和平安的祈愿。这份经历了数千年传承的精神文化力量，一直在滋养着中华民族深厚的家国情怀。

三、中华传统节日的分类

（一）对传统节日的分类角度

在中国，传统节日既富含深厚的民族历史和文化，也在人们的审美和价值观念中占据了重要位置影响。目前，我国的节日体系可以大致分为革命纪念日、传统节日、法定假日以及现代节日等类别。革命纪念日和传统节日特别代表了中国的节日文化，它们在国民生活中扮演着重要的角色，成为人们调整和平衡生活节奏的关键时刻。在这些节日中，传统文化得到了体现和传承，它们如同一部活生生的"民族百科全书"，是传统节日发展的根基。同时，传统节日也是民族文化保存的直接路径，通过节日的庆祝，民族的历史和文化得以保存和传递。

在研究中华传统节日时，可以通过非物质文化遗产的角度来进行分类，主要区分为全国性节日遗产和民族性节日遗产两大类型。本章聚焦于全国性节日类遗产，探讨这些节日的文化价值及其在校园文化活动中的传承与创新。一方面，根据洪彩贝的研究《中华传统节日的文化价值研究》，中国的主要传统节日被划分为七大节日，并进一步将这些节日分为四个类别：以家庭团聚为核心的春节和元宵节；以纪念祖先为主的清明节和端午节；中秋节则围绕着"落叶归根"的主题；七夕节与重阳节则突出表达了对长辈的孝敬和尊重。另一方面，高金蕊在其《中华传统节日文化的时代价值研究》中，对传统节日进行了详细的分类，根据节日的性质、内容及其影响范围进行区分，特别提到了端午节作为分析的例子，并区别了全国性节日与地域性节日。法定节假日的制定进一步确认了春节、清明节、端午节和中秋节作为全国性的四大传统节日，这些节日是法定假日，也是中华文化中的重要组成部分。

（二）传统节日的分类

在外来文化的冲击下，中国传统节日在大学生心目中正不断淡化，与对欧美节日的热情形成了明显的对比。当前大学生对传统节日的认知依旧较为肤浅，对传统节日文化中凝结的深厚的民族情感，积淀的丰富而深刻的文化内涵却知之甚少。为了加强对大学生中国优秀传统文化教育，开展一系列相应的校园文化活动，所以，本书依照传统节日中彰显的文化、历史、艺术价值来对传统节日进行分类。

1.注重传统节日的文化教育价值

中国传统节日文化的内涵彰显着中华民族传统美德，对大学生道德培养和情感熏陶具有非常重要的作用，因此校园开展传统节日文化活动是文化传承与教育的重要平台，通过各种形式的传统节日文化活动向人们传达深层的文化价值和历史意义。这些节日通过寓教于乐的方式，加强了大学生对自己文化身份的认识，提升了他们民族自豪感。清明节的传统习俗如扫墓和踏青，在肃穆的氛围里讲述先辈的故事，教育大学生尊重先祖和纪念革命先烈，强化人伦道德的教育，形成大学生优良品格；端午节通过纪念屈原，培养大学生的爱国情怀。中秋节则聚焦于家庭团圆和感恩丰收的主题，通过赏月和共享月饼的传统习俗，对大学生强化家庭和睦和感恩自然的情感教育；七夕节通过牛郎织女的传说，强化爱情忠贞的价值；重阳节则是开展尊老爱幼教育活动的佳节。以传统节日文化活动的形式对大学生进行教育，有助于大学生将中华优秀传统美德内化于心、外化于行，这既是大学校园精神文明建设的重要内容，也是我国大学素质教育健康发展的需要。

2.注重传统节日的艺术审美价值

自古以来，传统节日的文化内涵与艺术元素是紧密结合，相辅相成的，传统节日是文化内涵表达的丰富场所，其中艺术元素的传递也是不可或缺的。节日庆典中艺术表现形式多姿多彩，以绘画、服装设计、音乐舞蹈等方式，展现其审美价值。以中国的四大传统节日为例，春节、清明节、端午节和中秋节各自展现了独特的艺术特色。春节期间，人们会穿红衣、贴福字、挂春联、剪窗花，并在食物的制作和颜色选择上注入艺术元素。在清明节时，人们通过扫墓和踏青活动来纪念先人，节日装饰多采用春天的青绿色调，如制作清明节特色的青团和其他挂饰，展示了节日的色彩。端午节则以纪念屈原、吃粽子、赛龙舟为主，五彩绳和端午饰品的制作展现了该节日独有的艺术文化氛围。中秋节则通过赏月、食用月饼等活动，表达团圆的愿望，节日中的服装和饰品设计也都强调了与月亮相关的艺术元素，凸显了人们在中秋节的情感寄托。另外，元宵节、寒食节、中元节等传统节日，同样具有丰富的艺术特色，极大地丰富了节日的文化品位。大学生能够在丰富的传统节日活动中，不仅受到了传统文化教育，还获得了丰富的文化艺术审美体验。

3.注重社会历史价值的传统节日

党的二十大报告提出"推进文化自信自强，铸就社会主义文化新辉煌"。[①]不同的传统节日各具特色，每个节日都蕴含独特的社会和历史价值。这些节日不只是历史的积累和时间的见证，它们还是承载着浓厚民族特色的特定日子，深深嵌入人类社会的各个层面。每个传统节日都是

---

① 习近平.高举中国特色社会主义伟大旗帜 为全面建设社会主义现代化国家而团结奋斗：在中国共产党第二十次全国代表大会上的报告[J]创造，2022，30（11）：6-29.

人们对理想生活的一种追求，表达了对自然的敬畏、对祖先的尊重以及历代传承的道德和审美观念。尽管在现代社会中，某些节日的传统习俗可能显得有些过时或不适应，它们依然是连接过去与现在，帮助大学生了解中国悠久灿烂的历史，同时也是了解多元文化世界的重要桥梁。大学生需要坚定文化自信、历史自信，因为它关系着国运的兴旺发达、民族精神的发扬光大。面对欧美国家的"文化渗透"，大学生应该明确自己所担负的历史使命，提高对传统节日文化的历史认同感，逐步形成正确的传统节日文化观，不断提高自身文化素质的同时，提升文化自信心和民族自豪感，为今后肩负起国家繁荣富强的重任做好积极心理准备。

四、中华传统节日文化的特征

中华传统节日文化具有丰富的内涵，因此在特征方面与其他文化相比也具有显著的差异，对中华传统节日文化特征进行准确、全面地把握，有助于开展校园文化活动时将其功能充分发挥。总体来看，中华传统节日文化主要包含四大特征，如图5-1所示。

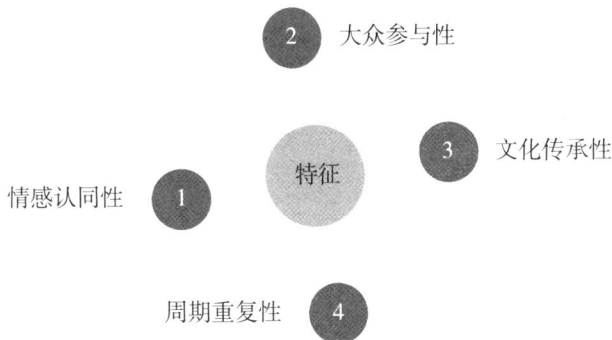

图5-1 中华传统节日文化的特征

（一）情感认同性

情感在人类的心理构成中扮演着至关重要的角色，它是对外界事物产生的一种心理反应和态度，当这种心理反应满足个体需求时，便形成了认同感。这种认同是对事物的认可，也是一个人对某个对象的自然赞同和内在模仿的过程。情感认同基于社会公认的标准，使个体对某些事物做出正面评价，认为这些事物能够满足自己的归属感，从而产生深层的心理认同。传统节日文化作为一种文化载体，含有丰富的文化元素，这些元素往往触动人们的情感，使他们感到共鸣，从而产生情感认同。特别是在表达和体验爱国情怀的过程中，传统节日文化的情感认同性得到了充分的展现。在中国悠长的历史中，逐渐形成了以爱国主义为核心的民族精神，这种精神是民族生存与发展的精神力量，深深植根于每一个中国人的内心。人们在思想上理解它，情感上接受它，并在行动上实践它，这种从内到外的认同过程，在传统节日中得到了生动地体现。以端午节为例，这一节日不只是为了纪念伟大的爱国诗人屈原，更是通过赛龙舟、吃粽子等传统习俗，传承和弘扬屈原那种忧国忧民的精神，在这一过程中，屈原的爱国情怀不断被赞颂与重申，使其在现代依旧闪耀着光辉。同样，在清明节中，人们对历史人物和革命先烈的缅怀，以及对重大历史事件的回顾，都深刻体现了对传统节日文化中爱国情怀的认可和情感认同。

传统节日文化在弘扬社会主义核心价值观方面同样具有深刻的情感认同性，这些节日是现代价值观念的实践平台。社会主义核心价值观涵盖国家、社会和个人三个层面的价值目标，包括富强、民主、文明、和谐以及自由、平等、公正、法治等，这些价值观在各种传统节日中得以体现和推广。例如，清明节的扫墓、祭祀活动是对先人的缅怀，更是对家国情感的一种体现，与"爱国、敬业、诚信、友善"等社会主义核心价值观息息相关。这些活动通过校园活动的形式，使得社会主义核心价值观在大学生群体中得到自然的传播和深入人心的体验。提高大学生对节日文化的认同，既离不开政府、大学的倡导，也离不开大学生自身的努力。通过校园节日文化活动的各种体验，可以让社会主义核心价值观在大学生的内心得以有效传递和植根，有助于他们对传统节日文化的情感认同和弘扬。

（二）大众参与性

传统节日文化的形成和流传，无疑证明了大众参与性是其核心特征之一。一方面，传统节日不只是历史的遗留，它们是由无数普通人的实际参与，通过日常的实践活动，逐渐形成并得以延续的文化现象。从春节的热闹庆祝到中秋的团圆赏月，每一项节日活动都深深植根于人们的共同参与之中。每一个传统活动，都离不开广大群众的积极参与，通过对这些习俗的参与，加深了对节日文化的传统意义与当代价值的体验。另一方面，传统节日文化的普及和影响力体现了其广泛的大众参与性。文化本质上是一种"人化"过程，即通过文化活动和教育来塑造和提升个体。在传统节日文化的范畴内，大众的参与是文化形成的基础，也是文化传承的关键。每个传统节日不只是一个简单的日期，它是一系列与民众生活紧密相关的活动和仪式的集合，这些活动和仪式通过传承和弘扬如尊老爱幼等传统美德，体现了文化的教育功能。

这些文化活动的参与使传统美德在社会中得以延续，并被新的一代所接受和践行。此外，传统节日文化中的每一个元素，无论是节日食品、装饰还是特定活动，都承载了丰富的文化意义和教育价值。民众在参与这些节日活动时不仅是在庆祝一个重要日子，更是在经历一种文化的学习和传承。因此，人民大众不只是传统节日文化的接受者，更是这种文化传播和发展的主体。

（三）文化传承性

中国的传统节日文化，作为千年文化积淀的重要组成部分，深具时代意义，这种文化的传承性是其核心特征之一，表现在从一代到下一代的文化和精神价值的连续传递上。文化传承涵盖了物质和精神两个层面，而传统节日文化主要聚焦于精神财富的继承，这通常体现在节日习俗和历代相关文学作品思想内容的展示和情感的传递上。第一，讨论传统节日习俗的传承。中国古代的节日风俗既是历史的产物，也是文化和自然的反映，这些习俗最初与历法、原始宗教信仰、古代禁忌及神秘主义密切相关，而在历史的演进中，尤其是唐代，节日习俗因地域和朝代的变迁而逐渐丰富和完善。虽然时代在不断变迁，这些传统习俗的核心内容和底层逻辑却保持了惊人的稳定性。第二，传统节日文化的传承性特别体现在与节日相关的文学作品的广泛流传中。历经千年的沉淀，无数与节日相关的诗词、神话故事等文学作品形成了独特的文化传统。这些作品通过文字记录或口头传播，穿越时间的长河，成为连接过去与未来的桥梁。从小到大，人们耳熟能详的许多诗句都与传统节日紧密相关，比如描写春节的"爆竹声中一岁除，春风送暖入屠苏"，描述端午节的"彩线轻缠红玉臂，小符斜挂绿云鬟"，以及反映重阳节情感的"遥知兄弟登高处，遍插茱萸少一人"等诗词，都再现并美化了节日情景，深层次地传达了节日的文化意义和情感价值，使其成为文化传承的重要载体。所以，无论是从诗词的艺术传达还是从神话与民间故事的情感影响来看，传统节日文化展现了显著的传承性特征，证实了它作为一种文化形态在历史长河中的持续影响力和价值。

（四）周期重复性

传统节日文化的周期重复性是其教育功能得以持续实现的关键因素，这种重复性确保了文化价值的连续传递与强化。周期性本质上指的是某种事件或现象在固定的时间间隔中重复出现，而传统节日文化正是依托这种周期性结构，年复一年地在特定时期展现其独特的文化与教育意义。首先，传统节日的周期性体现在其固定的年度节日安排上。由于古人生活紧密依赖农业，节日大多安排在农事活动较少的时期，如夏季和冬季，确保人们有时间和精力参与节日活动。这种安排使得每个节日都能在相同的日期重现。这种周期性不仅限于节日的庆祝时间，更关乎节日文化所承载的教育内容的传递。每年重复的节日活动，如端午节的赛龙舟、包粽子，或中秋节的赏月吃月饼，都是文化教育的实践过程。通过年年月月的重复实践，这些文化价值被不断地传递给新的一代，确保了文化传承的连续性和稳定性。这种周期性的文化实践，强化了群体的文化认同，促进了个体对传统价值的内化，有效发挥了传统节日文化在育人方面的功能[①]。其次，传统节日文化的周期性展示了它如何在一年四季中持续影响和教化人们。每个季节都有其对应的节日，这些节日丰富了人们的生活，也深刻地教育了人们。这种按季节安排的节日标志着时间的循环，也是文化价值传递的重要方式，每到节日，无论是城市还是乡村，家家户户都会按照传统方式庆祝，通过这些重复的活动，节日的文化意义被一代代传承下去。周期性的安排确保了每个人都能定期接触并参与到这些文化实践中，无形中加深了对传统价值的理解和认同。

五、中华传统节日的功能

（一）民族凝聚功能

中华传统节日具有民族凝聚力。民族凝聚力是指民众为共同目标而展现的团结力量，这种力量对国家的强盛和国际地位提升至关重要。2019 年，苗讳，田偲睿两位学者从不同角度出发，认为传统节日文化具有"凝聚、导向与调节功能"[②]。中华传统节日文化通过其教育功能显著增强这种力量，主要是因为节日文化能够唤醒人们的民族自豪感并加深对

---

① 李菡，李静.弘扬传统节日文化践行社会主义核心价值观 [J].江苏省社会主义学院学报，2010（5）：56-59.

② 苗祎，田偲睿.中国传统节日文化与思想政治教育研究 [J].华北水利水电大学学报（社会科学版），2019，35（4）：48-53.

民族身份的认同，进而有效促进民族凝聚力的增强。通过这些共同的文化实践，人们一方面庆祝过去，另一方面展望未来，这种跨时间的文化连接在激发民族自豪感的同时，也强化了民族认同，促进了社会的整体凝聚力。

（二）道德教育功能

中华传统节日文化深植于中华民族的精神世界中，其富含的家庭美德思想有效促进了家庭和谐与幸福。在传统节日文化中，家庭成员之间的互爱互敬不仅体现在具体的节日习俗中，更成为日常生活的重要部分，这种文化传承对于维护家庭和谐与促进家庭成员间的相互理解和支持具有重要意义。如"家和万事成"这一传统理念的实践，是通过家庭成员之间的日常互动和节日时的特殊活动共同维护的。这种源自节日文化的家庭美德，加深了家庭成员间的情感纽带，促进了家庭内部的和谐，从而在更广泛的社会层面上增强了民族凝聚力和社会稳定。

（三）价值引领功能

价值引领是社会发展中至关重要的一环，特别是在经济全球化浪潮和多元文化交融的背景下，正确的价值取向对个体与国家的发展尤为关键。在这样的背景下，中华传统节日文化的价值引导作用显得尤为重要，尤其是在培养公民的生命价值观和爱国情怀方面。传统节日文化在培育爱国情怀方面发挥了不可或缺的作用，这些节日通过传承英雄事迹，激发公众对国家的热爱。通过这些节日活动，爱国主义在文化中得以传承，并通过具体行动深化在公众心中，成为引导社会向前发展的重要力量。

（四）关系协调功能

中华传统节日文化是集体庆祝活动的体现，它旨在促进人与自然的和谐以及社会内部的亲密关系。核心理念"天人合一"反映了这种追求自然和人类关系协调的哲学思想。传统节日还强化了社会联系，如亲友、同事等社交关系，这些都是个体社会化的重要方面。传统节日通过各种仪式和习俗，加深了人们对自然界的理解和尊重，加强了家庭和社区成员间的联系，促进了社会和谐与团结。传统节日文化深植于中国悠久的历史之中，彰显了文化的庆祝形式，强调了与自然的和谐共生。这种文化的核心——"天人合一"的理念，与当代生态文明建设的目标高度契合。在当前国家高度重视生态保护和绿色发展的背景下，"绿水青山就是金山银山"的发展理念被广泛推崇，传统节日文化在中华民族的社会生活中扮演着协调人际关系的关键角色，由于人的社会性属性，每个人都处在复杂的人际网络中，良好的人际关系对于满足物质与精神需求至关重要。这些节日活动成了人们表达情感和加深理解的桥梁，有效地促进了社会和谐。

（五）行为指引功能

中华传统节日文化深植于民族的情感与精神之中，承载着民族的文化血统与思想精髓，这些节日在实践中起到行为指导的作用，引导人们作出符合社会道德的行为选择。传统节日中的礼仪仪式尤为关键，它们作为节日文化的核心部分，通过具体的礼节活动传递文化价值，实现教化目的。

每个传统节日的独有礼仪仪式都是其文化身份的体现，并具有不可替代的教育与指导价值。例如，在春节期间，晚辈向长辈拜年并接受红包，这一行为不仅仅是节日的庆祝形式，更是教育晚辈尊敬长辈、感恩前辈的具体实践。此外，清明节的扫墓活动教育人们追思先人，加深对家族历史的认识和尊重；端午节通过纪念屈原的各种活动，如赛龙舟和吃粽子，强化国民的爱国情怀，激发保护国家利益的责任感。同样，七夕节的乞巧活动，则是对恋爱中的忠诚与珍惜的强调，引导人们在现代社会中维护一份真挚的情感。这些传统活动虽源于古代，但其所蕴含的价值观在今天仍具有现实意义，帮助现代人在复杂的社会环境中做出符合法律和道德的行为选择。

第二节　清明节文化融入大学生校园文化生活的创新路径

一、清明节在当代社会的发展现状

（一）祭祀方式转变

在现代社会的背景下，清明节的祭祀方式正在经历一场静悄悄的变革。随着国家对环保与文明祭祀的推广，以及互联网技术的广泛应用，传统的实地祭扫逐渐让位于网络祭祀。在这种新兴的祭祀方式中，人们不必亲赴墓地，而是可以通过专门的在线平台来进行，这些平台允许用户为已故亲人创建虚拟纪念馆，上传他们的生平资料，并通过点击虚拟的鲜花和蜡烛等图标来表达哀思和敬意。传统的焚烧纸钱等祭祀用品也在逐步被环保的鲜花替代，这一转变不仅响应了环保的号召，减少了传统祭祀活动可能带来的环境污染和安全风险，而且更符合现代文明祭祀的理念。清明节这些对传统祭奠方式的改变，都对大学生校园文化活动的开展提供了一定的参考价值。

（二）祭祀范围扩大

清明节历来是中国人追忆祖先和增强家族凝聚力的重要时刻。在这一天，人们传统上会回到故乡，进行家庭式的祭拜，寄托对逝者的思念和祝福，同时通过家庭聚会来巩固家庭关系。然而，这种私人纪念方式正在向更广泛的社会公共活动扩展，如今，清明节也成了弘扬民族精神和文化认同的一种方式，例如，海峡两岸的人们会在这一天共同祭拜人类始祖轩辕黄帝，表达对中华民族共同体意识的认同和尊重。许多海外侨胞选择在清明节期间返国寻根，增强与祖国的联系。在国内大学，各

148

个大学在清明节，让大学团委和学生会组织广大学生和学生社团参与烈士陵园的祭扫活动，通过回顾历史和纪念革命先烈来加强大学生的爱国情感，提醒他们珍惜现有的和平与幸福生活。

（三）清明节的活动形式多样

清明节，作为中国春季的重要传统节日，既是缅怀逝者的日子，也是象征着生命与自然的复苏和欢愉的日子。近年来，国家已将清明节确定为国定假日，许多人借此机会外出踏青，享受春光，探寻与体验这一节日的文化深度。大学可以利用这一契机，通过组织丰富多彩的清明节校园民俗活动，不仅为大学生提供了文化娱乐的方式，同时也加深了大学生对这一传统节日的理解和感受。

清明节期间的活动特别丰富，大学可以举办清明节文化论坛，邀请国内外学者探讨清明文化的意义和传承方式，使大学生能更深入地理解这一节日背后的文化价值。此外，还可以举办各式各样的文艺表演和民俗展示，如忠孝主题的戏剧表演和传统民间舞蹈，以及一系列节俗食品的展示，如蛇盘兔和母子相依糕等，这样可以极大地丰富节日的文化内容。大学还可以建立清明文化博物馆，组织学生进行参观，发行清明节主题邮票，并拍摄纪录片，通过多媒体形式让大学生了解清明节的历史与文化，有效提升清明节在大学校园的文化影响力和教育意义。

二、清明节优秀传统文化融入大学生校园文化生活的路径

（一）举办清明节的文化知识讲座

1.讲座的策划与主题确定

（1）讲座策划的组织与责任。讲座的策划通常由大学的文化与教育中心、学生事务部或传统文化促进会等部门负责。这些部门因其在校园文化活动的举办经验丰富，能够有效地组织和推广讲座活动。策划组需

要明确以下几个方面。

责任分配：明确各个部门的责任和角色，如宣传负责部门负责讲座的推广和信息发布，文化部门负责内容的策划和嘉宾的邀请等。

预算管理：合理规划活动预算，包括嘉宾邀请的费用、场地布置、宣传材料制作等。

时间安排：选择适宜的时间举办讲座，考虑到大学生的课程安排和节日特点，通常选择在清明节前后进行。

（2）讲座主题的深度与广度。讲座主题的确定需要考虑其深度与广度，使之既具有教育意义，也能吸引学生的兴趣。例如，

历史起源：讲解清明节的历史背景和起源，探讨其与古代民间信仰和礼俗的关联。

传统习俗：介绍清明节的传统习俗如扫墓、踏青、食用青团等，讲述这些习俗背后的文化含义及其对家庭和社会的意义。

文化意义与现代价值：分析清明节在现代社会中的文化价值，如何通过清明节的传统活动加强现代人的生态意识和家国情怀。

系列讲座设置：考虑设置系列讲座，如分别从哲学、历史、艺术、文学、生态、习俗等多个角度解读清明节，丰富讲座内容，满足不同学科背景学生的需求。

2.选择合适的讲者

第一，邀请研究中国传统节日文化、历史或哲学的专家学者来讲授，这些专家通常具有丰富的知识储备和深入的研究成果，能够从学术的角度深入解析清明节的历史起源、文化意义以及其在现代社会中的传承与发展。这种专业性的分享会帮助学生构建系统的知识框架，从而更好地理解节日的多层面价值。

第二，邀请具有深厚文化底蕴的文学作家或诗人，可以从艺术和文学的角度切入，探讨清明节在文学作品中的体现及其背后的文化寓意。文学作家或诗人通常能通过丰富的语言和生动的例证，展示清明节如何

在中国古代诗歌、散文中被赋予哀思、缅怀先人的深刻情感，以及这些文学作品如何影响了人们对于节日的情感表达和文化认同。这种方式增加了讲座的趣味性，还使得学生能在感性认知中体验传统文化的魅力。

第三，考虑到大学生群体的特点，邀请年轻的研究者或在校老师作为讲者也是一个很好的选择。这些讲者由于年龄和背景与学生更为接近，可能更了解并能够直击学生的兴趣点和接受方式。年轻讲者往往能以更活泼的方式进行讲解，使用更贴近年轻人的语言和案例，如结合现代流行文化元素解读传统节日的现代意义，能有效提高学生的参与度和兴趣。

第四，大学可以通过微信、微博、钉钉、腾讯、快手、QQ 等公众号，利用短视频平台等媒体途径发布和传播传统节日文化知识。利用新媒体网络技术教学，丰富教学内容，提高大学生的积极性和主动性，使大学生对传统节日相关知识的学习过程更加生动有趣。

3. 讲座形式与实施

（1）专题讲座。专题讲座是传递清明节文化的主要形式。通过邀请历史学和民俗学等领域的专家学者，可以为学生提供专业的讲解和深入的解读。这些讲座应涵盖清明节的历史起源、发展变化、文化意义以及与其他传统节日的联系等多方面内容。例如，专家可以详细介绍清明节的由来，解释扫墓、寒食、踏青等习俗的文化内涵和象征意义，以及这些传统如何在不同地区有着不同的表现形式和风俗差异。讲座中还可以引入清明节在文学和艺术中的表现，如古代诗词中的清明节景象描写，以及这些作品如何反映社会风俗和人们的情感。

（2）互动研讨。在专家讲解之后，可以设置一个开放的研讨环节，鼓励学生提出问题或者分享自己的观点和体会。这一环节可以提高学生的学习兴趣，还可以加深他们对讲座内容的理解。通过与专家和同学之间的互动交流，学生能够从不同的视角和深层次探讨清明节的文化意义，使得文化学习过程更加生动和多元。

（3）实践操作。结合讲座的内容，组织学生参与相关的文化体验活动，如书法课程中书写与清明节相关的古诗文，或者在食品制作工作坊中亲手制作清明节的传统食品如青团、艾粑粑等。这些活动能够让学生在实际操作中体验传统文化的魅力，还能增强他们对传统节日习俗的个人感受和认识。通过亲身体验，学生能够更加深刻地感受到清明节习俗背后的文化和历史意义，也能激发他们对传统文化保护和传承的责任感，促使他们牢记初心使命，积极开拓进取。

（二）组织并开展学生扫墓祭奠先烈活动

清明节作为中国的传统节日之一，承载着纪念先辈与缅怀英烈的深厚文化意义。伟大时代在呼唤着伟大精神，崇高的事业需要英雄的榜样来引领。到了清明节的这一天，全国各大学特意组织大学生前往英雄纪念碑或烈士陵园进行扫墓，以表达对逝去先烈和先祖的追思与敬仰和对烈士对先祖至高无上的敬意与怀念，同时也是对国家与民族历史的深刻记忆与感恩。纪念先烈一方面是对革命先烈在中国各个历史阶段的艰辛付出和英勇献身的钦佩，另一方面是一种对中国先烈为民族复兴而前仆后继革命精神的一种传承。通过参与传统的清明祭祀活动，大学生可以更深入地理解先辈面对困难时的不屈不挠和无私奉献，进而激发出对民族未来发展的责任感和使命感。这种祭奠活动对大学生在弘扬民族精神、增强国家凝聚力方面发挥了不可替代的作用。缅怀先烈亦是一种历史的自省，它提醒大学生既要铭记过去，还要借鉴历史中的教训。通过回顾历史，能够从先辈的奋斗历史中汲取智慧与勇气，用以装备自己，应对现代生活中的各种挑战。通过这种对历史的反思和学习，大学生能够为未来构建更好的基石。

在当代快节奏的社会背景下，传统节日的意义常被年轻的大学生忽略而得不到重视，通过校园组织的缅怀先烈活动，不仅能够使大学生重新连接过去和未来，还能够教育和提醒他们珍惜现有的和平繁荣时代的大学生活，清明节的庄严仪式和深沉寓意，使其成了连接历史与现代、教育与纪念的桥梁，对每个大学生的价值观和人生态度都具有重要影响，英烈的献身精神将鼓舞着他们砥砺前行、奋发有为。因此，对于当代大学生来说，组织他们开展扫墓祭奠先烈活动非常有必要，具体需要注意以下几点。

1. 前期准备与教育

通过多渠道宣传教育，是提升大学生参与度和活动影响力的重要策略。利用校园广播、海报、网络论坛等形式，广泛传播清明节的历史背景和文化内涵，这种宣传不局限于传达节日的基本知识，更重要的是突出祭奠先烈的重要性，通过具体的历史事件和先烈的英雄事迹，激发学生的爱国情感和尊重历史的态度。例如，可以通过播放清明节文化纪录片，通过展览会展示相关的历史文献、照片和先烈遗物，使学生在视觉和情感上都能有更深的体验。

招募并培训志愿者是活动顺利进行的另一个关键。通过校园网和社团组织招募志愿者，能够集中校园内部的资源，更能调动学生的积极性。这些志愿者在活动中扮演着极为重要的角色，他们是活动的组织者，也是传播者和参与者。对志愿者的培训需要包括活动流程的详细介绍、安全注意事项、应急处理方案等，确保他们能在活动中有效地引导其他学生、处理突发事件，并在活动中维护秩序；还应该对志愿者进行文化教育培训，使他们能在活动中正确传达清明节的文化意义和祭奠的重要性，以及如何尊重和缅怀英雄先烈。

2. 活动策划

选择祭奠地点是活动策划中的首要任务。与地方政府或相关部门合作是关键，这有助于获取官方支持和资源，还能确保选择的地点具有官方认可的历史价值和安全保障。选择地点时，应优先考虑具有历史意义的烈士纪念地、烈士墓地或纪念碑，这样的地点能增强活动的教育意义，也能让学生在参与中感受到历史的重量。此外，地点的安全性和交通便利性也是必须考虑的因素，确保所有参与者能够方便且安全地到达和参与活动。

活动流程的设计需要精心策划，以确保每一环节都富有教育意义且能顺利过渡。从集合出发到现场讲解，每一步都应事先安排明确，确保时间和资源的合理利用。在祭奠环节，组织学生进行献花、默哀，以及通过诗歌朗诵、传统音乐表演等形式表达对先烈的敬意，这些都是增强活动感染力的重要内容。

物资的准备是活动成功的基础保障。鲜花和纪念品是祭奠的必需品，它们不仅用于表达敬意，也是传统的祭奠元素。在准备这些物资时，考虑环保是一个重要的方向，比如选择可降解的材料，既体现了对环境的责任感，也传达了对自然和历史的尊重。

3.实施执行

（1）安全管理。在活动中，所有参与者的安全是最重要的考虑。须先进行场地的安全评估，确保无安全隐患。同时，考虑到大规模活动可能带来的交通和人群管理问题，需协调交警和校园安全部门提前制订详细的交通管制和人员疏散计划。活动中还应设置明显的安全指示和急救站点，确保在紧急情况下能迅速有效地进行处理。

（2）情感引导。情感引导通常能够帮助大学生形成积极健康的心理状态，促进其理性思维的有效形成，从而有助于大学生的健康成长。祭奠先烈活动往往会触动深层的情感，因此提供情感引导非常关键，因为通过情感引导，大学生的态度、情绪、观念等会受到一些潜在的影响，久而久之，他们的人格也会悄然发生变化。为此，可以邀请大学心理辅导师或经验丰富的老师在现场，对表现出情绪波动的学生进行及时心理支持和安抚。这能帮助大学生处理悲伤和哀思，也能引导他们以健康的方式表达情感和缅怀先烈。

（3）文化活动体验。为了使文化活动不局限于祭奠，而是成为一种全方位的文化体验，可以让学生参与到清明节的传统习俗中来。例如开展荡秋千比赛、民俗绝活表演、武术与书法展演等丰富多彩的活动，让参与者深入体验到清明节的文化魅力。成人礼的举办和清明主题邮票的发行，更是利用开封深厚的历史文化资源，既传承了传统，又教育了新一代，还激发了学生的参与兴趣。还可以组织学生植树，寓意生命的延续和对自然的尊重；或是放纸船，象征着对先烈精神的传承和记忆的流传。通过这些活动，学生能学习和体验传统文化，还能在实际操作中感受到与先烈之间的精神联系。

4.活动总结与反馈

应组织一次正式的总结会议，邀请活动策划者、执行人员及参与学生代表参加。在会议中，每个部门或小组应汇报其负责的具体任务执行情况，包括所遇到的问题、成功的经验和未达到预期的地方。还应对活动的整体流程、安全管理、情感引导等关键环节进行详尽的回顾和分析，找出值得借鉴和需要改进的方面，最后让专人写出总结并存档，作为下一次开展活动的具有参考价值的第一手资料。

在反馈方面，可以通过发放问卷调查、设置反馈箱、组织小组讨论等形式收集参与者的意见和建议。问卷和反馈应涵盖活动的各个方面，如活动组织、情感体验、文化教育的深度等，以便更全面地理解参与者的感受和需求，随后写出相应的问卷调查报告，为今后的活动提供分析调研基础。

近几年，我国各大大学对清明节活动举办的重视程度越来越大，很多大学都在这个时候组织学生开展清明祭扫活动，例如2024年4月3日，贵州大学党委学生工作部组织师生代表至七女坟开展"铭记历史 砥砺奋进"清明祭扫活动暨国家安全教育活动，贵州大学党委学生工作部组织师生代表至七女坟开展"铭记历史 砥砺奋进"清明祭扫活动暨国家安全教育活动。七女坟，为钱明汉、沈培筑、陈馥椿、朱令仪、沈菊英、平青梅、章小明七位女中学生的合葬墓。1939年2月4日，日军18架轰炸机经广西大溶口向贵阳发起了大轰炸，共投弹129枚，史称"二·四轰炸"。当时东北、华北、东南以及华中大部分地区相继沦陷，各省大、中学生向贵阳市逃亡。而其中有七名从华东地区逃亡而来的女中学生不幸遇难，当地村民就近将七位女学生安葬在石园村口，即今贵州大学南校区属地。2020年4月，贵州大学在原墓地旁立七女坟碑，以追忆逝者、警示后人。此次活动既包括默哀致敬环节，又包括学生主题演讲、老师致辞并普及知识等环节，通过此次活动，师生代表进一步坚定了理想信念，并表示今后要继承先辈遗志，担当时代责任，为强国建设、民族复兴伟业添砖加瓦。

贵州理工学院在2024年3月31日，也开展了清明祭扫活动，校团委组织团学骨干前往黔灵山烈士陵园开展清明节祭扫活动，在沿路清扫了陵园两侧的垃圾后，学生在黔灵山烈士纪念碑前庄严肃立，齐唱国歌，向革命烈士默哀、敬献花篮、行鞠躬礼，深切缅怀革命先烈的丰功伟绩，深情表达对革命先烈的无限哀思和崇高敬意。

（三）组织学生开展踏青赏花活动

踏青赏花活动不仅是清明时节表达对自然的热爱和对生命的敬畏的一种方式，也是现代大学校园文化生活中非常有益的传统文化传承活动。在暖意浓浓，春光明媚的季节组织踏青赏花活动，一定是会获得大学生的喜爱，激发学生的兴趣。在大学生校园文化生活中融入清明节的踏青赏花活动需要注意以下几点。

1.活动目的与意义

通过组织此类活动，大学生有机会直接接触和了解到踏青赏花这一传统习俗，并亲身体验其中的文化精髓。这种体验教育方式比传统课堂学习更为直观和生动，能够有效加深学生对中国传统文化的认识和理解，尤其是在理解清明节纪念祖先、春天植树等深层文化意义上。活动中，学生可以观察到自然界的脆弱和人类活动对环境的影响，激发他们的环保责任感。通过这种形式，学生的环保意识得以提升，进而可能影响他们的日常生活和未来决策，使其更加倾向可持续的生活方式和环境保护行为。

还有一点需要额外注意，现代大学生面临着学业压力、未来职业规划的不确定性等多重心理压力源。赏花踏青活动提供了一个远离校园学习环境、亲近大自然的机会，有助于学生从日常的压力中暂时解脱，享受心灵的宁静和自然的美好。这种活动有助于缓解焦虑和压力，提高心理韧性和幸福感，对于促进学生的心理健康和整体素质具有重要作用。

2.前期准备

（1）主题确定。对于清明节的踏青赏花活动，可以设定主题为"清明踏青，赏花问史"，一方面吸引大学生参与，另一方面也强调了活动的文化和教育意义。通过这样的主题，活动不仅仅是自然体验，也成为一种文化学习和历史探索的机会。在活动中，可以结合介绍相关历史人物、事件以及与清明节相关的传统习俗，可以让学生事先观看历史纪录片，使大学生在赏花踏青的同时，增长知识，深化对中国传统文化的理解。

（2）场地选择。场地的选择直接影响到活动的体验效果和安全性。选择校园周边或较远的自然公园、植物园、历史名胜遗址作为活动场地，这些地点通常具备良好的自然风光和丰富的植被，非常适合进行踏青和赏花活动。选定的场地应该方便学生到达，并考虑环境的安全性，确保没有潜在的危险因素，如野生动物、复杂陡峭的地形等。

（3）时间安排。应选择清明节期间天气适宜的一天进行活动，以便大学生能够在舒适的环境中享受活动。需要提前查看天气预报，避免雨天或其他不利天气条件，确保活动的最佳体验。

（4）物资准备。活动开展前需要提前准备必要的物资，包括地图、指南，以便让大学生了解活动区域和路线，使其准备小零食和饮用水以保证能量供应，以及急救包以应对可能的小伤小病。

（5）宣传推广。通过校园网、海报、社交媒体等多种方式进行宣传推广，是吸引大学生参与的关键。宣传材料应包含活动的主题、时间、地点、预期活动内容以及任何参与所需的特定指示或要求。可以利用短视频、图片等展示前几年的活动亮点，增加活动的吸引力，激发学生的参与热情。

3. 活动内容

（1）踏青行走。踏青行走是春季传统活动的核心，让大学生走出课堂，直接融入大自然的怀抱中。在这一环节，组织者可以精心规划路线，选择那些风景优美且安全的公园或自然保护区。为了增强活动的教育价值，可以在路线上设置观察点、解说点等多个科普节点，串联多个自然观察内容，介绍多种不同的植物，每个展台主题明确、讲解形式多样，每个科普节点，都是一座自然展台，让大学生从大自然中的实地实景中收获生动的绿色文化；也可以由知识丰富的导游或教师介绍当地的植物种类、生态系统的工作原理及相关的自然知识。

（2）赏花活动。春季是多种花卉盛开的季节，开展以花为媒的赏花活动是一种以生态环境为特征、融花卉的趣味性、知识性和审美性于一体的活动，可以让大学生接近各种花卉，很好地接受大自然美的熏陶。赏花过程中可以利用手机软件识别相关品种，近距离地观察和了解各种花卉，在特定的赏花点，如植物园或特定的花园里，辅导员或花园员工对花卉进行分类介绍，解释其名称、生长特性、适宜的生长环境及其在中国文化中的象征意义。赏花过程中，还可以进一步引入花卉在诗歌、文学中的影响、作用和地位，通过丰富的历史和文化背景，让大学生在大自然中更深入地理解和体会花卉与中国传统文化之间的联系，增长知识，提高鉴赏审美能力。

（3）互动体验。为了让大学生更积极地参与到活动中，可以组织一系列与清明节活动相关的创作和互动体验活动，如摄影、绘画、写诗等方面的比赛活动。这些活动不仅能激发大学生的创造力，还能帮助他们以艺术的形式表达对自然之美的感受和认识。例如，摄影比赛可以设立不同的主题，如"春之色彩"或"花卉与我"，鼓励学生捕捉春天的美好瞬间。此类活动也可以作为校园展览的内容，进一步激发大学生探索大自然的兴趣，展示大学生的才能和创造成果。

（4）环保教育。校园踏青赏花文化活动中，组织者一定要认真履行环境保护的监管职责，可以通过组织"无痕踏青"宣誓和相关的环保小组讨论来教育大学生，充分地向大学生宣传环保理念，在享受自然美景的同时，也应该承担起保护环境的责任，培养大学生在参与活动时对生态环境的保护意识和责任感，并使自身在活动中也获得满足感和快乐感。此外，可以进一步引导大学生参与实际的环保行动，如垃圾分类收集、清理行动等，这些都是实实在在的环保实践，能够让学生将理论知识转化为实际行动。

4.活动执行

首先，活动的执行需要由教师和经过培训的志愿者共同指导。这些指导者负责活动的流程管理，还需监督和确保大学生的安全，特别是在户外活动中，如赏花踏青。他们应具备基本的急救知识和处理突发情况的能力，以应对可能出现的任何紧急情况。其次，严格遵守预定的时间表对于活动的顺利进行非常关键。在活动开始前，应明确各环节的具体时间点，如集合时间、出发时间、各个活动点的开始和结束时间等，并确保所有参与者都清楚这些安排。时间表的严格执行有助于避免活动拖延和资源浪费，保证每一项活动都能在预定的时间内有序完成。

5.活动总结与反馈

活动总结与反馈是清明节踏青赏花活动成功的关键组成部分，它帮助组织者评估活动效果并进行未来改进。首先，应在活动结束后立即召开总结会议，让所有参与的教师和志愿者分享观察和体验，收集并分析参与者的反馈，这可以通过问卷调查或口头反馈的形式进行，以了解活动的哪些方面最受欢迎，哪些需要改进。总结报告应详细记录活动过程中的成功经验和面临的挑战，为以后的活动提供宝贵的经验教训，确保持续改进和优化活动策略。

第三节　端午节文化融入大学生校园文化生活的创新路径

一、端午节的由来

端午节也被称为端阳节、午日节或五月节，是中国汉族的传统节日，主要用以缅怀诗人屈原。这一节日在农历五月初五庆祝，具有丰富的习俗，如食用粽子、参与龙舟赛事、挂置菖蒲与艾叶，以及熏香草等。这些活动是对屈原等历史人物的纪念，也是顺应季节变迁，庆祝夏季的来临。

端午节的庆祝活动已超越了中国，广泛流传至亚洲的韩国、日本、越南以及东南亚的马来西亚等国，成为具有国际影响力的文化节日。在中国本土，特别是湖北、湖南、贵州和四川地区，端午节还区分为大端午和小端午，其中小端午即农历五月初五，而大端午则是农历五月十五[①]。这一传统节日在历史和文化上展现了其深厚的意义和广泛的影响力。

二、端午节的文化内涵

端午节具有深厚的文化内涵，主要表现在三个方面，如图5-2所示。

---

① 李楠楠.端午节[M].长春：吉林出版集团有限责任公司，2013：8.

孝亲尊祖的报本观念

01

忠君节义的爱国情怀

02

内涵

积极向上的价值追求

03

追求美好生活的愿望

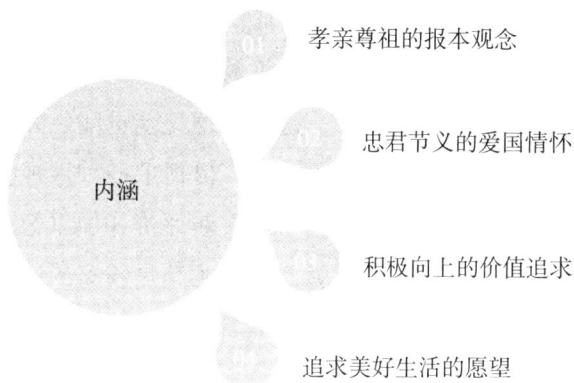

图 5-2　端午节的文化内涵

（一）孝亲尊祖的报本观念

孝道在中华传统文化中占据核心地位，被视为所有美德的根基，体现在常言"百善孝为先"。特别是在宋代，随着封建社会的演进，程朱理学崛起并成为官方意识形态，孝道得到了深入的理论强化。理学家借助先秦的孝道思想，从"天理"这一哲学概念出发，阐述了孝的先天性和永恒性，进一步丰富和完善了孝道的理论体系，深刻影响了中华民族的道德观念。端午节的起源与孝道紧密相关，流传的解释多样，具有代表性的是纪念曹娥说，曹娥为救父投江而死的故事凸显了中华民族尊祖敬亲的深远传统，该故事和理论反映了孝道在中华文化中的重要地位及其对后世的深远影响。

（二）忠君节义的爱国情怀

在古代中国，忠孝节义被视为社会和家庭生活中的重要道德准则，是个人必须遵守的伦理规范。忠孝节义中的"忠"指的是忠诚与尽职，起初涵盖多个领域，但从两汉时期开始，这一概念逐渐被缩小，专指臣民对君主的忠诚。而"孝"则专指对父母的孝顺。"节"代表的是坚守道德和节操，"义"则涉及行为的正当性，即人们应根据这些道德标准来行事。孔子在《论语》中强调一个人在为他人谋事时必须保持忠诚和信任，这体现了忠诚的重要性。随着时间的推移，尤其是到了宋元时期，中国社会和封建伦理经历了重大变革，这些道德规范也随之发展。在这一时期，中国逐渐进入封建社会的衰落阶段，出现了一种重视古代圣贤和英烈的文化思潮。历史上许多杰出人物被重新评价并加以纪念，例如通过建庙祭祀和追封尊号等方式来表彰他们。尤其是儒家的道德观念在此期间得到了再次弘扬，忠孝节义的概念不断被扩展并深化，影响着社会伦理和个人行为的方方面面。

在古代，忠孝节义与爱国主义紧密相连，常常体现为对君主的忠诚，进而转化为对国家的忠贞，这种忠君爱国的传统深植于中国历史，使得爱国主义情感得以代代传承。端午节作为传统节日，其纪念人物的起源丰富多样，包括春秋战国时期的多位历史人物，如介子推、伍子胥、勾践及屈原等，他们均以其忠心报国的行为著称，这些人物在各自的时代内表现出极高的爱国精神，还在后世被作为忠诚与爱国的象征而受到敬仰。伍子胥因忠诚而遭受陷害最终悲剧收场，其故事激发了人们对忠臣的同情与敬意；勾践的卧薪尝胆则体现了不屈不挠的爱国决心；介子推以自己的行为彰显了忠义的力量和精神品格；屈原，他不只因个人悲剧而闻名，也因其不懈的爱国精神成为历代尊崇的对象。端午节最终以屈原作为主要纪念人物，这反映了中国传统的爱国主义价值观，也使节日本身承载了更深层的文化意义和价值，展现了中华民族对忠诚与爱国主义价值的坚守与推崇，体现了一种深刻的文化选择和价值认同。

（三）积极向上的价值追求

端午节是我国重要的传统文化节日，也是展示中国人文精神、价值及道德追求的窗口。这一节日特别强调对历史先贤的纪念，通过缅怀这些人物来延续和弘扬中国的文化传统，从而塑造并巩固文化价值观和行为规范。端午节所祭拜的历史人物众多，包括忠臣屈原、曹娥、伍子胥，以及其他如白娘子和农神等，这些人物代表了各种美德，如屈原和伍子胥的忠诚与爱国，曹娥的孝顺，白娘子的救人无数以及农神对农业的贡献。虽然端午的起源远早于屈原的时代，源于古代吴越地区的春秋战国时期，但屈原的故事和他的诗作仍旧深深植根于人们心中，屈原被鲁迅评价为"逸响伟辞，卓绝一世"，屈原已不再是单独个体的符号，是中国文化的代表性符号，对中国文化乃至世界文化都产生了深远的影响。屈原还以其不屈的爱国精神和卓越的文学成就，成了端午节纪念活动中最具影响力的人物，其高洁的人格和坚定的理想追求，成为中国人价值追求的重要体现。《离骚》的诗行至今仍能触动人心，如"彼尧舜之耿介兮，既遵道而得路"与"亦余心之所善兮，虽九死其犹未悔"展现了屈原不屈的精神与高尚品格。屈原以其纯洁的人格影响了后世，并成了无数仁人志士的精神楷模，他们秉承屈原的道德观念，将这种崇高的人格传承至今。

（四）追求美好生活的愿望

端午节还是展现中国人追求美好生活愿景的一大窗口。在这一天，各种节日活动寄托了人们对自然环境和谐与生命健康的期盼，而且体现了社会和谐与共同体精神的强烈愿望。包粽子和采摘粽叶的习俗，反映了人们对自然的敬畏与崇拜。这一传统活动一方面是对食物的准备，另一方面更象征着对自然赐予的感激，希望通过这种方式祈求风调雨顺。在包粽子的过程，家庭成员的共同参与也增强了家庭间的联系与和谐。

赛龙舟是端午节的另一项重要活动，它是对力量和速度的竞赛，更是一种社区和团队精神的展示。参赛者齐心协力，向着同一个目标努力，体现了团结一致的社会价值观。观众的加油助威和共同参与，为比赛增添了激情，也使这个传统节日成为一个全民共享的欢乐时刻。这种体育活动既锻炼了身体，也丰富了社区生活，加强了邻里间的互动与联系。

三、端午节文化融入大学生校园文化生活的路径

（一）组织端午节主题文化周

在大学校园中，通过组织一个以"端午文化"为主题的文化周活动，可以在大学操场、体育馆、校园走廊、校园路口等处设置文化空间，安排丰富多彩、形式多样的活动，通过活动充分深入地展示这一传统节日的丰富文化内涵和地域特色。端午节的文化周活动实质上就是让大学生参与中国几千年来逐渐形成的与屈原有关的与物质财富、精神财富有关的一系列文化活动，其核心内涵是爱国主义思想和中华民族精神，端午节文化不仅包含了以屈原为代表的荆楚文化，更是体现了民族文化和社会文化，因其深厚的内涵和丰富的外延，影响着人们的生活习惯、思维方式和道德观念。因此，端午节文化周活动的开展有着重要的意义。端午文化周的策划和实施应包括多元化的内容和多种形式，以吸引和教育大学生群体，使其能够全面地体验端午节的文化传统和现代价值。

1.丰富的端午节文化展览内容与当代多媒体技术相结合

端午文化周的核心活动之一是举办端午节主题展览，展览内容应包括端午节的历史起源、地域差异、传统习俗等多个方面，这些内容通过展板、图片、实物和多媒体视频等形式来加以呈现，使丰富深厚的端午文化内容的传递更为具体、生动和全面。还可以通过高清视频展示龙舟比赛的激烈场景，使用 VR 技术让大学生参观者能够虚拟体验到坐在龙舟上的感觉，再就是通过触屏信息站来提供各地端午习俗的详细解释和具体场景，让大学生真切地感受到端午节浓郁的节日氛围，受到节日文化氛围的感染，有身临其境的感觉。

2.通过文化交流来提高大学生的文化认同感

端午文化周还应注重增强大学生对中国传统文化的认同感和热爱。

通过各种讲座和研讨会，邀请文化学者和历史学家深入讲解端午节的文化和历史意义，如讲解端午节的悬挂艾草和菖蒲、喝雄黄酒等特有的习俗来源和文化意义，有效传达了古代先民尊重自然，改造自然，战胜自然并自然和谐相处的智慧，从而引导学生尊重自然、顺应自然并保护自然的文化意识，进一步去探讨这一传统节日在现代社会的传承与发展现实意义。还可以收集与屈原相关的文化讲坛、纪录片、宣传推广片影视片等视频，重点筛选官方机构正式发布的内容专业、质量可靠的视频资源，如中央电视台推出的纪录片《屈原》六集、探索发现栏目推出的《屈原》四集，采取多种讲座形式既可以增加学生的知识储备，还能够激发他们对传统文化的尊重和兴趣。

（二）推广传统手工艺活动

1. 粽子制作工坊

粽子制作工坊是一种极具教育意义和文化价值的活动，能够深入传承和推广端午节的传统食文化。在大学校园内设立粽子制作工坊，大学可以邀请经验丰富的传统粽子制作师傅，向大学生展示和传授各种传统粽子的制作技巧。例如，大学生可以学习制作咸肉粽的步骤和技巧，感受咸肉粽那油而不腻的口感的制作秘诀；或是制作豆沙粽和八宝粽，了解它们甜美口感背后的食材选择和调配比例。师傅还可以向学生讲解不同粽子的地域文化背景，如粽子的形状、用料与包裹技术的地方特色和历史渊源，使大学生在学会制作技术之余，深入了解各地粽子的文化内涵。

粽子制作工坊也应当鼓励创新和现代元素的融入。在传统教学的基础上，可以设置环节，请大学食堂的厨师来做顾问，让大学生在使用非传统材料自行设计和制作新型粽子。比如，使用奶酪、巧克力、水果等现代食材，结合传统粽子的制作方法，创造出既符合现代人口味又具有创新意义的粽子。这种创新的尝试能激发大学生的创造力和实验精神，也能让他们在实践中理解和掌握传统与现代融合的精髓。大学生参与作坊活动能够体验到兴奋和愉悦，不仅有对美食的喜爱，还有对家人团聚的美好期待，更能体会到大学的关怀和温暖。

2. 传统编织技艺传承

大学校园可以通过开设传统编织技艺的短期课程或工作坊，使学生有机会学习和体验这一传统艺术，这些课程或工作坊最好由大学聘请经验丰富的手工艺人来指导，他可以向大学生传授从基础到高级的编织技巧。基础教学包括五彩线的基本编织方法，教会大学生如何开始编织、如何选择合适的材料和颜色以及如何完成简单的编织项目。随着大学生编织技能的逐步提升，还可以让他们学习更为复杂的图案和结构，如双层编织、交叉编织等技术，这些技能的学习既挑战了学生的手工技巧，也激发了他们对传统文化的兴趣和尊重。例如，2024 年 6 月 7 日下午，贵州黔南经济学院将端午文化与校园情怀相结合，校团委和后勤处组织后勤处让学生跟宿管阿姨学习，一起共同体验扎染、画彩蛋、编织彩绳等传统手工艺，获得很好的体验。

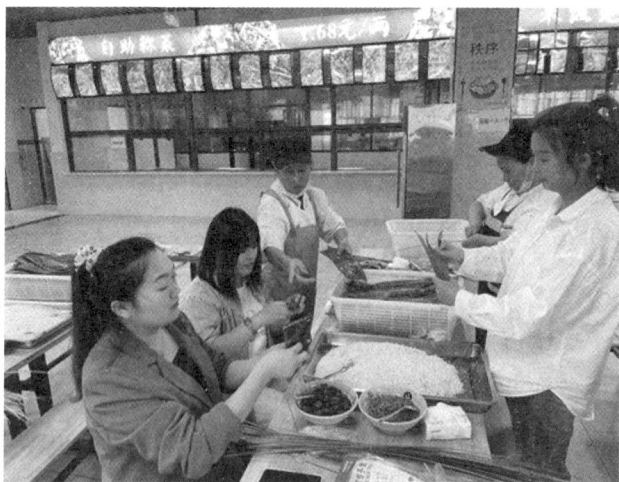

编织技艺的学习还可以扩展到更多的传统文化装饰品的制作之中去。

如中国结、腰带、头饰等，可以进一步丰富大学生的学习体验。这些文化装饰品不仅美观，每一种还承载着特定的文化象征和历史故事。例如，中国结代表着吉祥和美好的祝愿，是中国传统中常见的吉祥物。通过制作这些文化装饰品，大学生能够掌握实用的手工技能，更能深入了解这些文化符号的历史和意义。通过亲手制作和了解这些传统艺术的背景，大学生可以更加深刻地体会到手工艺在传承和发展中国文化中的重要作用，也能够增强自身对传统文化的认同感和自豪感。

3. 传统香料与草药学习

在大学校园中，通过开展关于传统香料与草药的教育活动，大学生可以深入了解端午节使用香草和药材的习俗及其文化和医疗背景，这类讲座可以系统介绍艾草、菖蒲等传统草药的历史用途、医疗价值以及这些草药在现代生活中的实际应用。大学可以邀请中医学专家或民俗学者来讲授这些草药的传统知识，包括它们在历史上的用途和制作方法，如讲解艾草在端午节的传统中是如何用来避疫的，以及菖蒲的抗菌和防腐特性。通过这些讲座，对大学生给予了正确的引导，大学生能够获得关于各种草药特性的知识，还能了解到这些植物如何被古人智慧地应用于日常生活中的，有效地对中草药药用效果做了知识普及，也强化其对生态环境及药物物种的保护意识。大学文化社团可以组织开展实践活动，指导大学生如何亲手制作草药香包或药枕，这个实践过程包括选择合适的草药、学习如何干燥和处理这些材料，以及掌握填充和缝制技巧。在实践活动中，中医学专家或民俗学者可以引导大学生探索各种草药的组合，了解不同草药组合的特定效果，比如哪些组合可以用于改善睡眠，哪些有助于减轻压力等。通过这些实践活动使大学生在实际操作中能够理解到传统草药在现代生活中如何发挥作用的，如使用天然草药制作的香包来代替化学香料，从而倡导了一种更加健康和可持续的生活方式。

（三）举办端午节主题体育赛事

1.策划和组织龙舟赛活动

龙舟赛是端午节最具代表性的体育活动之一，不仅体现了竞技精神，还蕴含着丰富的文化象征意义。为了有效地组织这样一项大型赛事，策划和组织的过程中需要仔细地考虑其多个关键因素。

（1）确定赛事日期和地点。龙舟赛通常安排在端午节当天或周边日期进行，以吸引最大的观众和参与者。选择比赛的地点是组织工作的首要任务，理想的地点是校园内或附近的湖泊、河流等天然或人造水域。这些场地应有足够的空间以容纳所有参赛队伍和观众，还需具备良好的水质和安全的水域环境。比赛场地周边应有便利的交通和足够的停车空间，以方便参赛者和观众的到达。

（2）安全措施的重要性。安全是龙舟赛策划中最关键的考虑之一，组织者必须确保比赛地点的水域安全，没有潜在的危险如暗礁或强流。赛事期间必须配备专业的救生队伍和充足的救生设备，如救生艇、救生圈、安全绳索等。所有参赛者在比赛前应接受必要的安全培训，了解基本的水上安全知识和应急措施。组织者还应准备充足的医疗设施和专业医疗人员，以应对可能发生的紧急医疗情况。

（3）比赛细节的设计。比赛的具体规则需要详细设计，包括赛程的安排、队伍的组成、起止点的设定等。队伍可以按照学院、年级或兴趣小组进行划分，增加赛事的参与度和观赏性。规则中还应明确比赛的评判标准和安全规范。赛事的流程需要严密组织，从选手报到、开幕式、热身、正式比赛到颁奖仪式每一环节都应事先做好充分的准备。

（4）扩大赛事影响力。为了提高赛事的影响力和竞技水平，组织者可以邀请其他大学甚至国际龙舟队伍参赛。通过与其他院校的交流比赛，既可以提高比赛的专业水平，还能增加各校之间的友好关系。同时，通过媒体宣传和社交网络平台的推广，可以吸引更多的观众和媒体关注，使赛事成为校园乃至地区内的重要文化和体育盛事。例如，贵州黔南经济学院 2024 年端午节那天，学生会文化社团组织本校学生在惠水县连江开展了划龙舟比赛，河里打着鲜艳旗帜的三只龙舟，像离弦的箭一般在河面上划过，比赛当天很多学生都一起来到连江两岸，各个组啦啦队的加油呐喊声此起彼伏，在空中回荡，比赛场面盛大火爆，令人震撼。通过比赛学生都感受到一次端午节日文化非同寻常的体验。

2. 举办端午节田径赛

（1）活动策划与安排。田径赛事的策划需要详细规划赛事的类型、规模和流程，让大学生感受到竞技体育的魅力，促使其欣赏并模仿运动员的行为能力。田径项目众多，形式多样，许多项目像短跑、接力赛、跳高、跳远等为大学生所喜爱，其中短跑和接力赛易于组织且参与面广，适合吸引大量大学生参与；障碍赛则更具挑战性，可以设置不同难度级别，吸引不同体能和竞技水平的大学生。每项赛事都应明确比赛规则、参赛资格、时间安排和奖励机制。

（2）融入端午节文化元素。为了将端午节文化元素融入田径赛事中，组织者可以通过以下具体策略将传统节日的氛围与现代体育活动巧妙结合。第一，比赛服装设计可以充分利用端午节的传统符号，设计师可以创作一系列以端午节元素为主题的服装，如在运动 T 恤上印制色彩鲜明的龙舟图案、粽子图案或者包含端午节诗句的设计。这些服为赛事增添了节日色彩，也让大学生运动员和师生员工在视觉上感受到端午节的传统美。第二，赛场装饰是提升节日氛围的关键环节，组织者可以在赛场周围悬挂以艾叶和菖蒲为元素的横幅，以及使用这些传统材料编织的装饰品，赛道两旁可以放置用艾草编织的小篮子和花环，除了美观，还能在某种程度上散发出自然的香气，为场地增添一丝端午节的传统气息。第三，比赛用品本身也是展示文化元素的绝佳平台，如起跑线旗和终点线标志可以设计成粽子或龙舟的形状，或者简单地以端午节的代表色彩装饰，如绿色和黄色。

（3）促进交流与合作。田径赛事是促进大学的不同学院、不同专业和不同背景大学生之间交流与合作的良好平台。组织者可以通过设计团队项目，如团体接力赛，鼓励来自不同学院的学生组成团队参赛，这既可以增强学生之间的团队协作能力，也有助于建立跨学科的友谊和网络。此外，赛事可以开放给教职员工和大学生的家庭参与，进一步扩大校园社区参与度，增强大学校园社区的凝聚力。

（4）增强文化教育意义。体育赛事既是竞技活动，又是传播端午节文化的重要场合。随着大学教育水平的不断提高，校园文化生活也需要不断去创造，随着校园师生健康意识的不断觉醒，其审美观念也不断变化，激动人心的体育竞赛将会越来越符合校园师生的文化生活需求和审美需要。为此，大学可以在比赛期间设置专题展览，展示端午节的历史和文化。如介绍屈原的故事、端午节的由来及其传统习俗等。此外，还可以通过比赛间歇进行文化小讲座或表演，如端午节的诗歌朗诵、传统音乐和舞蹈表演，使体育赛事与文化活动交织穿插，相辅相成，共为一体。体育赛事与文化教育的相结合，进一步增加节日文化活动的深度和广度，提高体育赛事的影响力。

3. 推广和传媒合作

为了扩大端午节体育赛事的影响力，大学应与校园媒体以及外部媒体合作，对赛事进行广泛宣传。校园内的媒体资源，如校园网站、校园广播站和学生会的社交媒体账号，是宣传赛事的第一平台。通过这些渠道，可以发布赛事的详细信息，包括比赛的时间、地点、参与方式以及预期的活动亮点。例如，在校园网站上创建一个专题页面，集中展示赛事相关信息，并提供实时更新。校园广播可以定期播出赛事预告、进行中的实况以及赛后的精彩回顾。社交媒体则可以用来发布即时的照片和视频，吸引大学生群体的关注和讨论，增加赛事的互动性和参与感。

还可以利用现代技术手段，如直播平台，可以让无法现场观看比赛的师生和社会公众也能实时参与到赛事中来。直播可以通过校园自有的媒体资源或合作的外部媒体进行，确保画面和声音的质量，提供接近现场的观赛体验。直播平台可以设立互动环节，比如让观众投票选出的"最佳精神奖"或在线提问，使远程观众能够参与到大学体育赛事之中，增加其活动的参与度和趣味性。

（四）开展端午节食文化交流

1. 端午节食文化讲座与研讨会

端午节食文化讲座和研讨会提供了一个宝贵的学术平台，让大学生和教师能够深入了解这一传统节日背后的丰富文化和历史。通过组织这类活动，大学可以邀请对中国传统节日有深入研究的文化学者、历史学家以及营养专家来校分享知识。这些讲座可以覆盖端午节食品如粽子的多样化，解析不同地区如何根据当地的食材和风俗习惯制作出具有地方特色的粽子，如南方的咸肉粽与北方的甜豆沙粽的风味对比。为了使讲座和研讨会更具互动性和教育效果，可以设置互动环节，鼓励大学生提出问题，与讲者进行深入讨论。此外，可以安排小组讨论会，让大学生在小组内分享彼此对于讲座内容的理解和思考，或是就如何将传统食文化更好地融入大学生校园文化生活提出创意和建议。

2. 端午节食品展览与品鉴活动

设立不同的展览区域，按照区域将展览分为若干部分，如可设置华南、华北、华东、西南等地区的端午食品专区。每个区域既可以展示该地区特色的端午食品（如粽子、盐蛋、赛饼等），还可以展示该地区使用的传统工具和装饰品等，让大学生通过参观形成一种全面完整的体验。每个展品旁配有详细的介绍标签，内容包括食品的历史背景、制作方法、食用习俗和地区特色。例如，广东粽子与浙江粽子在食材和口味上的不同，及其背后的文化意义。在展览中设置互动屏幕，通过视频或动画展示粽子等食品的制作过程，让大学生能够更生动地了解食品从准备到成品的详细过程。

结合展览开展品鉴活动，组织参与者分批进行导览式品鉴。每一批次由一位解说员带领，沿着展览路线依次介绍和品尝每个地区的端午食品。解说员可以是烹饪专业的大学生或教师，他们可以详细解释每种食品的特点及其文化含义。在品鉴会中穿插一些文化小测试或小游戏，如猜灯谜、食品知识问答等，增加活动的趣味性和互动性，正确回答者可以获得小礼品，如制作精美的端午节主题纪念品。

3.创新食品竞赛

开展创新食品竞赛是一个极具创意的方式，旨在将传统端午节食材与现代烹饪技术和概念相结合，为大学生提供一个展示创新能力和团队协作的平台。在这种竞赛中，大学生团队将被鼓励使用如糯米、豆沙、肉类、咸蛋黄等传统端午食材，创造出全新的菜品或改良传统端午美食，如设计不同口味的粽子或将粽子元素融入其他类型的菜肴中。竞赛可以设置不同的主题和要求，如"健康低脂端午美食"或"融合国际风味的端午创意菜"，这样既扩大了参与者的创作空间，也让竞赛更加多元化和国际化。

（五）实施端午节主题社会实践活动

1.社区服务与文化传播

在社区服务中，大学生以端午节的传统文化为核心，准备一系列多样化的节日表演项目。例如，舞狮表演可以吸引当地社区居民的广泛注意，为活动带来喜庆的气氛；例如传统戏曲和传统音乐的表演则可以深化当地社区居民对传统文化艺术的认知和欣赏。此外，可以设置传统故事的讲述角落，特别是设置关于端午节的历史和传说的各个角落，如讲述屈原的故事，讲述楚荆文化等，可以帮助当地社区居民更好地了解这个节日的文化背景和理解节日的文化内涵。

一系列文化活动可以走出校园，面向社会，面向居民，到当地社区去广泛开展，力求形成更大的文化圈。这种活动方式，一方面能够有效地消除大学生与中老年人之间的文化鸿沟。大学生通过学习和实践活动，客观上也较好地接受并传播了端午节的传统习俗，另一方面中老年居民则有机会与大学生接触来分享他们的人生经历和文化体验，这种互动有助于增强全社会一致的文化认同感和归属感。社区居民，尤其是中老年人，通过参与这些活动感受到被社会尊重和珍视，有助于提高他们的生活质量和社会参与度。这些活动也为当地居民提供了互相交流和建立新社交联系的平台，特别是在快速城市化背景下，能有效对抗社区疏远感和孤立感，让大学生充分发挥其社交能力，发挥和谐社会的作用。

通过综合利用文化表演、教育和社交活动，以大学生为主体开展的端午节当地社区服务既可以增加社区的文化氛围，也是一种行之有效的社会实践活动，使大学生能够在社区服务中学习和成长，并弘扬和传承中国丰富的传统节日文化。

2.端午节环保倡导活动

开展环保倡导活动的意义就在于大学生个人的自由全面发展离不开生态环境的保障，良好的生态环境是大学生自由全面发展的基本前提，所以环保活动的实质就是加强生态文明建设，尽可能为每个大学生提供充分自由全面发展的保障。结合赛龙舟等传统习俗，可以设计以环保为核心的端午节文化活动。例如，组织大学生和志愿者在赛龙舟比赛前清理比赛用的河道，一方面可以保证比赛的顺利进行，另一方面也有助于提升河流生态的健康水平。此活动可以通过社交媒体和校园媒体进行广泛宣传，鼓励更多的志愿者参与。也可以在校园内外开展以端午节为主题的环保宣传活动，教育公众如何在节日庆祝中采取绿色生活方式。例如，发放教育手册，介绍如何减少一次性餐具的使用，并推广使用生物可降解或可重复使用的材料制作的餐具等。活动中可以展示用竹子、木头等自然材料制作的餐具的环保方式。

通过组织这些环保主题的活动，大学生不仅能学习到关于环保的重要知识，还能直接参与到环境保护的实践中。这种实践经历能显著提升学生对环境问题的个人责任感，也能增强他们的公共参与意识和能力。通过实际行动，大学生可以见证自己对环境改善的直接影响，这种体验是极其宝贵的，有助于培养未来的环保领导者。此外，这些活动通过将传统节日与现代环保理念结合，有效地展示了文化传承与环境保护的和谐共生，充分体现出环保具有的文化价值。环保活动在帮助大学生认识到在保持传统习俗的同时，还通过所采取的一系列措施保护自然生态环境，也为社会提供了一个如何在现代生活中融入传统文化的参考模式。最终，这种节日与环保的结合能够鼓励更多人参与到环保活动中来，共同为建设一个更加绿色、更加可持续的社会而努力。

3. 文化研究与实践项目

通过鼓励大学生参与到以端午节为主题的跨学科研究项目中，可以拓宽他们的学术视野，还能深化对中国传统文化的理解。这些研究项目可以覆盖历史、社会学、人类学以及文化研究等多个学科领域，探讨端午节的历史演变、各地区如何庆祝这一节日以及这些庆祝方式如何影响当地社会等问题。大学生可以通过田野调查、文献研究和访谈等方法，收集数据和案例，从而在学术上系统地分析端午节的文化意义及其在不同社会结构中的作用。

这些文化研究项目和实践项目对社会贡献是多方面的，主要贡献体现在两个方面。第一，通过将研究成果发表在学术会议上、撰写论文或编制项目报告，大学生既能够增强自己的研究和表达能力，又能够提升端午节文化在学术界乃至公众中的认知和欣赏，这种学术活动促进了学术界和社会公众对端午节传统的深入理解，有助于传统文化的传承和发展。第二，这些研究成果如果与当地博物馆、文化中心或教育机构进行合作，用于策划展览或教育节目，这不仅能增强公众对端午节文化的兴趣和理解，还能在社区中建立起一种文化交流和学习的氛围。

第四节　中秋节文化融入大学生校园文化生活的创新路径

一、中秋节的文化内涵

中秋节又称"追月节""团圆节"，是流行于全国众多民族中的传统文化节日。这个节日以月圆象征团圆，寄托着人们对生活的无限热爱和对美好生活的深切向往。中秋节的核心在于"团圆"，它不仅是家庭团聚的时刻，也是人们共同庆祝丰收、祈求幸福和表达对亲人思念的时刻。关于中秋节的文化内涵，主要表现在以下几个方面。

（一）亲人团圆

中秋节，作为中国传统文化中极富象征意义的节日，被广泛庆祝为"团圆节"。这一天，月亮的圆满被视为家庭团聚的象征，无论亲人身处何地，都共享着对团圆的渴望和情感寄托，这种庆祝方式深刻体现了中国文化中对家庭和睦与社会和谐的重视。

赏月活动是中秋节的核心传统，家人和朋友会聚在一起，仰望同一个月亮，共享那份静谧与美好，表达对彼此的思念和祝福。月光下的相聚，加深了家庭成员之间的情感联系，也让离散各地的亲人感受到虽身体分隔两地，心灵却能如月亮般圆满相连。吃月饼也是中秋节的重要习俗，月饼是节日美食，更寓意团圆和丰收，传统的月饼圆润丰满，象征着团团圆圆，是对未来的美好祝愿和对团聚的期盼。家庭成员在品尝月饼的同时，分享过去一年的生活经历和未来的希望，增强了家庭的凝聚力。

（二）社会和谐

中秋节的庆祝不局限于家庭内部，它也是加强社区凝聚力和推动社会和谐的重要时机。在这一天，多种社区活动如赏月茶会和游园活动成为邻里间交流的桥梁，赏月茶会特别受欢迎，居民聚集在一起，共享茶点和月饼，共赏明月。这样的聚会不但让社区居民有机会放下日常生活中的忙碌，共享宁静的月光，而且提供了一个相互了解和建立友谊的平台，通过分享各自的故事和生活经验，邻里之间的关系得以加强，增进了彼此的理解和尊重。

游园活动也是中秋节促进社会和谐的一个重要活动，家庭和朋友一同参与各种设置在公园或社区中心的游戏和娱乐活动，如灯谜竞猜、传统游戏和文艺表演等。这些活动丰富了社区居民的节日体验，也增强了不同年龄和背景人群之间的互动与融合。通过共同参与和庆祝这一传统节日，社区成员的凝聚力得到加强，社会的和谐与稳定也因此得以促进。

（三）感恩自然

在这个传统节日中，月亮作为自然界的象征，承载着人们的情感和祈愿。祭月是中秋节的重要习俗之一，它起源于古代的农业社会，当时的人们通过向月亮祭拜，感谢自然界带来的收获和光明。这种活动既是对农业社会生活依赖的象征性回应，也反映了人类对自然界深深的敬仰和依赖。通过这样的仪式，参与者得以表达对自然界的尊重和感激之情，强调了自然与人类生活之间不可分割的联系。

赏月活动也是中秋节庆祝自然之美的一种方式。在明亮的月光下，家庭和朋友聚在一起，共享美食，欣赏天空中圆月的壮丽景象，这既增进了人与人之间的感情，也是对自然美景的欣赏和珍惜。在现代社会中，这种活动提醒人们在忙碌的生活中停下来，感受和欣赏自然界的美好，进一步增强了人们对环境保护的意识。

（四）家国情怀

中秋节作为中国传统的重要节日，是家庭成员之间的团聚时刻，更是展现家国情怀的重要机会。在这一天，无论是国内还是海外的华人，都通过各种形式庆祝这一节日，体现了深厚的文化认同和对祖国的情感联结。祭月和赏月等活动一方面是对传统习俗的庆祝，另一方面也成了表达对祖国深情的载体。在赏月时，人们常常会回忆起家乡的美好景象及与家人共度的往昔时光，也会表达对祖国和平与繁荣的美好祝愿，这种对家庭与国家的双重情感，体现了中秋节文化的深层次意义。

家国情怀在中秋节的庆祝活动中也得到了具体而微的展现。例如，许多家庭在中秋夜会挂国旗，表达对国家的敬爱与自豪，特别是在国家重大成就或重要纪念日附近的中秋节，这种情感表达更加浓烈。社区和组织也会举办以家国主题的文化展览或演出，如播放关于中国历史和成就的纪录片，举行主题诗歌朗诵会等，这些活动增强了社区的凝聚力，也让每一代人都能在共同的记忆中找到归属感和认同感，进一步加深了人们对家国情怀的感悟与传承。

二、中秋节文化融入大学生校园文化生活的路径

中秋节文化活动的路径设计需要注重文化创新和多元化，以加强大学生对中秋节的情感参与和文化认同感，这样将有利于推动中秋节优秀文化更广泛地传播，同时为中秋节的文化内涵注入更多的时代精神。中秋节文化活动设计可以通过丰富的信息、文本、视频、符号等和多样化的文化表达方式，让大学生充分地了解中秋节文化的内涵和价值，从而加深对中秋节的认同感和情感参与。另外，对新媒体技术加以充分应用，使其成为传播中秋节文化的重要手段，通过中秋节习俗的趣味性、互动性和参与性，来提高中秋节文化的影响力，让大学生在校园文化活动中受到的情感熏陶，使其文化意识和文化素养也得以不断提高。

（一）举办中秋团圆文化精髓讲座

1.讲座的主题设定

中秋节作为中国及亚洲其他国家和地区的重要传统节日，其历史源远流长，充满丰富的文化内涵和象征意义。讲座的首要任务是深入探讨中秋节的起源和历史发展，从早期的祭月习俗——据记载早在周代就有向月神献祭的活动，到后来的家庭团聚和社区庆祝，中秋节逐渐演化成一个集感恩、祈福和家庭团圆于一体的节日。这部分讲解可以通过对古代文献的引用和历史事件的串联，揭示节日背后深厚的文化和哲学基础。

讲座还需要细致解析中秋节的各种传统习俗和象征意义，每个习俗都是中华文化智慧的结晶。赏月作为中秋节的核心习俗，不仅仅是欣赏自然之美，更寓意着对未来生活的期盼和对家人的思念。月饼的分享则象征着团圆和丰收，各种口味和形式的月饼也反映了中国广阔的地域文化差异。放天灯则是祈福和传递爱的象征，尤其在台湾及东南亚一些地区，这一习俗极为盛行。通过展示这些习俗的起源和演变，讲座能够帮助大学生理解这些传统活动如何在现代社会得以保留和创新，以及它们在今天社会中如何被赋予新的意义和活力，从而深化大学生对中秋节这一中国传统文化的认识和感悟。

2.讲座的形式与互动

为了最大化中秋节文化讲座的教育效果和参与感，采取多样化的讲座形式和互动方式至关重要。首先，邀请学术界的历史学者、文化研究专家或文学教授作为主讲人，能够增加讲座的学术深度和权威性。这些专家既可以带来丰富的知识储备，还能提供独到的见解和分析，使讲座内容不仅限于表面的文化介绍，而是深入到中秋节的文化象征、历史演变及其在不同社会和时代背景下的意义。此外，结合多媒体元素，如幻灯片、历史照片和相关视频剪辑，可以使讲座更加生动和直观，这些视觉辅助工具能帮助大学生更好地理解复杂的历史和文化概念，提升他们的学习兴趣，使讲座变得更加引人入胜。

进一步增加讲座的互动性和实践性是提高大学生参与度的另一个有效策略。设立问答环节，允许大学生在讲座结束后提出自己的疑问，与讲师直接对话，这不仅能帮助大学生澄清疑惑，还能激发他们的思考和深入探讨中秋文化的不同方面。通过在讲座现场设置月饼制作体验或茶艺展示等实践活动，大学生可以亲自体验和学习如何制作传统节日食品和茶文化，这种实践学习方式能大大增强他们的文化体验和记忆。

3.讲座的社会与文化价值

中秋节文化讲座的社会和文化价值远超过传统的学术讲座，它在文化传承和身份认同的建构上扮演了关键角色。通过详细解读中秋节的起源、习俗及其文化象征意义，这类讲座帮助大学生深入理解自己文化的根源和发展，增强了对自身文化的认同感。在经济全球化迅速发展的今天，许多传统文化面临被边缘化的风险，在这种背景下，中秋节文化讲座不是简单的对一个节日的介绍，而是一次文化自觉和自豪感的觉醒。大学生通过学习中秋的传统意义和现代实践，能够更加珍视这些文化遗产，并受到启发，积极思考如何在现代社会中维护和发扬这些传统。

这种类型的讲座在促进校园多元文化交流和社会融合方面也具有显著效果。大学校园是多元文化的交汇点，大学生来自不同的地域和文化背景。中秋节讲座提供了一个平台，让不同文化背景的学生共同参与，有机会了解中国的传统节日，也可以分享各自文化中类似的节日和习俗。这种跨文化的学习和讨论促进了大学生之间的相互理解和尊重，帮助其构建一个包容和谐的校园环境。

（二）举办中秋历代文化名篇赏析讲座

1.讲座目的和重要性

讲座的目的在于通过讲授者对中国历代经典文学作品或民间文学作品的深度讲解，使大学生能够全面了解中秋节不仅作为一个节日，而是在中国历史和文化中具有广泛的影响，与人们的日常生活息息相关，具有重要地位。通过讲授者深入地讲解不同时代的诗人、散文家、辞赋家等是如何描绘和表达对中秋的情感，大学生可以发现中秋节如何被赋予家庭团聚和自然美的象征意义。例如，通过赏析历代中秋诗词中意境最高、流传最广的唐代李白的《静夜思》和宋代苏轼的《水调歌头》等名篇，让大学生真切地感受到即便是在不同的时代背景下，对月亮的情感寄托和对家人的思念已经成为历代文人墨客和广大民众共同的永恒的主题。这种赏析方式也激发大学生去自主学习和借鉴古代文人对中秋佳节描写中所用到各种不同的表达方式和思维方法，在培养大学生对中秋节文化的情感的同时，也提升他们自身的文学鉴赏能力及形象性创造性的思维能力。

中秋节举办文学作品讲座的重要性主要体现在，中秋节的文学作品既丰富了中国的文化遗产，也为现代社会提供了一个理解传统文化价值和中华民族情感的窗口。这些优秀文学作品中流露的情感和彰显的价值观对今天的年轻一代尤为重要，因为它们展现了人间最美好的事物，传达了人间最美好的情感，鞭挞了丑恶，充分体现了和谐社会、和谐家庭、和谐大自然的崇高追求，这些在当今快节奏和高度商业化的社会中尤为珍贵。通过开展一系列的比较全面系统的文化讲座，大学生能够增强对中华优秀传统文化的认同感，还能激发他们对维护和传承这些文化遗产的热情。在经济全球化迅速发展的今天，让大学生深入理解本国的悠久传统文化并保持与现代文化认知的和谐一致，这对于塑造爱祖国爱人民的具有现代化前沿水平的复合型专业人才具有不可替代的极为重要的作用。

2.讲座内容与结构

中秋节主题的讲座应仔细挑选出历代不同文学风格的代表性作品。从唐代的杜甫《月夜忆舍弟》反映的家族情感和对兄弟的思念，到宋代苏轼的《水调歌头·明月几时有》，体现的是更为哲学和抒情的深度思考，这些作品既反映了个人情感的表达，也映射了社会文化的广泛背景。在讲座中，对每篇作品的分析应包括文学形式的探讨，如诗歌的韵律、文体特点，内容主题的解析，以及作品产生的历史背景等。例如，探讨唐代政治背景如何影响杜甫对家国和个人命运的感慨，以及苏轼如何在个人经历（如流放期间），通过诗歌表达对自然美和人生哲思的深刻认识。需要注意，在中秋节的内涵与意蕴上有些拓展，让讲座内容引发大学生思考，从而实现中秋文化活动在精神上情感上的升华。

讲座应采用多元化的分析方法，注意提炼中秋经典文化意象与中秋文化标志，提供丰富的学术视角。多元化的分析集中表现在对比分析、主体分析和心理分析等方面。对比分析是揭示不同时期对中秋节的文学表现和主题变化的不同，如通过对比，比较出唐宋时期的文学作品与现代诗歌在表达中秋情感上的差异。主题分析则深入探讨中秋节如何成为人们反思人生、反思家庭与自然关系的重要文学主题。心理分析是在引入文学和心理学基本原理的前提下，去分析月亮如何成为团圆和遥远的象征，心理分析还有助于探讨诗人如何通过中秋节主题来表达个人情感和心理状态。这种多元化的分析与文艺理论的理解运用能够帮助大学生学会如何将理论应用于实际文本分析中，提升其批判性思维和解读能力，还提升了对文本的鉴赏能力。讲座分析还应包括这些作品在当代的影响，如何被现代人理解和引用，以及如何继续在现代文化中发挥影响等。

3. 互动和参与方式

每次讲座后设有小组讨论，大学生分组讨论某首诗歌中的象征意义，探讨如何通过诗歌的语言和意象理解诗人的情感和思想。大学生也可以讨论中秋文化在现代社会的体现，如现代节日的商业化与传统文化的保留和传承之间的关系。这种讨论不仅有助于大学生巩固讲座内容，还促进了批判性思维的发展，使大学生能够从多角度和深层次理解文化现象。教师或讲者可以在讨论中提供指导和补充信息，确保讨论的深度和广度，并帮助大学生链接理论与实际，提高他们的分析和表达能力。

讲座的最后阶段鼓励大学生进行创作，通过这种方式，大学生能够将所学的理论知识和文学技巧应用于实践，还能够表达和探索自己对中秋节及其文化意义的个人理解。大学生可以尝试创作与中秋相关的诗歌、短文或其他形式的文学作品，通过这一过程，他们可以更深入地挖掘和表达对中秋文化的感受和看法。创作的成果可以在校园内进行展示或组织比赛。这种展示和评比活动，不仅能够增加大学生作品的曝光度，还能激发校园内对中秋文化更广泛的讨论和关注。

（三）开展校园中秋赏月文化活动

1.时间、地点安排

活动举办应当选择合适的时间和地点，最理想的时间选择是中秋节当晚。若节日落在工作日，则选择最近的周末晚上进行，这样做可以最大限度地方便学生和教职工的参与，确保参与者能够充分投入活动而不受日常学业或工作的干扰。地点的选择应优先考虑校园内视野开阔、容易集中的区域，如中央广场、湖畔或草坪，这些地点较为开阔，也便于安排各种设施，如舞台和观众区，并且易于进行安全管理。为了营造出浓郁的中秋氛围，提前对场地进行装饰是必不可少的环节。通过挂起色彩艳丽的中式灯笼和彩灯，可以增添传统节日的文化氛围。此外，使用传统装饰，如剪纸、中国结等也能让活动现场更显节日色彩，为来宾提供深入了解中国传统文化的视觉体验。

2.节目表演

活动当晚的节目表演是中秋赏月活动的核心，旨在通过多样化的艺术形式展示中秋节的文化深度并提升活动的娱乐价值。可以邀请大学内的艺术团体，如音乐团、舞蹈团和戏剧社，呈现一系列与中秋节相关的文艺表演。例如，中秋诗朗诵可以精选古典诗文名篇来作为朗诵文本。除了李白、杜甫、苏轼、辛弃疾等作家的作品，选择朗诵文本面可以拓宽一些，如张九龄的《望月怀远》中"海上生明月，天涯共此时"视野开阔，意境深远，情感真挚；唐代诗人王建的《十五夜望月寄杜郎中》"今夜月明人尽望，不知秋思落谁家"抒发了异乡游子在月圆之夜对千里之外亲人的无尽思念。表演的过程中，鼓励朗诵的大学生穿着传统民族服装在月光下表达对远方家人的思念，让表演现场回响起中秋的团圆主题，也让现场观众深刻感受到古人对月的情感寄托。另外还可以安排民族舞蹈和古筝演奏等节目的表演，以展示中国传统音乐与舞蹈的独特魅力，如通过舞蹈表现嫦娥奔月、白兔捣药等美丽传说，用古筝演奏《高山流水》等古典名曲，让其悠扬的旋律与中秋夜的静谧氛围相得益彰。

增加节目的互动性和参与感对于提升大学生群体的体验感也尤为重要，因此可以考虑设立一个开放麦克风环节，来鼓励大学生和教职员工现场即兴分享中秋故事、诗歌或短文，甚至是关于中秋的个人见解和创作等。这种即兴的参与方式，可以让更多的师生员工表达自己对于中秋文化的理解和情感，从而让活动不只是文艺表演，更是一场共融共享的文化交流会。

3.活动后礼品领取

为确保中秋节赏月活动留给参与者深刻且美好的记忆，精心挑选与中秋节主题相关的礼品是一个绝佳方式。例如，提供定制月饼、装饰精美的小灯笼、高品质的茶叶以及带有中国传统元素的书签等礼品，作为对参与者的特别感谢，也增强了他们对中秋节文化深度的体验和认同。定制月饼可以包含各式各样的传统与创新口味，小灯笼则可以在宿舍里挂起，延续节日氛围。实用又具文化象征意义的书签，则是对大学生日常使用的贴心考虑。为了管理方便且确保每位参与者都能获得礼品，活动组织者可以在入口处向每位来宾发放兑换券，活动结束后，参与者凭借兑换券到指定地点领取礼品。另外，中秋节的礼物还可以有更多的创新性和虚拟性，如设计界面带有学生个人标志的节日电了贺卡，通过校园社交媒体的分享按钮，或者通过电子邮件等方式传递给父母、亲友和同学等，让同学不会受时间和空间限制，方便快捷地用具有校园及本人特征的电子贺卡发送一条条中秋节祝福，与远方的父母及亲朋好友一起分享节日的快乐。

4. 共赏圆月

共赏圆月是中秋节庆祝活动中最具象征意义的环节，它既是对自然美的赞赏，也是一种深刻的文化共鸣和情感交流的体现。当节目表演落下帷幕，主持人将引导所有参与者移步至场地的最开阔部分，仰望那一轮明亮的满月。这个时刻，月光如洗，银辉洒满大地，带给人无限遐想和宁静的心境。此时，可以特邀一位擅长诗歌的教授或学生，背诵与月亮相关的经典古诗，如李白的《静夜思》，这首诗通过"床前明月光，疑是地上霜"的描写，传递了诗人对家乡的深切思念和对自然美景的独到感受。这种朗诵能增添文化氛围，还能引发听众对于家庭、友情和自然之间联系的深层思考。通过共赏圆月，每位大学生参与者都能在这一刻找到对团圆、和谐与美好生活的共同向往，促使这一活动成为校园文化中一个难忘的高光时刻。

我国很多大学都会在中秋节前后举办赏月活动，下面以贵州黔南经济学院举例。贵州黔南经济学院 2023 年 9 月 29 日，由大学人事处、工会、团委、学生处、各二级学院党委、宣传部共同策划举办的"千里共婵娟"赏月活动于晚 19:00 正式开始，活动最先用 LED 屏播放中秋节介绍，随后 20:00 直播央视中秋节晚会，除此之外，还有同学准备的精彩节目，如由大学生志愿者协会演唱的《微微》、由大学生艺术团表演的《宣纸上的阳光》等。大家领到大学精心准备的月饼和小礼品，一起共赏圆月、共尝月饼。在欢声笑语中，留校师生暂且忘记离家的思念，沉浸在相遇的美好中。活动现场如图 5-3、图 5-4 和图 5-5 所示。

图 5-3　贵州黔南经济学院"千里共婵娟"赏月活动节目表演现场

（1）礼品花灯

（2）礼品月饼

图 5-4　贵州黔南经济学院"千里共婵娟"赏月活动礼品

图 5-5　贵州黔南经济学院"千里共婵娟"赏月活动领礼品环节

（四）举办猜灯谜活动

猜灯谜是中国传统节日中的一项经典活动，尤其在中秋节期间，不仅可以增添节日氛围，还能激发参与者的思维和团队合作精神。在大学校园中举办猜灯谜活动，可以有效地将中秋节的文化内涵融入校园生活，同时为大学生提供一个互动的平台，增进大学生之间的交流与了解。

1.活动的目的和意义

猜灯谜活动作为中秋节庆祝活动的一部分，具有深远的文化和教育意义。通过解谜游戏，大学生可以直接接触到中秋节以及更广泛的中国传统文化的各种元素，这些灯谜通常涉及中国的历史人物、古代神话、传统习俗，以及与节日相关的符号和意象，如月亮、兔子和嫦娥等。此类活动不单是游戏，更是文化知识的载体，能够在轻松愉快的氛围中教育学生，增加他们对中国文化的认知和理解。此外，灯谜的设计往往需要逻辑思维和语言推理能力，参与者需综合运用自己的知识和智慧来揭开谜底。这种挑战性的活动有助于锻炼和提升大学生的思维能力。

186

猜灯谜活动也是一种优秀的团队合作训练方式。在活动中，学生通常会组成小组来共同解谜，这里除了需要个人的智慧，更需要团队成员之间的有效沟通和合作。团队成员必须共享信息、集思广益并协作寻找解答，这个过程可以显著增强团队协作能力和沟通技巧。由于校园环境的多样性，这种活动为来自不同文化背景的大学生提供了一起工作和学习的机会，有助于建立跨文化的友谊和理解。例如，国外大学生和中国大学生可以通过共同参与解谜，分享各自的文化视角和解题方法，进而促进文化交流和相互理解，这种跨文化的互动是现代教育中不可或缺的一部分，对培养大学生的全球视野和文化适应能力极为重要。

2.活动内容与策划

（1）灯谜的设计。在设计灯谜时，结合传统与现代的元素是关键，这能够吸引更多学生的兴趣，也能增加活动的教育价值。选择与中秋节密切相关的主题，如月亮、玉兔、嫦娥或桂树等传统象征，可以使大学生在参与乐趣中深入了解中秋文化。例如，围绕"嫦娥奔月"的故事设计谜语，既涉及中秋的传说，还能激发大学生对古代神话的兴趣。而融入现代元素，如引用现代流行文化中的月亮象征，如科幻电影或现代诗歌中的月亮描绘，则可以让活动更贴近学生的生活实际。

此外，每个谜底旁边提供简短的文化或历史背景说明，可以极大地增强活动的教育意义，这种做法可以帮助大学生在解谜的过程中学到相关的文化知识，并促进他们对中华文化的深入理解。例如，解答关于"桂树"的谜题时，可以简要介绍中秋节与敬献桂花酒的传统习俗，让大学生了解这一习俗的历史和文化意义，关于桂花的灯谜如下。

谜面：小小花朵本领高，能把香味几里飘。吴刚用它酿好酒，八月时节它领头。（打一植物）

谜底：桂花

解析：桂花的花期是9月和10月，正逢中秋佳节。桂花香气扑鼻，味道可口，可制糕点，又可酿酒。

（2）活动形式与团队合作。选择校园中的开放区域举办活动，如图书馆前的广场或大学生活动中心，为的是利用这些公共空间的高人流量和较大的空间优势。在这些区域悬挂装饰灯笼，并在每个灯笼下附上一张谜语卡，可以营造一个节日气氛浓郁且具有探索性的环境。大学生可以组成团队，从一个灯笼移至下一个，这种形式不仅增加了活动的互动性，还强调了团队合作的重要性。团队成员必须共同思考和讨论，才能解开谜题并收集谜底。

为了增加比赛的激励机制，可以设置一个积分系统，每解开一个谜语，团队就获得一定的分数，这种竞赛元素可以激发大学生的积极参与，也增加了活动的趣味性。在活动结束时，可以根据团队的分数高低分发奖品，奖品可以是与中秋节相关的文化礼品，如精美的月饼或传统工艺品。

3. 活动宣传与执行

（1）宣传策略。有效的宣传策略是确保猜灯谜活动成功的关键因素之一，它可以显著提高活动的参与度和可见度。首先，利用校园广播是一种直接且有效的宣传方式。这种方式能够迅速覆盖到大部分校园区域，让信息迅速传播到每一位大学生和教职工。此外，官方社交媒体账号和校园 APP 的使用可以拓宽宣传的数字足迹，因其传播速度快、传播效果显著，是校园文化活动信息传播的重要途径之一，尤其针对那些频繁使用数字设备的大学生群体，这种方法可以通过动态更新、活动预告和互动帖子等形式吸引大学生的注意力和兴趣，进一步拓展灯谜活动的传播渠道和方式。海报的设计和分布也是宣传中不可忽视的一环，将富有创意和吸引眼球的海报张贴在大学生活动中心、图书馆、教学楼等人流量较高的区域，能有效捕获过往大学生的注意力。与学生会合作，利用其网络和影响力进行口碑宣传，可以进一步提升活动的知名度。学生会可以在会议中提及活动，或在其组织的其他活动中进行推广。口碑传播在学生群体中极为有效，因为大学生更倾向参与朋友或同学推荐的大学生校园活动。

（2）执行细节。活动的顺利执行需要对所有细节进行仔细的规划和准备。所有活动物料的准备是基础工作，包括足够数量的灯笼、谜语卡、记分卡和奖品，这些物料需要提前准备好，并确保质量符合要求，特别是灯笼和谜语卡，需要具有足够的吸引力和阅读的便利性。要重视活动前一天的现场布置，需要确保每个灯笼的位置都能使参与者容易接近，还要考虑活动现场的整体美观和安全。

在活动当天，组织者需提前到场，做好各项准备工作，包括最后的现场检查和调整。在活动进行中，组织者既要负责接待工作，确保每位参与者都能了解活动规则，还需要随时准备解答任何关于谜题的疑问。处理突发事件的能力也非常重要，如应对突然的天气变化或设备故障等问题。组织者的专业性和反应速度直接影响到活动的流畅度和参与者的整体体验。

4.活动反馈与持续影响

活动结束后，通过问卷调查、小组讨论等方式可以收集到大学生对猜灯谜活动的整体体验、哪些方面最受欢迎，以及存在的不足之处。问卷中应包括多个方面的问题，如活动的组织、灯谜的难易程度、活动的娱乐性和教育性等。组织小组讨论可以更深入地探索大学生的感受和建议，尤其是关于如何使活动更加具有文化意义和吸引力的建议。这些反馈将为今后的活动提供宝贵的数据支持和改进方向，帮助活动主办方更好地融合教育与娱乐，增强大学生的参与感和满意度。长远来看，持续优化这类活动能够更有效地推广中秋及其他中国传统文化，加深大学生对文化遗产的认识和珍视，促进校园内的文化多样性和包容性。

贵州黔南经济学院2023年为使远在他乡的学子过一个幸福快乐的中秋节，同时为了提高广大师生的生活主动性，丰富学生的校园文化生活，除举办了赏月活动外，还组织举办了"沉'谜'中秋·趣味游园"猜灯谜活动。活动前期，学校社团就做了宣传工作，通过大学表白墙、QQ

空间、社团群聊等方式进行线上宣传，吸引同学参加。在活动开始前一个小时，负责人对场地进行了布置，工作人员在活动现场悬挂好灯谜灯笼，灯谜的形式多种多样，有经典诗句、寓言成语和有关中秋的小谜语等等。活动开始后，同学可在三个棚子进行猜灯谜，向解说人员说出答案并报出谜编号，随后工作人员辨别答案是否正确，若回答正确，工作人员给予盖章，最后根据所得盖章数量分发奖品。此次活动共设一、二、三等奖以及参与奖，答对相应谜底数量，即可获取精美礼品一份。活动过后，社团对活动现场进行了清理，不留下任何垃圾，并对剩余物资作了统计与存放，召开了会议，针对此次活动做出总结，各团员发表了意见。猜灯谜活动是中华文化的重要载体和传承方式，它让学生在猜灯谜之余，更深刻地感受到了中华文化的博大精深和文化内涵。此次互动现场气氛十分活跃、热闹，如图5-6、图5-7所示。

图5-6 "沉'谜'中秋·趣味游园"猜灯谜活动同学观赏手工灯笼

图 5-7 "沉'谜'中秋·趣味游园"猜灯谜活动全体工作人员合影留念

灯谜活动的设计及展开，可以使中秋节校园文化开展得更加生动、有趣且具有互动性，能够增强大学生的参与度与共情度，提高传统节日文化传播的渗透力和影响力。通过开展各类不同灯谜竞猜活动，可以让大学生在竞猜的过程中了解中秋节的文化内涵，增强其对中秋节文化活动的情感化互动。

第五节 重阳节文化融入大学生校园文化生活的创新路径

一、重阳节概述

农历九月九日，为传统的重阳节。菊花由古至今都被赞誉为长寿之花。自春秋战国以来，有不少求仙问药的传说赋予了菊花延年益寿、菊化成仙的传奇色彩，重阳节举行的与菊花相关的传统习俗也逐渐被人们传承下来。比如饮菊花酒、食菊花糕、赏菊、插茱萸等早已成为重阳节

191

习俗活动的重要组成部分。

庆祝重阳节的活动如今更加多彩浪漫，除了观赏菊花、遍插茱萸、吃重阳糕、饮菊花酒等活动外，还有出游赏景、登高远眺等。九九重阳节的"九"，正因为与"久久"同音，九在数字中又是最大数，有长久长寿的含义，况且秋季也是一年收获的黄金季节，重阳佳节，寓意深远，人们对此节历来有着特殊的感情，唐诗宋词中有不少贺重阳，咏菊花的诗词佳作也都传达了人们的这种特殊感情。

菊花在文明古老的华夏已有 1000 余年的历史，在我国源远流长的赏菊、品菊、咏菊、画菊的传统中，菊花及其文化也以其独特的魅力在中国传统文化中占据着重要的地位。如今的重阳节，被赋予了新的含义，在 1989 年，我国把每年的九月九日定为老人节，传统与现代巧妙地结合，成为尊老、敬老、爱老、助老的老年人的节日。

二、重阳节文化融入大学生校园文化生活的路径

利用重阳节校园文化活动，来弘扬中国传统的孝义文化，让大学生的心田被孝义文化所滋润，让感恩之情在每个大学生的内心萌发。通过开展重阳节校园文化活动，进一步丰富德育内涵，把立德树人的任务落到实处，进一步确立孝老敬亲、上善如水的校训，培养大学生孝敬父母、尊敬老师、乐于助人、报效祖国的高尚情操和人生目标。

（一）组织敬老活动

1. 活动的目的和重要性

重阳节作为中国传统节日之一，其深植于文化中的敬老和尊孝价值观中。对于当代大学生而言，既是一种文化传承也是实践社会责任的重要方式。在现代社会，随着家庭结构和社会环境的变迁，传统的敬老习俗可能不再像过去那样普遍或被重视。然而，这种文化传统的核心价

值——尊重和照顾老年人，仍然是构建和谐社会的基石。通过敬老活动，大学生不但有机会直接了解和体验重阳节这些传统习俗，而且可以通过实际行动来表达对老年人的敬意和关爱，通过这些体验有助于他们理解中国深厚的文化底蕴，培养他们的社会责任感和公民意识。

敬老活动作为一种跨时代的交流平台，提供了一个促进年轻一代与老年人之间情感联系和理解的机会。在这些活动中，大学生可以听取老年人的生活经历、智慧及其对生活的看法，而老年人也能感受到社会和年轻人的关怀和尊重。这种双向的交流丰富了大学生的社会经验，增强了他们对多元文化和不同生活观念的认识，也有助于打破可能存在的代际隔阂，促进社会的整体和谐。活动中还可以引导大学生积极制作节日贺卡寄给父母，以表达对父母养育之恩的感激之情。通过组织此类活动，大学在实际行动中落实了社会主义核心价值观，特别是在尊老敬老方面，展现了教育机构在社会价值引领中的作用。

2.活动策划与实施

敬老活动的形式：大学可以组织多种形式的敬老活动，包括但不限于以下几种。

（1）访问养老院。组织大学生志愿者访问养老院是一种非常直接的敬老活动形式，此类活动能够让老年人感受到社会和年轻一代的关怀与尊重，实现大学生与老人之间的互动，如共同制作手工艺品、表演文艺节目或协助完成日常活动，能为老人带去欢乐和节日的温暖，开展敬老院探访，帮助独居老人等志愿服务活动，也让大学生从中获得宝贵的人生经验和满足感。

（2）校园内的敬老论坛。通过邀请老年学者、退休教师及其他知名老年人士到校分享他们的人生经验和智慧，既丰富了大学生校园文化生活，也提供了一个学习和启发的平台。这些讲座或对话可以帮助大学生更好地了解老年人的生活状态、思想感受和社会角色，增进对老年人心理和情感的理解。此外，这种论坛还可以促进大学生思考现代社会中老年人的地位和遇到的挑战，激发大学生探索如何通过政策和个人行动改善老年人的生活质量。

（3）设立绿色基金委员会。在大学生社团中设立助力孝义的绿色基金委员会。组织每个班级把每一届毕业生丢弃的物品如棉絮、脸盆、衣架、矿泉水瓶子等回收在一起，将班级中产生的废纸等回收在一起，进行打包、称重，这些打包的物品暂时放在绿色基金筹备小组事先准备好的储物间，等待回收公司统一回收。获得的收入全部用于爱心捐助，资助有困难的老人，有困难的在读学生或大学的公益活动。比如，贵州黔南经济学院先后共捐了善款一万余元，用一点一滴的善举来汇聚人间真爱，传递校园正能量，在广大学生群体的心中播下了尊老敬老的种子。近几年来，大学的大一入学新生自愿把自己的军训校服集中起来，委托民政局统一发放给当地有困难的老年人等，这些爱心活动大力弘扬了孝义文化，形成了孝老敬老的校园风尚，实践了以孝义文化为内涵的德育，提升了大学生的道德观、价值观和思想情操。

（4）建立互动工作坊。互动工作坊是将敬老活动与文化传承相结合的创新方式，特别是在重阳节这样的传统节日中，邀请老年人一起来参与工作坊的活动，并身体力行地进行技艺的展示和传授活动。当前大学社团组织者可以通过设立书法、绘画和传统音乐等工作坊，不仅为老年人提供了一个技艺学习、展示和传授的平台，更重要的是创建了一种跨代际的互动和学习环境。被邀请的这些老年人作为传统艺术的传承者，通过自身传授这些技艺，真切地感受到自身的社会价值和被需要，也实现了对年轻大学生的文化影响和教育。大学生在这种实践学习和交流互动活动中，除了能学到具体的多方面的艺术技能，更重要的是通过老年人的传授指导和故事讲述，深入了解了每种大学生艺术文化活动背后的文化意义和社会历史背景。

（5）开展老年文化教育活动。当前，许多老年人的精力充沛，心态年轻、富有活力，他们很希望自己的晚年生活更加丰盈充实，但是老年文化教育还无法满足老年人的文化生活需求。鉴于此，在重阳节活动中，大学管理部门和学生社团组织者以专题讲座、社团活动、旅居学习等形式有针对性地开展老年文化讲座、心理疏导、文艺体育等教育活动，充实并丰富他们的晚年生活。这些教育活动的教授者可以是教师，也可以让品学兼优的大学生代表来承担，充分锻炼大学生的语言能力与社交能力，充分体现年轻人对老年人的一份爱和一份担当。另外，还可以充分挖掘并发挥老年人自身的余热，邀请一些老人代表来承担文化教育的工作，帮助他们获得满足感，获得成就感，增强自信心。

（6）做好大学生志愿者培训。为确保敬老活动的效果和安全，对大学生志愿者进行专门的培训是必不可少的。建立大学生志愿者服务培训体系，确立志愿服务的基本原则，制订明确的志愿者服务培训计划，开设志愿者服务的相关课程，定期对志愿者加以培训，讲解志愿服务的技能方法以及伦理道德，尽可能在短期内提升大学生志愿者的服务能力。这种培训应包括老年心理学、基本的沟通技巧和急救知识。了解老年心理学可以帮助大学生更好地理解老人的心理状态和行为，有效沟通技巧训练可以提升与老人交流的能力，急救知识则是确保在紧急情况下能够给予适当的帮助。

3. 宣传与动员

（1）宣传策略。有效的宣传是确保敬老活动成功的关键，它能显著提升活动的参与度和社会影响力。利用校园网站和社交媒体平台进行宣传是至关重要的，因为这些是当前大学生获取信息的主要渠道。通过发布活动的详细信息、目的和预期影响，可以吸引学生的关注。宿舍公告板和校园广播也是触及大量大学生的有效途径，尤其是对于那些不经常使用社交媒体的大学生。通过学生会和其他大学生社团组织进行口口相传的宣传也非常有效。学生会因其在大学生群体中的影响力和信任度，能极大地提升活动的可信度和吸引力。

（2）动员大学生参与。为了鼓励大学生参与敬老活动，大学可以采取多种激励措施。一是通过课程积分或社团活动积分的方式，将活动参与纳入大学生的正式学习或社团评价体系，是增加大学生参与度的有效方法，这种做法给予了大学生实质性的学术或社团活动上的激励，也表明了大学对此类社会责任活动的重视；二是提供志愿服务证书，这可以作为大学生未来求职或申请研究生时的一个加分项，增加他们的社会实践经历；三是开展"敬老星"评选活动，公开表彰在敬老活动中表现突出的个人或团队，给予大学生荣誉和认可，从而激发其他大学生的竞争意识和参与热情。

4.活动评估与持续影响

（1）活动评估与反馈收集的重要性。有效的活动评估是确保敬老活动可持续发展和不断改进的关键。在活动结束后，系统地收集参与者和服务对象的反馈非常重要，这可以通过问卷调查和小组讨论的形式进行。问卷调查应设计得全面，涵盖活动的各个方面，如活动的组织、内容、参与者的满意度、活动对参与者的影响等。这种方法可以量化数据，便于统计和分析，进而得到客观的评估结果。小组讨论则可以提供更深入的见解，如参与者的个人感受、建议和故事，这些都是问卷调查可能无法完全捕捉到的。通过这种结合定量和定性方法的评估方式，组织者可以更全面地理解活动的成效，识别成功的元素和需要改进的地方。

反馈不只来自大学生和其他直接参与者，还应包括服务对象，即老人的反馈。了解他们对活动的感受和收获同样重要，这有助于调整活动内容，使之更贴近老年人的需求和期望。全方位的反馈收集和分析可以增强活动的有效性，也有助于树立活动的正面形象，吸引更多的参与者。

（2）敬老活动的长期影响与文化整合。将敬老活动从单一的重阳节事件扩展为大学生校园文化的一部分，可以极大地推广和强化尊老敬老的社会价值。大学通过将这类活动纳入长期的社会服务项目，既可以提供持续的社会服务经验给大学生，还能够逐渐形成一种正面的校园传统。例如，定期的访问养老院、敬老论坛和互动工作坊不局限于重阳节，而是整个学年都可以进行。这种常态化的活动有助于更深层次的影响大学生，让他们在日常生活中自然而然地实践敬老的美德。

长期且定期的敬老活动还可以促进校园内外的社会联系，增强大学与社区的互动，提升大学的社会责任感和社会形象。同时，通过这些活动，大学生能够积累宝贵的社会实践经验，为他们未来的职业生涯和社会生活打下坚实的基础。最终，这些活动能通过大学生的行动影响更广泛的社会，推广尊老敬老的文化，促进社会的和谐发展。

（二）登高活动

重阳节习俗中，登高活动也是重阳传统节俗的中心内容之一，重阳节登高是以登高适应重阳节俗，并寄托情怀。登高有着由室内到室外的移动变化，登高的原始意义在于逃避灾祸，以往的登高活动更突出了重阳节祈寿祈福的节俗意义，重阳登高的节俗中蕴含了古代民众浓郁的生死忧患观，向往着永恒宁静的万古不变，在空旷静穆中享受生命的永恒，追求着健康和长寿，寻求着个人与天地万物融为一体。在现代校园中，组织此类活动不只是为了传承中国传统文化，也是为了增强大学生的身心健康，提高他们的户外活动兴趣，以及增强对自然环境的欣赏能力。

1.时间与地点的选择

登高活动通常选择在重阳节当天或周末，确保大学生有足够的时间参与活动。在地点的选择上，应选择一个比较安全、有挑战性且风景优美的登山地点，当然山体区域的活动面积要足够大，可以是校园附近的山脉、公园中的天然山峰或者有特殊意义的具有一定攀爬高度的峰峦等地方，如具有历史意义的山区古迹或山区自然保护区，有利于登高活动的顺利展开。活动最好在清晨开始，这样参与者尽可能在登顶时能够享受到美丽的日出景观。

2.安全措施

（1）安全教育和培训。在活动开始前，必须对所有参与者进行一次全面的安全培训，内容包括基本的登山知识、应对突发状况的措施、使用个人保护装备的方法等。这种培训可以通过视频演示、现场示范和问答环节进行，确保每位参与者都能理解和掌握必要的安全知识。

（2）个人保护装备。提供必要的个人保护装备，如安全绳、头盔、登山杖等，这些装备对于保障登山安全至关重要。安全绳和头盔可以在攀登过程中防止意外跌落造成的伤害，登山杖则可以帮助参与者保持平衡，减少摔倒的风险。

（3）应急预案。制订详细的应急预案，包括天气变化、参与者受伤、迷路等可能的紧急情况。预案中应明确各类紧急情况下的具体应对措施，指定紧急联络人，并确保所有参与者、向导和医疗人员都能快速准确地接入信息和支持。

3.活动宣传和动员

（1）宣传策略。利用校园网和社交媒体平台进行活动宣传可以迅速扩大活动的覆盖范围，因为这些平台拥有广泛的用户基础，尤其是在大学生中非常流行。通过发布吸引眼球的视觉海报和视频，能够激发大学生的兴趣，还能直观地传达活动的内容和意义，如登高的健康益处和与重阳节相关的文化背景。校园广播和宿舍海报也是重要的宣传工具，它们能够在日常环境中提醒和吸引大学生的注意力。宣传内容应详细说明活动的日期、地点、报名方式及任何相关的安全须知，确保学生获取所有必要信息。

（2）动员学生参与。可以与校园内的社团、体育部门及健康中心合作，这些部门和组织通常已经有固定的成员和关注者。通过这些渠道，可以直接接触到可能对登高活动感兴趣的学生群体，并通过这些组织的内部网络进行活动推广。例如，体育部门可以在其定期活动中加入关于登高活动的介绍，而健康中心则可以从健康促进的角度，强调参与户外活动的好处。另外，也可以提供激励措施，如小奖品或参与证书，可以显著提高大学生的参与意愿。这些奖励不仅是对大学生参与的认可，还能增加活动的吸引力。奖品可以是具有实用价值或纪念意义的物品，如登山装备、健康产品或定制纪念品。参与证书则可用于增强大学生的简历，特别是对于那些寻求未来就业或进一步教育的大学生而言，这种证书显示了他们的积极参与和承担额外责任的能力。

4. 活动内容

（1）启动仪式。启动仪式是登高活动的重要组成部分，它不仅标志着活动的正式开始，也为参与者设置了正确的期望和心态。在这一环节中，组织者可以对登山的意义进行讲解，强调健康、挑战自我和尊重自然的重要性。更重要的是，通过邀请相关人员简述重阳节的文化背景，既增加了活动的文化深度，也让大学生参与者能够更好地理解这一传统活动的历史意义和文化价值。

（2）登山过程中的互动活动。为了增加登山活动的趣味性和教育意义，可以在登山过程中设计互动活动，如问答赛或寻宝游戏。例如，在登山路线上设置几个检查点，每到一处由志愿者提出与重阳节相关的问题或谜题。这样的设计使登山过程更具挑战性和参与性，而且允许参与者在活动中持续学习和思考重阳节的相关知识。例如上海东华大学"WE武夷"团队组织"寻宝"活动的经验就值得学习借鉴。活动中探寻者根据纸质地图上的标注及发布在媒体上的藏宝线索进行寻宝，寻宝活动在街区独特建筑中设了6个藏宝点，待探寻者循着线索找到了对应的寻宝点，拿到印有对应建筑的冰箱贴之后，便视为寻宝成功。"寻宝"活动中"藏宝"的主体、方式、内容都可以灵活变化，而且这项游戏的门槛低、成本可控，能持续吸引大学生的关注与兴趣。

（3）登顶仪式。在成功登顶后，举行一个简短的庆祝仪式是对参与者努力的认可，也是活动的高潮部分，使登顶仪式成为最有意义的传承仪式，因为"文化的传承是流动的，最直接、最有效的文化传承是以人为载体的活态传承"①在山顶举行的仪式可以包括放风筝、诗歌朗诵或者小型音乐会等元素，这些活动庆祝了登顶的成功，强化了登高活动的文化内涵。例如，放风筝作为一种传统的户外活动，象征着健康和升迁；诗歌朗诵和音乐会则能让参与者在欣赏壮丽的自然风光的同时，享受到文化的熏陶。在自然和文化交融的环境中进行的活动，能给大学生参与者留下深刻的记忆，提升他们对自然美和文化传统的感悟。

5.活动总结与反思

在活动结束后，组织者应当聚集所有参与者和志愿者进行一次详尽的反馈会议，以收集各方面的意见和建议，这包括评估活动的组织流程、安全措施的充分性、活动内容的吸引力及其教育意义的实现情况。通过这种方式，可以明确哪些方面成功激发了参与者的兴趣和满意度，哪些方面需要改进。将这些反馈整理成文档，对未来类似活动的策划和执行提供宝贵的参考。

（三）赏菊与茶艺体验

赏菊和品茶是重阳节的传统习俗，富含深厚的文化意义。菊花乃重阳佳景，赏菊为节日乐事，菊花以美丽的姿态点缀了佳节良辰，在传统文化中意蕴丰富，菊花历来象征着长寿和坚韧，魏晋诗人陶渊明以"采菊东篱"的绝唱和"白衣送酒"的故事为菊花的内涵又增添了浓墨重彩的一笔，使菊花兼有了高洁不俗气质。茶艺作为中华优秀传统文化中的重要组成部分，代表着静谧和内省，它所特有的视觉韵味和味觉韵味及令人赞叹的文化意蕴，不仅让无数品尝者青睐，而且成为向世界展示中华璀璨文化的名片，不愧为中华优秀传统文化的瑰宝，在大学校园文化活动中具有举足轻重的地位。随着大学生校园文化广泛而深入地开展，如何巧妙地运用传递技巧来展现茶艺文化，让茶艺文化绽放绚丽光彩，

---

① 祝海霞.现代社会传承中广西民族体育特色之乡发展研究[D].南宁.广西民族大学，2014.

已成为大学生校园文化组织者亟待探索的课题。赏菊和茶艺这两种活动结合起来，能让大学生体验中国传统节日的氛围，并提升他们对传统文化的认识和欣赏。

1.时间与地点的选择

在时间选择上与登高活动一样，赏菊与茶花活动最好在重阳节当天或周末进行，关于地点，可以选择一个风景优美的校园地点，如校园园林中心或具有传统风格的建筑附近，作为活动场地。场地应布置得典雅而富有传统韵味，使用菊花装饰，并配备茶艺表演所需的茶具和座椅。可以添加一些中国传统元素，如中国结、灯笼等，来增强节日氛围。

2.活动内容

（1）赏菊体验。菊花因其在文化和艺术中的重要地位而被特别重视，尤其在重阳节，这种花卉成了庆祝健康和长寿的象征。通过组织这种活动，大学生可以获得宝贵的机会，除了解菊花的生物学特性外，还能学习和理解到这些花卉在中国传统文化中的独特内涵和深远意义。

首先，介绍不同种类的菊花是活动的基础部分。每一种菊花的形态和颜色各异，而且花期的不同也反映了其独特的生物特性。例如，黄菊象征着贵族的富贵，白菊则常用来表达对逝者的哀思。通过详细解释每种菊花的特点和它们在中国各地如何被用于不同的文化仪式中，大学生可以更全面地理解菊花是自然界的一部分，也是文化传承的载体。其次，赏菊活动还包括了解菊花在古代文学和艺术中的象征意义。在很多古诗中，菊花被用来象征隐逸和高洁，如陶渊明的《饮酒》系列诗篇中对生活在田园中、自饮菊花酒的描写，展现了作者向往的逍遥自在的生活态度。通过将这些文学作品和菊花的视觉体验结合起来，大学生的学习体验将变得更加生动和多维。

为了增强互动性和实践性，组织菊花知识问答和菊花艺术制作活动是非常有效的方法。问答环节增加了乐趣，还促使大学生主动寻求和记忆有关菊花的知识。通过亲手制作菊花茶或菊花糕等艺术品,大学生能够亲身体验到将传统文化应用于现代生活的过程,这种"从理论到实践"的学习方式极大地提高了活动的教育效果。

(2)茶艺表演和体验。茶艺表演是展示中国传统茶文化的一种方式,尤其是工夫茶的表演,它以其独特的泡茶技艺和丰富的文化内涵吸引了无数观众。工夫茶的名字源自其制作过程的精细和复杂,需要一定的"功夫"才能完成,茶艺表演中茶具的挑选同样考究,尽可能选景德镇茶具、紫砂壶茶具以及各种精致的瓷器茶具等,这些茶具不仅在人们的日常使用中显得得心应手,更使生活细节处处流溢出别具一格的茶文化气息。通过对茶艺表演环境的精心设计,如工艺精湛的茶桌,茶韵十足的茶室,还有古典优雅的背景音乐等,让茶艺演示的每一个环节都令人回味而神清气爽。茶艺表演还包括精确的水温控制和计时,以及优雅的茶艺动作,每一个细节都反映了泡茶人的专注和技艺。通过观看表演者的茶艺表演,大学生可以学习到泡制一壶好茶的具体技巧,如掌握水温、调整泡茶时间,以及茶具的正确使用方法,更能从中领略到茶文化的哲学和审美。例如,观察茶叶在水中慢慢展开的过程,可以体会到中国传统文化中强调的自然和谐与悠然自得的生活态度。茶艺通过对各种文化元素的巧妙结合,引领大学生更深入地欣赏和体会茶文化的独特魅力。

在茶艺表演之后,实际的泡茶体验和教学环节尤为关键,在这一环节中,大学生可以亲手操作,从挑选茶叶开始,到实际操作泡茶,每一步都是对之前观看的表演的实践应用。通过这种亲身体验,大学生可以更真切地感受到泡茶的乐趣和艺术性,增强他们对中国茶文化的兴趣和尊重。

3.宣传与动员

(1)宣传手段。利用校园广播可以迅速传达信息到整个大学,尤其是对那些不常使用数字设备的师生来说,这是一种直接且有效的通知方式。同时,社交媒体的使用应针对具体平台的特点来设计内容,如在社交平台上分享活动的高质量图片和视频，利用 Twitter 进行快速更新和提醒。海报的设计应该具有视觉吸引力，突出活动的文化特色，如使用传统中国风格的图案和色彩，并在文案上简明扼要地传达活动的核心信息和吸引点。

（2）激励措施。提供小礼物，如定制的茶叶样品或菊花种子包，既是对大学生参与者的即时奖励，也具有长远的文化传播意义。例如，定制的茶叶样品可以让学生在家中亲自尝试泡茶，体验茶文化的乐趣；而菊花种子包则允许大学生亲手种植和护理菊花，这种亲身体验可以加深他们对重阳节文化的理解和记忆。这些礼物也可以作为对大学生文化教育的一部分，通过实践活动延伸课堂学习，让学习成果更加丰富和生动。

4.活动评估与反馈

通过设计具体的问卷调查，可以收集到参与者对活动各个方面的详细反馈，包括活动的组织、内容满意度、互动环节的趣味性以及整体体验。问卷应涵盖从活动逻辑到执行细节的全方位问题，确保能获取全面的数据。口头访谈可以补充问卷数据，通过直接对话获得更深入的见解，特别是对于参与者的情感体验和个人故事。收集并分析这些数据，将使得赏菊与茶艺体验活动更加贴合学生需求和期待，更有效地推广和庆祝重阳节的传统文化。

第六章　中华优秀传统文化融入大学生校园文化生活的多元化创新路径（三）

第一节　优秀诗词融入大学生校园文化生活的创新路径

一、中国诗词简述

中国诗词是中国古典文学中的两种主要艺术形式，彼此之间相辅相成。人们首先被它的形式美所打动。中国古典诗词能以精妙的语言色彩、韵律、节奏来传递出美的形象、美的旋律及美的意境，充分体现了诗词这种文学体裁的独特魅力。并且在字里行间富有丰富变化的诗词里，承载着中国博大精深的悠久的历史文化，每一首诗歌都具有它的时代气息并具有其情感内容。自古以来，诗词因其韵律的和谐优美与情感的真挚深沉而深受人们喜爱，其参与度和影响力超越了许多其他艺术形式。时至今日，依然有众多爱好者热衷学习和创作诗词，显示出这种传统艺术形式在现代社会中仍具有旺盛的活力。为了更好地开展欣赏和创作诗词的校园文化活动，了解并研讨中国诗词的历史起源和审美特点是必不可少的基本前提。

（一）诗的起源

诗歌这种古老的抒情文体，以其富有节奏的语言、独特的想象力以及其独特的排列形式，集中表达了人类的社会生活和深切情感。自古以来，诗歌在中国乃至世界文学中占据着核心地位。追溯到远古时代，诗歌与音乐、舞蹈紧密相连，大多数诗篇均可歌唱，因此人们习惯将其称为"诗"或"歌"。而区分这两者的一种传统观点认为，能够配乐的诗篇称为"歌"，不配乐的则称为"诗"。如今，这两者通常统称为"诗歌"。

关于诗歌的起源，虽有多种解释，但"劳动说"被视为比较有说服力的一种。在原始社会中，诗歌是日常劳动实践的一部分，具有实际的促进劳动的功能。原始人在日常生产活动中，为了减轻劳动的艰辛、协调集体动作，自然而然地发出具有节奏感的呼声。这种声音的高低起伏及其间断性成就了最初的诗歌韵律。例如，鲁迅先生曾形象地描述，一群人在抬木头时，为了调动力气，可能会不约而同地发出"杭育杭育"的呼声[①]。这种在共同劳动中产生的节奏和声调，如果被记录下来，就形成了最初的文学形式。正是这些基于劳动的集体呼声，为后来更加复杂的诗歌韵律和结构打下了基础。

随着时间的推移，这些简单的呼声逐渐与具体的词汇、语句融合，开始具备了明确的表意功能。当这些语言通过歌唱的方式表达时，富有韵律的诗歌便应运而生。因此，诗歌不只是语言的艺术形式，它是人类文化中表达情感、记录生活、传承文化的重要媒介。

在人类早期社会，由于生产力水平较低，人们在改造自然的过程中产生了歌唱这一行为，这种原始的歌唱行为直接反映了他们的劳动实践。例如，《弹歌》和《葛天氏之乐》这样的作品，直接描绘了古代的狩猎和农耕活动。这样的诗歌是最早的艺术表达形式之一，而且因其具有韵律

[①] 苏俊祎.中国诗词文化[M].北京：时事出版社，2014：4.

的语言特性，很快在人类社会中得到固定和延续，即便在非劳动场合也被广泛使用和传播。

随着时代的发展，人们生活经验的丰富和个体情感的发展，诗歌的内容也日益丰富，从最初的劳动歌曲逐渐演变为能够表达更广泛情感的艺术形式。这标志着诗歌从集体的劳动伴奏逐步转变为个人情感的抒发工具，反映了人类个体意识的觉醒和艺术表达的深化。在这一发展过程中，乐官的角色尤为关键，早在黄帝时代，就已有记载的乐官如伶伦和荣将，以及舜帝时的乐官"夔"，他们作为专门的艺术家，对诗歌的形成和发展起到了重要的推动作用。这些乐官的出现，彰显了诗歌艺术的专业化，更标志着诗歌开始从原始的集体艺术形式中逐渐独立出来，成为一种更为精致和深刻的个人表达方式。

（二）词的起源

词，这种悠久的抒情诗体形式，最初诞生于隋代，至唐五代时更为普及，当时被称作"曲子"或"曲子词"。它的本质在于音乐的配合，特别是在隋唐时代，词与音乐的结合呈现出一种新的艺术融合。不同于汉魏时期的乐府诗，那时的诗歌创作通常是首先撰写歌词，随后配以音乐。而到了唐五代，词的创作则是以音乐为先导，歌词的创作紧随其后，主要采用了当时新兴的燕乐曲调。

隋唐时代的音乐分为三种类型：雅乐、清乐与燕乐。雅乐主要用于正式的郊庙祭祀场合，而清乐则有其历史渊源，可追溯到汉魏时期的平调、清调与瑟调。这些曲调在唐初已被视为古曲，与词的发展关联较小。相较之下，燕乐因其广泛吸纳中原、胡乐以及江南音乐等多种音乐元素，成了一种综合性的民间音乐，极大地丰富了唐代的俗乐传统，并满足了日常娱乐的需求。随着燕乐的流行，相应地诞生了需要配合这些旋律的歌词，词便是在这一需求推动下逐渐形成的。

但是，并非所有的燕乐曲调都适宜转化为词调，例如，宫廷中使用的大曲因其规模庞大并不适合作为词的曲调。从唐代的音乐资料来看，太常曲主要供朝廷使用，而教坊曲则更加丰富多样，包括许多创新的曲调以及广泛的民间曲调。教坊在词的发展中扮演了关键角色，既创制了众多新曲，还整理汇集了大量民间乐曲。据统计，唐五代时期的词调大部分曲名都可以在《教坊记》中找到，这足以说明教坊在词调创制和形成中的重要作用。

在隋唐时期，与燕乐相配的歌辞类型多样，涵盖了从长短句到齐言声诗等不同形式。长短句通常是为了符合乐曲的节奏而特别创作的，而齐言声诗则是现成的诗句被选用来配乐。在实际演唱中，为了更好地融入乐曲的旋律，演唱者往往会在演唱过程中加入和声或泛声，这些即兴的添加最终固定下来，逐步形成了新的词调，标志着从诗到词的转变。隋唐时期盛行的宴饮文化也孕育了繁复的酒令文化，进而影响了词的格律和修辞特征。这一时期形成的"令"词调在今天留下的词调中有超过一百种，显示了当时文化习俗对词学发展的深远影响。

词是深受民间影响的抒情诗体，源自隋代，《杨柳枝》和《河传》这两种曲调可能起源于当时的民间歌曲，特别是 1900 年敦煌石窟的开启，发现了大量敦煌曲子词，这些文献为词的起源提供了宝贵的实证，明确指出了民间创作对词发展的重要贡献。目前已辑录的敦煌曲子词约有一百六十多首，它们多数创作于唐代中期至五代，体现了词在民间的普及及其成熟程度①。这些词大多由无名氏创作，带有浓郁的民间风格，展现了词的自然质朴和真实感。

词的文人化进程，是在民间词的基础上，逐渐吸收并发展起来。虽然从隋到初唐、盛唐，能见于文献的文人词作较少，词的创作多为偶发事件，如沈佺期的《回波乐》、唐玄宗的《好时光》和戴叔伦的《转应曲》等。到了中唐以后，随着韦应物、白居易、刘禹锡、张志和等诗人的参与，词开始逐渐进入自觉创作的阶段。这些文人除开始按照既定的曲拍

---

① 苏俊祎. 中国诗词文化 [M]. 北京：时事出版社，2014：6.

创作词作外，还开始将诗和词的创作方式明确区分，逐步形成了专属于词的创作意识和规范。

随着时间的推移，原有的曲谱逐渐失传，为了使后人能够理解和继续创作词，文人总结了各种曲调在形式和格律方面的要求，制订了详尽的词谱。随后，词作便开始依据这些词谱创作，正式成为一种独立的文学体裁。到了五代及宋代，词的艺术成就已达到高峰，不只深受文人青睐，也成为表达个人情感的重要文学形式。

二、中华优秀诗词的文化内涵

中华优秀诗词生命力非常旺盛，其在今天依旧能够绽放光彩，与它深厚的、丰富的文化内涵有很大的关系，具体表现为以下三点，如图6-1所示。

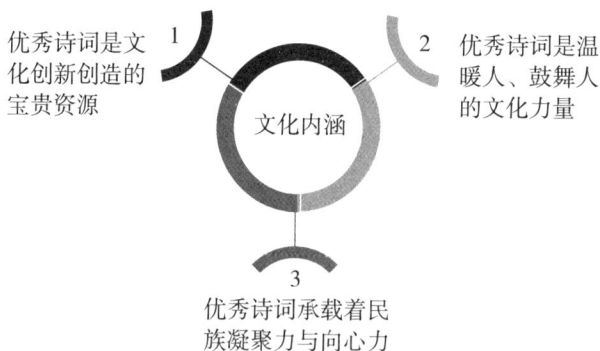

优秀诗词是文化创新创造的宝贵资源　1

优秀诗词是温暖人、鼓舞人的文化力量　2

文化内涵

3　优秀诗词承载着民族凝聚力与向心力

图6-1　中华优秀诗词的文化内涵

（一）优秀诗词是文化创新创造的宝贵资源

优秀的古典文学作品通过其精练的语言、深邃的意境以及独特的节奏和韵律，传递了丰富的历史信息和深刻的生活哲学。优秀诗词中蕴含的思想和情感为现代文化创作提供了无穷的灵感和素材。例如，古诗词中对自然美景的描绘和人文情怀的表达，丰富了语言艺术的表现形式，也为现代文学和艺术创作提供了形式和内容上的借鉴。诗词中的历史典故和哲学思想，为当代作家和艺术家在探索文化深层次的主题时提供了框架和参照。

优秀诗词在促进文化传承和创新方面发挥了特别的作用。在经济全球化和信息化快速发展的今天，诗词作为一种独特的文化表达方式，能够帮助现代人理解和挖掘中华文化的深层价值。将古典诗词融入现代文化产品如影视剧、音乐作品和公共艺术中，能够增强文化产品的艺术魅力和深度，也有助于提升大学生对中华传统文化的认识和兴趣，进一步推动文化的持续创新和创造性的发展。

（二）优秀诗词是温暖人和鼓舞人的文化力量

《中国诗词大会》这一节目通过"花开四季"的主题精心策划，以每季十集的规模，展示了中国诗词与时间深度交织的独特魅力。节目细致描绘了四季更替、二十四节气以及七十二个物候的微妙变化，而且通过丰富的历史故事和诗词经典，让大学生回望过去的历史沉浮。这一丰富的诗词宝库为现代人提供了无限的灵感和情感表达的途径。在当今互联网普及、信息更为碎片化的时代背景下，这样的诗词节目成为家庭成员间共同的话题，促进了不同代际间的文化传承。诗词作为一种独特的文化载体，能够触动人们的情感，唤起人们对美的本能感知。它的传播是文化的传递，更是情感和审美的教育。

古典诗词之所以历经千年依旧光芒四射，其生命力之强大在于其能够与当代文化形式如电视节目完美融合，展现出时代的新意。当诗词通过现代媒体以全新的形式呈现时，它们能够为个人提供心灵的慰藉，还能为家庭乃至整个社会带来正面的文化影响。这种影响力不仅限于提供知识性的内容，更重要的是它能够激发观众内心的积极情感，促进社会的和谐发展。但需要注意，诗词的教育意义远不止于此。

（三）优秀诗词承载着中华民族的凝聚力与向心力

唐诗代表了中国诗歌发展的顶峰，其形成与兴盛与多种因素紧密相关。唐朝初年，经历过战乱后的社会需要新的价值观念来重塑秩序，这一时期格律诗经过长时间的发展终于成熟定型。随着音韵学和训诂学的进步，一种被称为"盛唐气象"的新诗风格迅速兴起，通过唐诗表现出来。

诗词深深嵌入了中华民族的文化和精神生活中，历代诗人不论经历多少困苦与挫折，都能通过诗词将个体经历与民族命运紧密相连，表现出对生命与价值的深刻思考。现代社会同样可以通过诗词来传递和坚守文化价值与信念。在历史的关键时刻，无论是抗战时期的慷慨悲歌，改革开放的奋进之声，还是抗击疫情时的坚定与同情，诗词都展现了激励人心的力量。

在这个充满活力的新时代，培育和弘扬中华优秀的诗词文化显得尤为重要。一个健康的文化生态能够推动社会的良性发展，精神和文化的和谐共鸣也将增强民众的幸福感，并持续增强民族的凝聚力和向心力，为中华民族的团结打下坚实的思想文化基础。随着中国在航天和探月项目上取得新进展，如嫦娥五号任务成功，国人对于月亮的文化情结被再次激发。网络上对古典"明月"诗句的讨论显示，月亮在中国诗词中不仅是一种文学意象，更是一个文学主题。通过解读这些古典诗词，可以深入理解先人的思想情感，感受他们对于宇宙探索的伟大梦想。在这一过程中，传统的"言志"精神与现代的时代精神实现了和谐共存，影响着每一个人。

三、优秀诗词融入大学生校园文化生活的创新路径

（一）定期开展诗词阅读鉴赏讲座

1.中国诗词讲座开展的意义

中国诗词蕴含了丰富的历史情感和哲学思想。通过诗词阅读鉴赏讲座，一是可以帮助大学生深入理解中华文化的精髓，激发对传统文化的兴趣与热爱，促进文化自信；二是诗词具有独特的美感和节奏感，讲座可以培养学生的审美能力，提高他们对艺术的感知力和创造力，促进个人全面发展；三是诗词阅读和鉴赏能有效提升大学生的语言表达和文学创作能力，通过对诗词的学习，学生能学到多样的表达方式和丰富的词汇，提升自己的语言表达能力；四是诗词能为大学生提供一种情感的宣泄方式，有助于缓解学业压力，提升心理健康。

2.举办诗词阅读鉴赏讲座的注意事项

（1）选择阅读内容的适宜性。诗词阅读鉴赏讲座内容的适宜性直接影响到大学生的学习兴趣和教学效果。大学生群体具有不同的学术背景和文化素养，因此讲座内容需精心挑选，避免使用过于深奥或偏颇的诗词材料。例如，选择那些能够激发思考且富有文化代表性的经典诗词，并结合当代诗歌以增加现实联系。内容的选择应考虑文化多样性，包括不同地域和历史时期的作品，以促进大学生的全面消化理解。

（2）阅读方式的适宜性。中国诗词的核心载体是文字，诗词首先是汉字的艺术，它首先是通过汉语语言形式组织排列出独特的美学世界。要学习并理解诗词内涵，通过文字的阅读和学习是最为重要的方式。由于自媒体手段的日益多样化，不少大学生借助于网络上的文字、图片、短视频等具象化的手段来解读诗词、缺乏对诗歌文字阅读与学习的潜在深入，某种程度上就会影响对诗歌的正确体会，也会限制其对诗歌的自

由联想，大学生阅读诗词时要尽量避免陷入这种误区。

（3）反馈与评估。在举办诗词阅读鉴赏讲座的过程中，应建立反馈与评估机制，这一机制能够确保讲座内容持续优化，更好地满足大学生的需求和期望。第一，定期收集学生反馈可以通过多种渠道进行，如讲座结束后的匿名问卷调查、数字反馈系统，甚至开放式讨论会，这些反馈应包括大学生对讲座内容的理解程度、兴趣激发情况及其对讲座形式的满意度等。第二，收集到的反馈数据应进行详尽分析，以识别讲座中的优点和不足，如果多数大学生表示某部分内容难以理解或缺乏趣味性，主办方需考虑调整那部分的教学方法或内容深度。第三，反馈还应用于评估讲座的整体受欢迎程度，以判断是否需要引入新的主题或讲师。第四，基于这些反馈，讲座的组织者应及时调整教学内容和方法。例如，增加更多互动元素或实用案例，以提高大学生的参与度和学习效果，调整过程中，可以设定具体的改进目标和时间框架，确保每次讲座都有明确的改进方向和实施步骤。持续的反馈与评估能帮助提高课程质量，也营造了一个积极的学习环境，鼓励大学生主动表达自己的学习需求和建议，这种开放和包容的教学态度对于促进大学生的全面发展和深入学习诗词文化具有重要意义。

下面以宋代词人蒋捷创作的《虞美人·听雨》为例进行鉴赏。

虞美人·听雨

少年听雨歌楼上，红烛昏罗帐。

壮年听雨客舟中，江阔云低、断雁叫西风。

而今听雨僧庐下，鬓已星星也。

悲欢离合总无情，一任阶前、点滴到天明。

蒋捷的这首词精妙地通过"听雨"这一主题，展现了他一生中的三个不同阶段，以及随之而来的心理变化和社会境遇。每一句都犹如一幅画，描绘了诗人在不同年龄段的生活画面和内心世界。

开篇便将读者带入了诗人青年时期的歌楼，那里有着灯火通明的红烛和飘逸的罗帐，场景虽浮华却带有一丝幽暗的氛围，这反映了他当时看似繁华却充满虚幻的生活，也预示了后来的孤独与忧郁。进入中年，诗人身处一叶扁舟之上，周围是广阔的江面和低垂的云彩，断雁的哀鸣和西风的吹拂，共同勾勒出一幅落寞与凄凉的景象，这与宋末元初社会的动荡不安形成了呼应。晚年的诗人则在简陋的僧庐中听雨，星星点点的灯火映照出他清苦而又颓唐的晚景，这一幕表现了诗人对亡国深深的哀伤及其坚忍不拔的精神。

诗尾以诗人的人生感悟作结，表达了对世事无常的接受和对命运无力改变的认知。这种认识带有一种超然的态度和淡泊的哲理，尽管内心满是苦涩，却也显得从容。通过"听雨"这一行为的反复，既串联起诗人一生的重要时刻，也深刻揭示了他对生命意义的探求和感悟，使这首词不仅美在艺术形式，更富哲理深度。

（二）定期举办诗歌朗诵比赛活动

1.活动的意义与目的

（1）中华优秀传统文化传承与创新。诗歌朗诵比赛可以作为连接古今的桥梁，使大学生在参与中深入体验和理解中国古典文学的精粹。由于诗歌表现美轮美奂的自然风光、丰富深刻的情感内容、妙不可言的艺术境界，所以大学生背诵一定数量的中国诗词，将会终身受益。尤其在全球化快速发展的当代，许多中华传统文化逐渐边缘化，通过这样的活动可以有效激发大学生对本国悠久的中华传统文化的兴趣，增强他们的文化自信和认同感。通过对传统经典诗歌的现代诠释和创新表达，学生还能够在传承中创新，使古老而优秀的诗歌焕发新的生命力。

（2）语言表达与沟通能力的提升。朗诵诗歌要求精确地语言把握和情感的准确传达，这既锻炼了大学生的发声、发音技巧，也提高了他们的语感和表达力。俗话说"熟读唐诗三百首，不会作诗也会吟。"在现代社会，无论是学术领域还是职业发展，出色的沟通能力都是成功的关键。

213

通过诗歌朗诵，大学生能够在公共场合表达自己的思想和感受，增强自信，为将来的演讲、面试等场合打下坚实基础。

（3）审美与情感的培养。诗歌是情感的集中表达，大学生朗读即可以怡情悦志，获得美的享受，又可以陶冶其情操、净化其心灵。通过朗诵，大学生能够更深入地体验诗人的情感世界，增强自己的情感表达和理解能力。这种能力的培养有助于大学生在人际交往中展现更多的同理心和情感智慧，促进人际关系的和谐与发展。

（4）团队合作与竞技精神。组织团队参赛增强了大学生之间的协作，激发了他们的竞争意识和抗压能力。团队合作过程中，大学生必须协调彼此的意见和时间，共同完成训练和表演，这种经历有助于他们在未来的工作中更好地与他人合作，应对各种挑战。

2.活动的组织与实施

（1）活动策划。活动的策划阶段是确保比赛成功的基础。应设立清晰的活动目标，帮助定义比赛的性质和范围，明确所要达成的效果。例如，目标可以是增强学生的文学兴趣、提升公共表达能力或加强文化交流。此外，明确的比赛规则是保证公正性和专业性的关键，规则需要详尽公平，包括参赛资格、评分标准、比赛流程等。要定期举办比赛，如每学期或每学年一次，确保活动的持续性和影响力。

（2）中国历代诗词选择。中国历代诗词的选择直接影响到大学生的参与感和比赛的教育价值。诗歌朗诵比赛活动不仅要对于古代诗词，还要选择关注当今好诗词，提供一个多样化的诗歌库可以满足不同文化背景和兴趣的大学生需求，包括古典诗歌和现代诗歌，使大学生不仅能接触到富有传统韵味的经典，也能感受到现代诗歌的新意和创造力。

（3）参与人员。鼓励所有大学生参与比赛，包括来自各个国家和族裔的留学生也可以积极参与。大学生不只是作为一个文学爱好者来参与，同时也是一个积极的倡导者，在参与比赛的同时，也普及了优秀的传统诗歌文化，从而让更多大学生受益于诗歌的美和力量。要鼓励教师和大学生共同参与，增加师生间的互动，让教师可以直接参与大学生的学习过程，从而更有效地指导和激励学生。

（4）评审团队。一是邀请文学专业的教授专家、知名诗人和资深朗诵艺术家加入评审团，以增加比赛的权威性，为大学生提供从专业人士那里获得反馈的机会。二是多元化的评分标准，包括主题的鲜明性，语言的准确性、情感表达的真实性和舞台表现的审美性等，全面评估参赛者的表现，确保评审过程的全面性和公正性。

3. 活动的延伸与深化

（1）跨校合作。诗歌朗诵比赛的延伸与深化之一是通过与其他大学的合作，举办区域性或全国性的比赛。这种合作既可以扩大比赛的影响力，还提供了一个更为广阔的文化交流平台。通过跨校合作，大学生有机会接触到不同大学的诗歌朗诵风格与解读方式，拓宽自己的视野和增强文化理解力。区域性或全国性的比赛更容易吸引媒体和公众的关注，有助于提升参与大学的知名度和学生的自豪感。

（2）成果展示。在大学网站或校刊上发布比赛结果和优秀作品，是对参赛学生才华的认可，也是向外界展示大学文化活力的窗口。这样的展示可以激励更多学生参与到未来的活动中来，同时也向校外社区展示大学在培养大学生文化素养和艺术表达能力方面的努力和成就。优秀作品的展示也可以为大学生提供一个展示自己才能的平台，对其未来的学术和职业生涯可能产生积极影响。大学通过这种方式在校园内创建了良好的诗词文化氛围，推动中国诗词的普及与创作，不仅丰富了大学生的精神文化生活，还可以塑造大学的文化品牌形象。

（三）创设诗词创作工作坊

1. 创设诗词工作坊的目的与意义

（1）中国诗词文化传承与创新。在快速变化的现代社会，中国传统文化往往面临被边缘化的风险。通过设立诗词工作坊，大学生一方面有机会学习到丰富的古典文学诗词知识，另一方面还能通过创作活动深入理解这些知识。工作坊提供的平台使大学生能够在理解中国诗词文化的基础上，尝试将现代元素或个人独特视角融入诗词创作中，实现传统文化的创新与活化。

（2）个人创造力的激发。在工作坊的活动中，学生被鼓励挖掘并表达自己的情感和思考，这是对传统诗词形式的学习，更是一种创意表达的训练。动手创作诗词，是学习诗词的好方法，通过指导教师的引导和同伴之间的交流，大学生可以学习如何用诗词这种文学形式来表达复杂的情感和深刻的思想。

（3）跨学科学习的平台。诗词工作坊作为跨学科学习的平台，提供了一个独特的学习实践环境。诗词本身就是文学、历史、哲学等多个学科的交汇点。大学生在工作坊中的学习和创作活动使他们能够从多个学科角度来理解和分析诗词。例如，探讨一个诗人的作品，可能需要了解当时的历史背景、哲学思想以及艺术风格等，这种跨学科的学习方式可以极大地拓宽大学生的知识面，并促进不同学科间的相互理解和融合。

2.工作坊的组织与实施

（1）课程设置。通过设定一系列全面的课程，如诗词基础知识、古典诗词形式与韵律、现代诗歌写作技巧等，工作坊旨在为大学生提供一个系统的学习平台。这些课程可以由具有深厚文学背景的文学系教师主导，教师的专业知识和教学经验是传授诗词艺术的基石，能确保教学内容的严谨性和深度。

（2）创作与互动。在导师的指导下，大学生将学习如何挖掘诗意、运用比喻和象征、构建意象等多种文学技巧。这些技巧是诗歌创作的基础，帮助大学生深化对文本的理解和表达。工作坊中的定期创作任务是让大学生将所学知识转化为实践的机会，而小组讨论则为大学生提供了一个展示创意、接受批评并从同伴学习的平台。

（3）评审与展示。通过内部评审和讨论，大学生的作品可以得到初步的反馈和改进建议，这一过程对于提高作品质量和深化大学生对诗歌艺术的理解至关重要。将优秀作品在校内文学刊物、网站或诗歌晚会上展示，为大学生提供了展示自己才华的舞台，增强了他们的成就感和自信心，公开的展示和认可能够鼓励他们在未来继续探索和创作。

3.创建线上平台

建立线上平台作为诗词创作工作坊的延伸活动是一个现代化和包容性的策略，这一平台能极大地增强工作坊的可达性和互动性。首先，线上平台使得那些因地理位置、时间冲突或其他原因不能亲自参加工作坊的大学生也能参与进来，他们可以在任何时间上传自己的诗词作品，也可以浏览和评论其他人的作品，这种灵活性对于提高参与度是非常重要的。

其次，线上平台为学生提供了一个持续的学习和交流的社区。在这个虚拟社区中，学生可以不受时间和空间的限制，随时分享自己的创意和活动进展，获取来自同伴和导师的即时反馈。这种互动增强了学习的动力和深度，还促进了大学生之间的合作与竞争，有助于形成一个积极向上的学习氛围。

最后，也是最重要的一点，线上平台可以作为一个资源库，存储和展示过往的优秀作品和教学资料，供所有参与者随时访问和学习。这种资源的积累使大学生能够学习到更多的写作技巧和创作理念，不断提升自己的诗词鉴赏与创作水平。

（四）举办诗词接龙活动

1.活动前的准备

（1）确定活动目标和规则。诗词接龙活动的目标应根据大学的教育目的和大学生的需求来设定。若目标是提升大学生的文学知识和增强文化自信，活动应重点在于教育和学习，强调诗词的文化和历史价值，使大学生通过游戏化的学习方式深入了解中国古典文学。在这种情形下，活动可能需要结合专业的讲解和背景介绍,使大学生在游戏中学习的同时,也能从中获得实质性的知识增长。如果活动的目标更侧重于娱乐和团队建设,那么设计时可以更注重活动的趣味性和互动性,这种情况下,活动的形式可能更自由,规则简化,重点是通过诗词接龙来增强团队协作和社交互动。

规则需要简洁明了,易于理解,并具有一定的挑战性,以激发参与者的兴趣和参与度。一般而言,诗词接龙要求参与者根据前一位的诗句接续下一句,这一句需要在韵律和对仗上与前句相匹配。这种形式的规则既考核大学生的文学知识,也考验他们的即兴反应能力和创造力。为了使活动更加公正和有趣,可以设立一些特定的挑战,如限定时间、特定的主题或只能使用的词语等。

(2)人员和资源调配。组织团队包括策划团队和活动执行团队。策划团队的角色是核心,他们负责设计整个活动的流程和内容,这包括确定活动的具体形式、规则设定、时间安排,以及如何整合教育元素以提升活动的知识价值。策划人员需要具备良好的创意思维能力和对传统诗词的深入理解,以确保活动既有趣味性又不失教育意义。执行团队负责活动的现场组织与协调。他们的任务是确保活动按照策划人员的设计顺利进行,这包括场地布置、时间控制、现场问题处理等。执行者须具备高效的事件管理能力和快速应变能力,以应对可能出现的各种意外情况,确保活动环境安全且有序。

活动的资源调配包括场地、设备等物资的准备。选择合适的场地是基础,须考虑到容纳人数、声学效果及易达性等因素。场地布置需要符合活动的文化氛围,可通过悬挂诗词横幅、装饰传统元素等方式营造氛围。声音设备的选择和调试也极为重要,确保每位大学生参与者的发言都能清晰传达至每一位观众。另外,还应准备记录设备,如摄像机和录音设备,用于活动的记录和后续的宣传使用。

(3)宣传和动员。宣传的任务是通过各种渠道进行活动的前期宣传和后期成果的展示。宣传前期包括通过校园广播、社交媒体、海报等方式增加活动的可见度，吸引更多大学生和教职员工的关注和参与。活动后，宣传团队需要整理活动的高光时刻，通过视频、图片和文字报道等形式，在校园网站和社交媒体上展示，以此来展现活动的成果，提升大学生校园文化活动的影响力。

2.活动内容

（1）活动开场。组织者需要对活动的目的、基本规则进行简短而精确的介绍，确保每位大学生参与者都能清晰理解诗词接龙的游戏方式和文学背景。开场时还可以通过展示一些经典的诗词接龙示例，来激发参与者的兴趣和参与热情，为他们即将进行的接龙活动提供灵感。

（2）诗词接龙主体活动。分组进行诗词接龙。根据参与者的人数，可以设立多个小组，每组成员轮流进行诗词接龙，每一轮限定时间，以增加比赛的紧张感和挑战性。评判标准可以由专门的评委团根据诗词的质量、创意及与前一个诗句的衔接性进行打分，或者通过观众投票的方式来决定每轮的胜者。

活动还应包括现场互动与观众参与环节。例如，可以在比赛中途设置观众诗词接龙环节，邀请现场观众上台接续前一个诗句，使大学生能亲身体验诗词接龙的乐趣，加深他们对诗词文化的理解和喜爱。

此外，活动的记录同样重要。应配备专业的摄影和摄像团队，对活动中的每一个精彩瞬间进行捕捉，包括大学生选手的表现、师生员工的互动以及整体的气氛等。这些记录可以用于活动的总结回顾，也可以作为宣传材料在校园网站或社交媒体上发布，展示大学生校园文化活动的活力，激励更多大学生参与到未来的诗词学习和相关活动中来。

3.活动后的网络发布

在诗词接龙活动结束后，将活动的精彩瞬间转化为网络内容的发布，是提升活动影响力和文化传播效果的关键一步。首先，编辑与制作过程中，工作人员需要对现场拍摄的视频进行专业剪辑，这一过程涉及对视频画面的调整和优化，还包括添加必要的解说文字和背景音乐。解说文字应简洁明了地解释每个环节的活动规则及参与者表达的诗词内容，确保即使是对诗词不熟悉的外部观众也能理解和欣赏。

其次，视频的网络发布是扩大活动影响力的重要手段。通过将编辑好的视频上传到大学的官方网站、社交媒体平台以及主流视频平台，可以有效地触及广大网民，特别是青少年和其他教育机构。在视频发布时，可以采用吸引眼球的具有冲击力的描述性标题，加上适当的关键词，优化搜索引擎的搜索结果，增加视频的可见度和观看次数。鼓励大学生和观众在他们的社交网络上分享这些视频，通过口碑传播进一步扩大影响力。为了增加互动性，还可以在视频下方开设评论区，邀请观众分享他们的感想和讨论，一方面增加观众的参与感，另一方面也有助于收集反馈，为未来举办类似活动提供改进的依据。

2023年10月20日，贵州黔南经济学院学生会于学院内开展"拂历史尘埃·显诗词华彩"——我为同学做实事系列活动。学生会工作人员写下诗词并打乱顺序，引导学习师生对诗词进行组合，将正确的诗词贴在纸板墙上，共同感受中华诗词文化之美。参与者还会进行拍照打卡，留下大学的美好时光。大学生主动参与到传统文化活动中，拾起中华优秀传统诗词文化，徜徉在传统文化的"诗海"之中，进一步坚定了他们的文化自信。此次活动大学生参与者热情高涨，活动现场热闹非凡，如图6-2、6-3所示。

图 6-2　"拂历史尘埃·显诗词华彩"——我为同学做实事活动现场（1）

图 6-3　"拂历史尘埃·显诗词华彩"——我为同学做实事活动现场（2）

第二节　书法文化融入大学生校园文化生活的创新路径

一、书法的基本认识

书法，作为中国传统文化的精华，历经数千年的发展，已成为文化传承的重要载体。自汉字诞生之日起，书法便开始其发展历程，从先秦两汉时期的萌芽到魏晋南北朝时期的初步形成，再到隋唐五代时期的全盛，以及宋元明清的持续繁荣，书法艺术逐渐成为中国古代文化的中心和灵魂。在这一过程中，诸多书法巨匠的出现，以及篆、隶、楷、行、草等多种书体的逐步成熟和风格多样化，共同推动了书法艺术的波澜壮阔发展。此外，书法理论的深入研究和众多书法论著的问世，进一步丰富了这门艺术的深度和广度，使之成为集文学、情感和视觉艺术于一体的综合艺术形式，其线条的运用在艺术上达到了抽象与精妙的高峰。

书法的实践是一种艺术表达，也是文化素养的体现。古代中国，书法的实用性与审美性齐头并进，初期侧重实用，随着时间推移逐渐强调审美价值。在科举制度和官方的推崇下，书法艺术经历了空前的繁荣。几乎所有受过良好教育的人都必须经历严格的书法训练，书写技能因此达到高水平。深受书法环境熏陶和社会风气影响，书法成为文人士大夫的必备技能，从而，无论是尊崇"二王"（王羲之、王献之），还是效仿颜真卿、柳公权，或是追随苏轼、黄庭坚，抑或是董其昌、赵孟頫，书法家各展其才，形成多样化的书法风格。

书法与琴、棋、画一道，构成了中国古代文人的标志性技艺。多才多艺的文人常常书画兼擅，甚至在书法、绘画和篆刻上都有所建树，形成"三绝"。这种文化现象显示了书法在古代文化中的核心地位，也反映了它在个人修养和社会生活中的深远影响。所以，要真正理解和欣赏书法，不可避免地要深入研究中国的文化背景，通过临摹名帖和广泛阅读，领略其背后的文化底蕴和艺术魅力，以深刻把握书法艺术的精神实质。

二、中国传统书法的主要内涵与精神

书法艺术自其起源以来，始终携带着深厚的民族文化标识和哲学思考，其发展从实用的文字记录逐渐转化为一种深刻的文化和精神表达。中国书法是华夏民族审美观念、文化价值和哲学精神的外化，在书法的本体特性、功能定位、评价准则以及理论发展方面，均体现了追求极致美好的理念。书法家在书写过程中，始终致力于追求情感与理性的和谐统一，以及人的精神与自然界的融合，表现了一种生命与自然和谐相处的美学追求。

古人常以"书为心画"来描述书法与书写者内心及人格的密切联系，强调书法风格与书写者个性品格之间的关联。如宋代朱长文在《续书断·神品》中对颜真卿的书法评价，"其笔法刚毅雄健，严谨完备，如堂堂正正的忠臣义士，临大义而不可撼动"，反映了古代将个人道德修养、气质节操视为衡量书法艺术的重要标准。这种"为人先立，后作艺"的观念，成为中国书法文化的重要组成部分。

中国书法的审美追求以"中和之美"为核心，体现了儒家文化中的审美理念。孙过庭在《书谱》中提出，"贵能古而不失时宜，今而不陋"，这是儒家"审美人格"的体现，强调书法艺术应当达到文质彬彬、温文尔雅的境界，这也是中和美学思想的开端。项穆在《书法雅言》中所言，"圆而复方，方而复圆，正中有奇，奇而不失其正，这种平衡与和谐是美的极致"，进一步明确了中和美学的成熟理念。

书法在中国传统文化中占据核心地位，是儒家、道家思想融合的结果，表现了文人的内在修为与外在表达的统一。通过书法练习，书写者在技艺上追求精进，更在精神与文化上求得升华。书法的审美标准、价值取向和评判准则均源自这种哲学深度，使书法成为通向中华民族精神世界的桥梁。

三、书法艺术的审美特性

书法艺术有着独特的艺术魅力，书法艺术融合了多种文化元素，并通过汉字书写的结构、形态和节奏，展现出汉字特有的线条美、结构美、章法美和意境美等。下面分别进行简单介绍。

（一）线条美

书法中的线条美，作为书法艺术中最基本且至关重要的审美特质之一，深刻反映了书法家的技艺与内在精神。在每一笔每一画的推展中，书法家的个性和情感得以表达。线条的流畅性和其变化蕴藏着深邃的艺术韵味，而书写的力度与速度则共同塑造了线条的动态美。通过对笔触的细腻控制，艺术家塑造出独有的线条美感，使得书法作品成为带有韵律感和节奏感的视觉艺术。

（二）结构美

结构美强调的是字体结构的有序性和整体的和谐感。书法作品的美感很大程度上取决于字体间的相互关系以及整体布局的协调，每一个字、每一笔画的精确安排都旨在达到整体美的效果，从单个字符到整篇作品，艺术家需精心考虑每个元素的位置和角度，以确保作品的统一性和平衡性。在创作过程中，书法家会巧妙地设计字体结构，力求作品展现出动静相宜、和谐统一的视觉效果。

（三）章法美

它注重字体之间以及行间的合理搭配和空间布局。每一个字的位置、大小和形状都经过艺术家的精心设计，使得整个作品呈现出一种动人的节奏感和层次感。这种对章法的精确运用增强了作品的视觉冲击力，还为观者呈现了一幅具有深度和广度的艺术画面。艺术家在创作中通过对每个字的精确位置安排和整体布局的周密考虑，展示了作品的空间美感和动态美感。它是对艺术家审美观念和空间感知能力的深刻体现，通过每一个细节的调整，艺术家实现了视觉和感官上的和谐统一。

（四）意境美

意境美是书法艺术的核心精神，它超越了书法的基本字形追求，转而注重于传达艺术家深层的情感和哲思。书法作品中的意境美通过精细的线条变化和章法布局的巧妙运用，使静态的文字获得了动感与生命力，为观者提供了一场丰富的情感与精神的盛宴。这种艺术处理让每个字都变成了艺术家与观众之间情感交流的桥梁。意境美的实现使得书法作品具备了独特的艺术魅力，观者在欣赏这些作品时，能够感受到艺术家的情感世界和深邃的艺术境界，从而达到艺术和心灵的共鸣。

四、书法文化融入大学生校园文化活动的创新路径

针对大学生目前在书法活动开展中还存在的一些问题，校园主办方应积极探索和努力更新校园书法活动的理念和方式，选择较为合理且有效的创新路径，促进书法艺术与大学生校园文化活动的紧密融合。

（一）成立大学生书法社团

通过成立大学生书法社团并举办相关社团活动，能够促进中国传统书法艺术在校园内的传播与实践，增强大学生对中国传统文化的认识和兴趣。

成立一个大学生书法社团需要明确其目标和宗旨，这通常涉及传承和推广中国书法艺术，提升大学生的艺术修养，以及促进大学生之间的

文化交流。社团的组织结构应包括负责人、指导老师和成员。负责人通常由热心书法艺术的大学生担任，他们负责日常管理和活动策划，而指导老师则可以邀请校内外的书法专家或有经验的教师担任，他们的任务是提供专业指导和技术支持。社团成员则面向全校招募，不限专业，鼓励所有对书法有兴趣的大学生加入。

大学生书法社团应定期举办各种活动，这些活动可以是内部的学习和练习会，也可以是对外的展览或比赛。例如，社团可以每周举办一次书法练习会，邀请指导老师现场教学，同时可以给大学生学员提供自由练习的时间，以此来提高他们的书法技能。此外，大学生书法社团还可以定期组织书法展览，展示成员的作品，增加成员的成就感和归属感。

长期来看，大学生书法社团除能够提升大学生学员的个人艺术水平外，还能够对大学生校园文化产生深远的影响。大学生社团能通过其活动吸引校外人士的注意，增加外部对大学文化活动的关注和参与，最终，大学生书法社团可以成为校园文化的一个重要标志，为校园带来独特的文化氛围和艺术价值。

（二）举办各类书法培训班

1.书法培训班的设计与实施

设计书法培训班时需要考虑课程的内容和结构。培训班可以设置不同级别，从初级到高级，以满足不同书法水平大学生的需求。初级课程主要教授书法的基本知识和技巧，如笔法、墨法、纸张选择等，以及基本的书体介绍，如楷书、行书和草书等。对于更高级的课程，则可以深入探讨书法的艺术表现、历史演变及其在现代社会的应用。此外，课程设计应包括丰富的实践环节，如现场书写、临摹名家作品等，让大学生在模仿中学习，在实践中进步。

书法培训班的教学资源也非常重要。这包括邀请有经验的书法家或书法教育者来担任讲师，他们可以提供专业的技术指导，还可以分享他们对书法艺术的个人理解和感悟，使大学生能够从中获得灵感和动力。教学场所则需要提供充足的书法工具和材料，如各种毛笔、不同质地的纸张、墨汁等，确保大学生有足够的资源进行书法创作。

2.书法培训班的拓展活动与社交功能

除了常规教学，书法培训班还可以举办各种拓展活动，如书法展览、讲座、工作坊等。这些活动能够增加大学生的学习兴趣，还能提供一个展示自己作品的平台。例如，定期的书法展览可以让大学生将自己的作品展示给校园社区，增强自信心，同时也能激发其他大学生对书法艺术的兴趣。讲座和工作坊则可以邀请书法界的名家来校交流，提供更多学习机会和视角。

书法培训班还是一个促进大学生社交的好机会。大学生在一起学习书法，共同进步的过程中，可以建立起深厚的友谊。这种基于共同兴趣和活动的社交网络，增强了大学生的校园归属感，也丰富了他们的大学生活体验。

（三）定期举办校园书法作品鉴赏活动

1.活动的策划与准备

在策划校园书法作品鉴赏活动时，需要明确活动的目标和主题。目标可能包括提升大学生的书法鉴赏能力、增进其对书法历史和技法的了解、促进校园内的文化交流等，一旦目标确定，便可以围绕这些目标设计活动的具体内容，选择合适的书法作品进行展示。这些作品可以是历史上著名书法家的作品复制品，也可以是当代书法家或大学生的原创作品。

活动的策划团队需要确定活动的时间、地点和规模。选择一个便于展示和观众参与的场地非常关键，如图书馆、学生活动中心或其他公共展览空间。应考虑到展览的布局，确保每件作品都能得到适当的展示，观众能够轻松地观看并有足够的空间进行讨论。

为了使大学生校园书法活动更具吸引力和教育意义，可以邀请书法专家或教授进行现场讲解，为大学生解读每件作品的艺术特点和历史背景。这种互动式的鉴赏指导使大学生能够更深刻地理解作品的艺术价值和技法特点。

2.活动的实施与参与

在书法作品的展览开幕式中，组织者的目标是吸引并保持观众的兴趣，使他们能够全身心地投入书法艺术的鉴赏中。为此，开幕式可以采用多媒体手段来增强视觉和听觉的体验。例如，展示一段书法创作的视频既可以展现书法艺术的动态美，还能让大学生感受到书法创作的过程与精神。安排一次现场书法表演能直接展示书法家的技艺和风采，使大学生能即时感受到书法的魅力和艺术家的情感表达。这种互动性和表演性的开场活动能激发大学生参与者对书法艺术更深层次的好奇和兴趣，为整个展览的深入鉴赏奠定基础。

为了进一步鼓励大学生的参与和互动，活动中可以设计一系列的互动环节，通过"最受欢迎作品投票"和"现场临摹比赛"，大学生可以展示自己的书法技艺，还能通过竞赛形式增加与他人的交流和学习。这种参与感和成就感是传统展览所无法提供的，有助于提高大学生对书法艺术的热情和持续关注。

3.活动的反馈与持续发展

每次活动结束后，组织者应收集参与者的反馈，包括他们对活动的整体满意度、对展示作品的喜好、活动中最吸引人的部分以及任何改进建议。这些信息可以通过问卷调查、直接访谈或在线反馈平台收集。利用这些数据，组织者可以详细了解活动的强项和弱项，如哪些作品或讲座受到了欢迎，哪些环节需要改进。如果反馈显示大学生对互动环节的兴趣高于静态展览，那么未来可以考虑增加更多的互动式工作坊或现场表演，以提高大学生的参与度和满意度。

定期举办书法鉴赏活动丰富了大学生校园文化生活，而且有助于建立和维护大学生对中国传统艺术的兴趣和尊重。通过持续的展览和教育活动，大学生能够逐渐深化对书法艺术的理解和欣赏，这种教育经验可能激发他们从事相关的学术研究或艺术创作。

（四）集成书法元素的校园文化节

在大学生校园文化中，集成书法元素的校园文化节可以成为一个创新和丰富多彩的活动，旨在提升大学生对中国传统书法艺术的认识，并增强其文化认同感。

1.活动的策划与目标设定

首先，策划一个集成书法元素的大学生校园文化节需要明确活动的目标，包括提高大学生对中国书法艺术的兴趣，增强大学生校园文化的多样性，以及促进不同背景大学生之间的文化交流。为实现这些目标，活动应包括一系列具有教育意义和娱乐性的环节，如书法展览、讲座，以及与书法相关的比赛等。

其次，组织者应当精心设计每项活动，确保它们既能吸引广泛的大学生群体，也能深入展示书法艺术的深厚底蕴。例如，可以邀请著名书法家来校进行现场表演和互动教学，举办书法作品展览，展出古代名家及当代书法家的作品，也可以举办讲座和研讨会，深入探讨书法的历史发展、艺术风格及其在现代社会中的应用。除此之外，在大学生校园书法文化活动中也可以收集大学生群体的学习需求和兴趣爱好，推送更具个性的书法内容，使书法艺术活动在大学生校园文化活动中得以有效地普及和良性发展。

2.活动内容的多样化

为了吸引和维持学生的兴趣，大学生校园文化节的活动内容应多样化，并尽可能地互动和参与性强。

（1）书法展览。策划书法展览时，应广泛收集和展出不同历史时期、不同书法流派的代表作品，包括中国传统的楷书、行书、草书、隶书等。书法展览要尽可能植根传统，取法经典。通过展示从古到今的多样书法作品，以丰富大学生的视野，激发他们对书法多样性的认识和欣赏。书法展览要始终把继承传统、发扬传统作为基础，鼓励大学生不断从书法传统中汲取营养，反映时代精神，另外还应注意与大学生的日常学习和生活紧密联系。例如，可以组织大学生参与展览布置，或者举办校园内的书法创作比赛，并将优秀作品纳入展览，这种方式能够激励大学生实践书法创作，还能增强他们对活动的归属感和参与感。

（2）书法比赛。在策划和执行书法比赛时，组织者需要考虑比赛的形式、参与方式以及评判标准，以确保活动的公正性和专业性，同时增加活动的趣味性和教育意义。比赛可以分为不同的组别，如硬笔书法组和软笔书法组，甚至可以设立国际书法组，邀请非中国背景的学生参与，以促进文化的交流与理解。

比赛的评审过程应公开透明，评委团队应由书法专家、艺术教师及学生代表组成，确保评判的多元性和权威性。比赛结果的公布要及时，且提供具体的评价反馈，这不仅有助于获奖者的成长，也能让未获奖的参赛者了解自己的不足之处，为今后的学习提供方向。此外，优秀作品可以在校园内外进行展示，甚至可以编入校园刊物，促进书法艺术的传播和普及。

（3）数字媒体技术融合下的电子展览。在现代校园文化节中，数字媒体技术融合下的电子展览是一个创新且吸引眼球的活动，它结合了最新的技术与传统文化的展示，使大学生能够以全新的方式体验和学习文化内容。

电子展览可以通过VR技术重现历史场景或复原遗址，让大学生能够"身临其境"地体验不同的历史时期或文化背景。例如，可以创建一个虚拟的故宫环境，学生戴上VR设备后，可以在虚拟故宫中自由行走，近距离观察每一件展品的细节，甚至听到讲解员对每件文物的详细解说。

这种互动性和沉浸感是传统展览所无法比拟的，能极大地提升大学生的学习兴趣和文化体验深度。

增强现实技术可以使展览更加生动，大学生可以通过自己的智能手机或平板电脑观看到展品的 AR 效果，如通过扫描二维码就能看到展品的三维模型，并获取相关的详细信息。这种方式既可以增强展览的互动性，也能让大学生在观展的同时获得更多的信息和知识。电子展览还可以包括在线问答、实时反馈等功能，使学生在参与展览的同时，能够即时解答自己的疑问，增加学习的互动性和实效性。

3.书法文化节的宣传

为了确保校园文化节的成功，应利用校园内广泛的媒介资源来加大书法艺术宣传力度，丰富活动形式、内涵，获得更多大学生群体的认可与支持。如校园网站、社交媒体平台、电子邮件通知以及校园广播系统，全方位多角度地发布文化节的相关信息，包括活动的主题、时间、地点和参与方式。通过这些渠道的信息同步，确保每一位大学生都能及时获得活动信息，激发他们的参与热情。设计引人注目的海报和宣传单，在校园显眼位置进行展示，进一步增加活动的可见度。与校报的合作也是宣传的重要手段之一，通过预活动报道与后续的精彩回顾，增加了文化节的曝光率，也为活动留下了详细记录，增强了文化节的持续影响力。

第三节　绘画文化融入大学生校园文化生活的创新路径

一、中国绘画文化概述

中国绘画艺术拥有深厚的历史底蕴，从数千年前的新石器时代就开始萌芽，直到如今，依然繁荣发展。在漫长的艺术历程中，不只汉族画家，还包括诸多少数民族的艺术家，共同塑造了具有鲜明民族特色的绘画艺术。这种艺术形成了独特的绘画语言体系，并在全球艺术舞台上占据了举足轻重的位置。

中国古代绘画的早期记录可追溯至新石器时代，那时的彩陶和岩画虽技法简单，但已经表现出对动植物形态特征的把握和对生活美学的追求。随着时间的推移，先秦时期的绘画在宫殿、祠堂中的壁画及器物装饰中体现出更为成熟的艺术表现力，如周代的宫墙画、战国的漆器和青铜器纹饰以及楚墓帛画等，都显示了相当高的艺术水平。

进入秦汉时期，随着中央集权制国家的确立和丝绸之路的开通，艺术交流日益频繁，绘画艺术迎来了前所未有的繁荣。尤其在汉代，随着厚葬习俗的流行，墓室壁画、画像砖和画像石成为流行的艺术形式。这些作品不仅再现了现实生活的丰富场景，还涵盖了历史与神话故事，展示了人物的动态美和情感表达。汉代的绘画风格宏伟而流畅，既有豪放粗犷的一面，也不乏精致细腻的描述，内容广泛而形式多样，展现了中国古代绘画艺术的高超技艺和深邃思想。

即使在魏晋南北朝这个战乱频繁、民众生活困苦的时代，绘画艺术不仅未见衰退，反而有了显著的发展。由于贵族和文人对绘画艺术的热爱，这一时期既有技艺高超的职业画家，还出现了如顾恺之这样的受过良好教育的文人画家，他们的画风向着飘逸、自由的方向发展，绘画逐渐重视精神表现和文学主题，山水画和花鸟画在这一时期开始萌芽。

到了隋唐时期，随着国家统一和社会稳定，外部交流的增加为绘画艺术带来了新的活力。此时如吴道子、周昉这样的画家以鲜明的中原画风取得了主导地位，标志着民族风格的日渐成熟。同时，展子虔、李思训、王维和张璪等人在山水画和花鸟画领域的成就尤为突出，他们的作品既工整又富丽，代表了当时绘画艺术的高水平。

经历了五代两宋的洗礼，中国绘画艺术迎来了黄金时期。这一时期的画院制度得到了朝廷的大力支持，通过招募才华横溢的画家并为其提供官职，宫廷画艺达到了前所未有的高峰。与此同时，文人士大夫亦将绘画视为提升个人修养的重要路径，他们对绘画艺术提出了更为精细的审美要求，推动了一批才艺超群的画家的崛起，并且孕育出了丰富多彩的艺术流派和理论体系，使得绘画技法和表现形式多元化，呈现出蓬勃的发展态势。

至元明清时期，文人画成为绘画发展的重要趋势，尤其是在山水画和花鸟画方面成就斐然。文人画不拘泥于外在形态的模仿，更注重表达画家的主观情感，遵循"不求形似""无求于世"的艺术理念，强调通过绘画来体现自己的文化品位和生活情趣。这种画风强调个人品德与画作风格的统一，注重将书法、诗歌、印章与绘画艺术融为一体，从而形成了极具特色的绘画风格。在这一时期，涌现出了许多杰出的画家和画派，创作了大量传世佳作。

中国绘画艺术作为中华文化的精髓，深植于本民族的文化土壤之中。它借助毛笔、水墨和宣纸等特有材料，构建了独特的视角和透视方法，大胆地突破了传统的时空观念，展现出无限的想象力和概括力。这些精妙的艺术手法使得中国绘画在国内外享有盛名，并成为世界现代艺术领域中不断借鉴和吸收的宝贵资源。

二、绘画艺术中的思想表达

通过绘画，可以表达一个人的思想，也可以表达一个社会的面貌。此部分以绘画艺术中的文化乡愁为例进行介绍。

文化乡愁，一种植根于中国传统文化的深刻情感，体现了远在异乡人们对家乡的深情缅怀。在古代，由于交通和通信条件的限制，一旦离开家乡，游子往往难以获取家乡的消息，这种物理上的距离感加剧了他们的情感孤独，频频催生了感伤的情绪和灵感，促使他们创作了无数流传千古的文学和艺术作品。这种对故土的切实眷恋不断激发着历代艺术家，使得乡愁成为中国艺术创作中一个永恒且重要的主题。

（一）乡愁的性质

乡愁这一概念在人们心中通常随着离开故土而愈加鲜明，尤其在传统农耕文化背景下，虽然大多数时间人们生活在乡村，但真正的乡愁感往往在远离家乡之后才开始萌生。这种独特的情感体验促使了无数文人墨客通过诗歌和绘画等方式表达对故乡的思念，而这些艺术作品中的故乡往往带有浓厚的理想化色彩，与现实中的乡村生活有着显著的区别。因此，乡愁在很大程度上是文人个人情感的反映，他们笔下的故乡更多是一种主观的想象和理想化的描绘，而非故乡的真实面貌。这种现象揭示了乡愁与身处异地文人的心理状态紧密相关，是一种深层次的情感表达，而非简单的地理或物理概念。

（二）文化乡愁在中国绘画怀旧风中的审美表达

文化乡愁不只是一种对过去的怀旧，它是个体或群体在现代社会中通过文化想象形成的一种深刻的文化记忆，这种记忆的形成并非简单的回忆，而是一种心理动力的驱动，其中个人将自己的审美情感融入想象的过程中，构建出与传统生活息息相关的记忆图景。在这个过程中，人们潜意识地筛选并保留那些与自己心中审美相符的记忆碎片。文化乡愁的这一特性使其成为艺术创作中的一股富有生机的力量，特别是在具有强烈视觉和情感表达能力的绘画艺术中。中国绘画艺术，尤其是怀旧风格的作品，便是这种文化乡愁的典型表达形式。与哲学或伦理学的抽象讨论不同，绘画艺术以其具象和直观的特性，更能紧密贴合人们的情感体验。

画家陈逸飞的作品《双桥》体现了通过绘画表达文化乡愁的艺术实践。在这幅画中，陈逸飞使用了江南水乡的桥梁作为视觉中心，这些桥不只是结构元素，也是连接过去与现在，乡愁与记忆的桥梁。通过这种视觉象征，画家将观众引入一个梦幻般的传统生活场景中，使人们的思绪穿越到那远去的时光，感受那份对故乡深深的思念与眷恋。

随着社会的持续进步和历史的推移，人们在面对现代生活的种种变化时，往往会感受到一种强烈的怀旧情绪，这种情感反映了人类对过去的无意识向往，它既源于对旧日生活美好记忆的怀念，也涵盖了对过往简单时代的一种精神寻求。在快速变化的现代环境中，人们的物质生活虽然得到了极大的丰富和满足，但精神世界的需求也相应增加，这使得文化乡愁这一概念愈发突出。这种乡愁是一种复杂的情感体验，既包括对过去生活方式的美好回忆，也蕴含对那些生活经验的真实感受，反映了现代人对自身生活方式的深刻思考。在这样的文化背景下，当代中国的绘画艺术家通过其作品，以怀旧风格为媒介，传达了这种复杂的文化乡愁情绪。通过具象的视觉艺术形式，艺术家将个人对过去的回忆与现代生活的反思巧妙结合，创作出能够引起观者情感共鸣的画作。

三、绘画艺术的现代化发展

在当今时代，随着网络和信息技术的飞速发展，数字艺术已经逐步崭露头角，成为一种独特的艺术表现方式。特别是数字绘画，它以其独特的创作和展示方式，在新媒体艺术领域中独树一帜，这种艺术形式依托于先进的计算机技术和互联网，利用软件工具对画作进行数字化处理和创作，使艺术家能够突破传统绘画的物理限制，探索更多创新的表现手法。数字绘画能够实现跨地域的快速传播，还能通过各种数字平台轻松触达广大观众，极大地拓宽了艺术作品的影响范围和观众群体。

四、绘画艺术融入大学生校园文化生活中的路径

（一）定期举办校园绘画比赛和展览

1.活动策划

（1）目标设定。第一，增强学生对绘画艺术的兴趣和参与。第二，提供一个展示艺术才能的平台，促进艺术交流。第三，发掘和培养潜在的艺术人才。

（2）主题选择。每次活动可以设定一个具体主题，例如，主题"自然与我"可能激发大学生探索人与自然的关系，表达他们对自然界的感悟或环保的认识；"城市印象"可以让大学生观察和反映城市生活的多样性和特点，感受从忙碌的街道到夜晚的城市风光的变化；"未来想象"则开放了一个更为广阔的创意空间，鼓励大学生展开对未来科技、社会或环境的幻想和预测。这种主题设置增加了比赛的教育性和趣味性，还有助于培养大学生的观察力、想象力和创造力，使他们能通过艺术表达对周围世界的理解和期望。

（3）时间安排。比赛和展览通常在每学期期末之前的四周即每学期的第十四周举行，为期一周，提供足够的时间供大学生准备和展示。

（4）参与对象。所有在校大学生均可参加，无论任何专业限制。

2.活动实施

（1）宣传推广。第一，校园广播是一个有效的传播工具，可以在不同时间段播放活动公告，吸引学生的注意。第二，制作并张贴吸引眼球的海报在校园各显眼位置，如食堂、图书馆入口及教学楼走廊，可以在视觉上吸引学生的兴趣。第三，利用社交媒体平台发布活动信息是至关重要的，因为大多数大学生都活跃在各类社交网络上，通过创建活动页面或事件，更新进展，发布与活动相关的内容，可以增加活动的互动性

和参与度。

（2）资源准备。对于绘画比赛，必须提供足够的艺术材料，如画纸、颜料、画笔等。特别是对于非美术专业的大学生，应在容易接触的地点设置材料领取点，如大学生活动中心，确保每位有兴趣的大学生都能方便地获取所需材料。此外，预定适当的展览地点也极为重要，展览地点需要具备足够的空间和适宜的展览条件，常见的选择包括图书馆展览厅、大学生活动中心或其他公共展览空间。地点应提前预订，并做好相应的布置，以适应展览的需要，并确保艺术作品的最佳展示效果。

（3）活动进行。第一，在活动开始前进行开幕式，开幕式是活动的起始点，通过这个环节可以正式介绍比赛的规则和评审标准，确保所有参与者都有清晰的理解，以维护比赛的透明度和公平性。第二，设立专业评审团，通常包括校内外的美术教授和经验丰富的艺术家。这些评审的专业背景和艺术敏锐度将为比赛的评判过程增添权威性和深度，他们的专业意见和反馈也为参赛者提供学习和成长的机会。第三，确保每位参赛者的作品都得到公平展示。这要求为每件作品提供足够的空间和恰当的布局，确保每件作品都能在最佳状态下展示给评审和观众。

3.评估与奖励

（1）评审过程。评审团通常由校内外的美术教授、经验丰富的艺术家以及艺术评论人组成，他们将基于几个关键标准对参赛作品进行评分。这些标准包括：创意性（作品的原创思维和创新性）、技术性（技术熟练度和艺术表达的复杂性）以及主题表达（作品与主题的相关性和表达的深度）。通过这样细致的评审过程，既能确保评选的公平性，还能鼓励学生在艺术创作中追求高水平的表现。

（2）奖项设置。为了进一步激励参与者，比赛设置了不同的奖项，如最佳创意奖、最佳技术奖、最佳主题表达奖等，以奖励在各个方面表现出色的作品。这样的分类肯定了参赛者在特定领域的才能，也鼓励了参赛者全面提升自己的艺术技能。

（3）奖励机制。获奖者将获得证书和奖品，奖品可能包括艺术用品、书籍或其他有助于其艺术生涯发展的物品。为了增加获奖者的曝光度，所有获奖作品将在校园网站和社交媒体平台上进行特别展示，这展示了获奖者的才华，也提高了整个活动的知名度，激发了校园社区的艺术热情。通过这种方式，获奖者得到的认可超越了物质奖励，他们的艺术生涯也可能因此获得关键的推动。

（二）定期开展大学生校园文化墙活动

大学生校园文化墙是大学进行思想教育、道德教育的重要载体之一，是大学生校园文化活动不可或缺的组成部分，是大学生获取知识的一个途径，也是对大学生进行审美鉴赏活动的主要场所之一。在现代信息技术快速发展的背景下，大学生校园文化墙不仅仅是传递教育理念和校园精神的平台，也成了展示大学生艺术创作的重要空间。作为一种展示媒介，校园文化墙不断融入新的艺术形式，其中包括数字绘画，这种现代艺术技术的引入为校园文化墙带来了新的活力和创意空间。通过将数字绘画技术应用于校园文化墙，丰富了墙体的表现形式，满足了大学生对现代艺术的追求，也为优秀传统文化的传播提供了新的视角和方法。这种创新有效地结合了传统与现代，教育与艺术，使校园文化墙成了一个动态的、互动的文化展示场，更好地服务于教育目标和学生需求。近几年，国风设计已成为一种趋势，各行各业都在结合国风文化以及现代文化进行创新，深受人们喜爱。对于大学生校园文化墙的设计来说，也可以将国风数字绘画应用其中，提升绘画的艺术价值与时代价值。

1.国风数字绘画的特点

随着网络信息技术的高速发展，以网络为传播载体的数字艺术作品逐渐成为一种非常引人注目的重要的艺术表现形式。近年来，国风数字绘画，作为一种充分融合了传统艺术与现代技术的创新艺术形式，正在现代艺术界显著崭露头角。这种艺术采用了传统绘画的技法和表达方式，并巧妙地将数字技术整合其中，使这种新型绘画作品既呈现出鲜明的中国文化特色，又符合现代审美观念，因此，它的传播方式、传播范围及社会影响力也在不断地扩大。通过在数字绘画中加入传统的文化元素和中国元素，国风数字绘画在传承中华优秀传统文化的基础上，在创新中推动了这一文化的发展和弘扬。

在教育和艺术的快速发展背景下，推广国风数字绘画成了链接古今的一个有效途径，它使数字艺术作品更具有民族特色和文化深度。这种艺术形式利用新媒体技术，创作过程中融合了传统绘画的线条、色彩和光影处理，通过现代软件和工具的调整，可以精准控制画面的色彩和光影效果，从而在不需要庞大物理材料支持的情况下，快速地完成作品创作。这种灵活高效的创作方式，相比传统绘画，极大地降低了艺术创作的门槛和成本，让更多人能够参与并欣赏艺术。

国风数字绘画的市场正在逐渐扩大，受众对艺术作品的审美水平也在持续提高，预示着这一艺术形式将迎来更广阔的发展前景。与传统绘画相比，国风数字绘画的优势在于操作的便捷性和成本的经济性，这使其能够满足更广泛的公众需求。由于国风数字绘画依赖于电脑和特定的软件，对技术设备有一定要求，这也推动了相关技术设备的发展和更新。

2. 大学生校园文化墙与国风数字绘画的契合点

大学生校园文化墙是校园环境的重要元素，承载着教育与文化的使命，国风数字绘画是以计算机为载体，以数字化的形式进行创作，须与校园文化墙的设计理念相契合。国风数字绘画与校园文化墙的相融合，成为提升校园文化建设水平的新策略。这种融合首先体现在设计理念的人本主义精神上，即将大学生的需求与成长作为设计的核心。其次，充分挖掘和利用国风数字绘画这一新型艺术作品的应用价值，使它的特点风格在校园文化墙中凸显出来，两者之间较好地融合一体，形成较好的美育途径。一方面利用国风数字绘画自身具有的数字媒体的优势，并通过其富有创意的视觉表现，增强大学生对传统及现代艺术的认识和兴趣；

另一方面则通过校园文化墙展示大学生特长和成就来激励大学生的健康发展。

在内容设计上，两者融合要特别注重教育与娱乐的结合。国风数字绘画通过计算机软件系统的强大功能，为大学生提供一个表达创意的平台，其内容通常涵盖历史文化、传统美学等方面，与大学生校园文化墙的教育功能相得益彰。大学生校园文化墙则通过具体的大学生校园文化内容的展示，如大学的历史、大学生的艺术作品等，寓教于乐，引导大学生积极参与校园生活，促进其全面发展。

在表现形式上，两者均追求创新和与时俱进。数字绘画作为一种现代艺术形式，允许在虚拟空间内自由创作，易于更新和迭代，为大学生校园文化墙的现代化注入新的活力。校园文化墙则需要不断引入新的设计理念和表现形式，以保持其在视觉和文化上的吸引力。

3.国风数字绘画融入大学生校园文化墙的注意事项

第一，大学需要充分挖掘和利用数字媒体技术，以此丰富大学生校园文化墙的展示形式和内容。通过集成视频、音频、图文等多媒体元素，可以更生动地展示大学的办学理念和学科特色，使大学生校园文化墙不只是信息的传递者，更成为互动和体验的平台。此外，数字化的大学生校园文化墙能够提供动态更新的功能，使内容保持最新，更好地吸引师生的关注与参与。

第二，将数字媒体技术与教育教学活动深度融合是提升教学质量和效果的关键。通过创建互动式的教学环境，利用数字化工具来支持课堂学习和课后复习，可以极大地提高大学生的学习动机和效率。同时，数字化校园文化的建设还应关注于促进教师的专业成长，通过提供在线培训和资源共享，支持大学教师的持续发展。

第三，设计与实施数字化校园文化墙时，应重视数字媒体技术的整合与应用。利用这些技术的优势，例如可视化大数据、虚拟现实（VR）和增强现实（AR），可以使校园文化墙的展示更具吸引力和教育意义。

用既现代又传统的艺术形式，把鼓舞人心的人物或故事描绘在墙壁上，使大学生校园文化墙成为展示大学独特校园文化的平台。这既能够提升校园文化的传播效果，又可以通过技术的力量，增强大学生校园文化的包容性和影响力。

第四，特别注意国风数字绘画在数字化校园文化活动中发挥的作用，特别是在大学美育教育活动中的作用。国风数字绘画将中国传统美学与现代数字技术相结合，能够培养并增强大学生的民族文化自豪感，还可以激发他们的创造力和审美能力。此外，还可以将国风数字绘画艺术与其他相关学科相结合起来，不断丰富美育手段。

（三）创办大学生校园美术馆

大学生校园美术馆是大学生接触艺术和学习艺术的重要场所，是发挥美育功能的重要场所之一。在新时代背景下，让大学生美术馆走进校园，将会提高大学生的审美能力和综合素质，尤其在新时代背景下，大学生校园美术馆在美育中具有重要的美育功能，对大学生的未来将会有深远的影响。

1.大学生校园美术馆的美育功能

大学生校园美术馆通过提供一个多元和包容的艺术环境，极大地丰富了大学生的学习体验。与传统的课堂学习相比，大学生美术馆教育提供了一种更为直接和实践的学习方式，大学生可以在近距离接触到各类艺术原作，这激发了他们的学习兴趣，还提高了他们的艺术鉴赏能力。

在大学生校园美术馆中，大学生有机会深入探索各种艺术作品，在教师的引导下更好地理解艺术家的创作意图和作品背后的文化背景。这种互动式的学习环境鼓励大学生发挥想象力，通过艺术作品触发思考，更深层次地吸收和掌握美术知识。美术馆内浓郁的艺术氛围也自然引导大学生在探索和兴趣的推动下主动学习，使他们在不知不觉中提升了对艺术的理解和感受能力。美术学习不只关乎技能和知识的获取，更是一种自我表达和自我发现的过程，通过将个人情感融入绘画创作中，大学生可以开启内心世界的探索之旅，通过艺术表达实现情感的释放和自我疗愈。大学生校园美术馆的开放性进一步加强了这一功能，大学生可以根据个人喜好自由选择关注的艺术作品和风格，这种自主性增强了学习的主动性，也使得艺术教育更具个性化和效果。

特别的是，校园美术馆的功能不局限于服务大学生校园社区，它也向社会公众开放，通过举办各类艺术展览和讲座等活动，使更广泛的群体有机会直接接触和学习艺术。这种开放性提升了美术馆的社会教育功能，也助力于建立一个知识共享和文化交流的平台，进一步提高公众的艺术素养，激发更多人对美术的热情和爱好。

2.创办大学生校园美术馆实现教育功能的原则

大学生校园美术馆作为教育的重要场所，其教育功能的实现应依据几个核心原则进行优化。

第一，"以人为本"的原则要求将大学生的需求和体验置于美术馆活动的中心，这意味着，美术馆的展览和教育活动必须围绕大学生的审美水平、教育需求和观赏目的设计，确保教育内容的相关性和吸引力。通过这种方式，美术馆能提升大学生对艺术的兴趣，也能增强整个大学的教育质量。

第二，提高大学生的参与度是另一重要原则。大学生校园美术馆应通过各种互动和参与性活动，激发大学生的主动探索精神，使美术教育更加生动和有效。这种参与不局限于观看展览，还包括参与讨论、工作坊和实际创作活动，以此提升学生的思维、道德和审美能力。

第三，选择合适的教育内容对于提升大学生校园美术馆的教育功能至关重要。在一些情况下，由于展出的艺术作品缺乏高质量的审美价值，大学生校园美术馆的教育潜力未能得到充分发挥，因此，大学生校园美术馆在策划展览和教育项目时，应精心挑选作品，确保所选艺术品除了美学价值高，还能与大学生的审美发展和道德教育需求相匹配。展示具有深厚文化内涵和美学意义的艺术作品，可以有效地吸引大学生参与，促进他们的艺术理解和情感发展，进而在大学生校园文化教育中发挥核心作用。

3. 大学生校园美术馆教育功能的实践特征

大学生校园美术馆教育功能的实践特征，如图 6-4 所示。

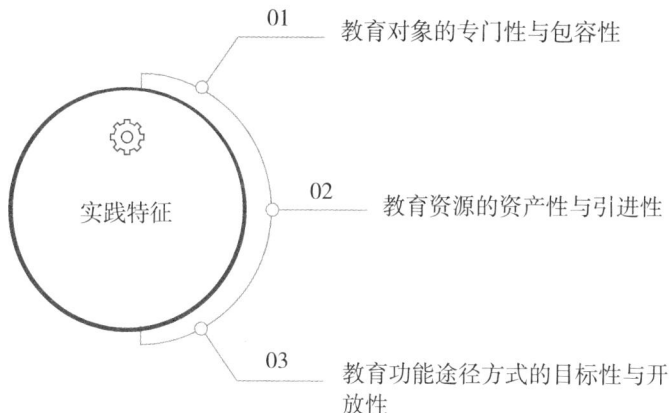

图 6-4　校园美术馆教育功能的实践特征

（1）教育对象的专门性与包容性。大学生校园美术馆由于其地理位置和功能定位，区别于公共美术馆的开放性和泛众性，主要服务对象是大学的师生员工。这个特定群体通常对艺术有一定的预备知识和高水平的接受能力，使得大学生校园美术馆的教育活动可以更加专注和深入。然而，大学生校园美术馆的功能并非只提供学术性的艺术教育，它也面向校园外的社会公众开放，担负起更广泛的社会教育责任。

在具体实施中，大学生校园美术馆通过定时开放和组织特定展览来服务固定的学生和教师群体，通过举办公共讲座、特展和互动活动吸引社会各界人士参与，扩大其教育影响力。这种策略既丰富了大学生校园文化生活，也使美术馆的功能得到了拓展，能够触及更多的非学术群体，如艺术爱好者、师生员工等。通过这样的开放策略，大学生校园美术馆成为学术研究和美育的场所，也成为连接大学与社会、促进文化交流的平台。因此，校园美术馆在进行日常的教育服务的同时，需要积极承担社会公共教育的角色，通过不断扩展教育对象和提升教育内容的质量，来实现其更全面的教育使命。

（2）教育资源的自产性与引进性。大学生校园美术馆的核心资源，即其藏品与展览，扮演着在教育功能实现中不可替代的角色，这些资源定义了美术馆的类型和研究范畴，也决定了其在大学教学和学术研究中的应用价值。不同于普通社会美术馆主要侧重艺术性和文物的历史价值，大学生校园美术馆的藏品更多地关注教育性和实用性，这些藏品通常包括教师的教学资料、示范作品、大学生的优秀作品以及社会收集的艺术作品等，这些都是反映和塑造大学大学术特色的重要元素。通过这样的收藏，大学校园美术馆既保存了教育和艺术的历史，也为当前的教学和学术研究提供了丰富的直接资源。

进一步地，校园美术馆通过组织与其藏品密切相关的展览，如学科建设成果展、大学生毕业作品展、教师作品展以及主题性展览等，这些展览活动展示了美术馆的收藏内容，也促进了大学教学与学术研究的相互作用。这种互动确保了大学生校园艺术教育活动的连贯性和系统性，将研究成果直接应用于教育实践中，从而提高大学生和教师的学术水平和创造力。大学生校园美术馆还可定期引入外部优秀艺术作品，增加展览的多样性。

（3）教育功能途径方式的目标性与开放性。大学生校园美术馆在满足不同群体需求的教育职能上展现了多样性。对于师生而言，它既是传统教学活动的延伸，也是美术教育的新阵地。相比于公共美术馆，大学生校园美术馆在教育实施上具有更直接的影响力和针对性。通常，美术馆被纳入教学计划中，作为开展学科发展和审美教育的平台，通过组织讲座、学术研讨以及师生互动等形式，学生能深入学习美术的理论和技巧，还能在实际观摩中提升艺术鉴赏力，并将所学知识与个人的艺术创作相结合，丰富其美感和创造力。

对于大学本身而言，大学生校园美术馆是推广美育教育的重要资源。通过策划各类展览和丰富多样的美术活动，大学生校园美术馆吸引学生积极参与，使其在参观过程中了解艺术作品，并系统提升自己的审美和综合素质。大学生校园美术馆的存在和活动实施，丰富了大学生校园文化生活，也是大学精神文明建设的体现，对提升大学整体的教育质量和大学生校园文化层次具有重要作用。

对于全社会来说，大学生校园美术馆也服务于更广泛的公众教育需求，这要求大学生校园美术馆实施"引进来"与"走出去"的策略，以达到资源共享的目的。例如，通过举办高质量的展览和与外界的积极互动，大学生校园美术馆能够提升公众的综合素养，还能借助大学内部师生创作的优秀作品，与社会各界建立更加紧密的联系。为了更好地与其他教育机构、社区、企业及艺术家协作，大学生校园美术馆应积极组织各种展览和活动，通过多样的合作方式，将大学生校园文化的活力向社会扩散。

在对外开放和推广活动中，大学生校园美术馆应利用其开放性，向公众提供丰富的艺术展览信息和组织各类美术馆活动，以吸引更广泛的社会参与。与一般的公共美术馆相比，大学生校园美术馆需更加重视开发多元化的推广手段，通过举办具有特色的高质量展览来凸显自身独特性，从而有效实施其教育功能和实现教育目标。实际上，大学生校园美术馆的社会公众教育通过提供艺术教育机会，增强了公众的艺术欣赏能力和对校园艺术特色的理解。

4.充分发挥大学生校园美术馆教育功能的策略

（1）高雅艺术进校园。大学生校园美术馆通过与地区的公共美术馆或当地艺术家的合作，可以更方便地在大学环境中开展美术教育活动，克服了在传统公共美术馆设置中存在的空间和安全限制。通过精心策划展览布局和展示方式，大学生校园美术馆确保了展品的安全，也让大学生能够更深入地了解艺术的发展历程和背景。这种展览模式便利了校内师生，也为那些距离公共美术馆较远的社区居民提供了便捷的文化艺术体验，有助于提升整个社区的艺术感知力和文化素养。

（2）注重收藏大学优秀教师、艺术家的作品。大学生校园美术馆的建设与发展应注重整合优秀教师和艺术家的作品，通过设立专门的艺术作品展区来增加其馆藏的深度与广度。这样的策略是为了通过这些艺术资源的系统收集和展示，逐步将大学生校园美术馆塑造成一个集教学、研究与实践于一体的专业美术馆。此外，整合艺术家工作室、大学生和教师的作品展示区及多功能教学空间，将有助于提升大学师生对美术馆在美术教育中作用的理解和体验。

（3）针对地域文化特色，创设特色美术课程与展览。在当前时代背景下，中国对非物质文化遗产的保护和传承越发受到重视，为此，大学生校园美术馆应积极响应这一趋势，通过结合各地独特的地域文化特色，开发并融入相关的特色美术课程和艺术展览。具体措施包括将地方传统文化和非物质文化遗产元素纳入美术馆的常规教学与展览活动，将其作为必修课程的一部分，并通过展示相关的艺术成果和杰出作品来教育大学生。

（4）发挥大学生校园美术馆的美育功能的多元性。美术馆的展示内容要具有多元性，这不仅涉及传统的艺术领域，也涉及现代的艺术领域，校园美术馆要根据大学生的诸多兴趣，选择一些独特又有针对性的艺术展品，让大学生接触并感受到不同的艺术风格和文化背景，从而开阔他们的视野，拓展他们的思维方式，以促进大学生的全面发展。

第四节 传统音乐舞蹈优秀文化融入大学生校园文化生活的创新路径

一、中国传统音乐文化概述

中国传统音乐文化是中国文化宝库中的瑰宝，具有深远的历史渊源和丰富的艺术表现形式。这一文化体系蕴含着独特的情感与哲学思考，体现了中国人民的审美情趣和价值追求。其内容广泛，包括古典音乐、各民族的传统音乐以及戏曲音乐等，每种类型都展现了不同的风格和历史特色。

中国传统音乐的根源深远，据考古发现，其历史可追溯至新石器时代晚期，当时人们已经开始使用简单的乐器进行音乐活动。随着时间的流逝，音乐在中国古代社会逐渐演变成一种精致而复杂的艺术形式，尤其是在宫廷礼乐中达到了高度的发展。宫廷音乐以其严格的构成、庄重的旋律和复杂的节奏，既表达了当时社会的礼仪制度，也反映了人们的情感和哲学思想。中国传统音乐文化还极大地受益于中国的多民族特性。中国的每一个民族都有其独特的音乐传统，这些多样化的音乐风格在各种民族节日、仪式及民间活动中被传承与发展，进一步丰富了中国音乐文化的多样性。例如，蒙古族的长调、藏族的民歌等，都具有鲜明的民族特色和深厚的文化内涵。

戏曲音乐作为中国传统音乐的重要分支，在中国戏曲这一综合性艺术形式中占据核心地位。戏曲将音乐、舞蹈、戏剧融为一体，通过音乐来强化剧中人物的性格刻画和情感表达，增强戏剧的表现力和感染力。戏曲音乐的旋律和节奏推动剧情的发展，有助于加深观众对角色情感的理解和共鸣。

二、中国传统音乐文化的主要特征

从古至今，中国的传统文化与传统音乐是息息相关、密不可分的。先辈无论是在狩猎、农耕还是民俗活动之中，都伴随着传统音乐的存在。因此，传统音乐不仅是一个传递生产生活信息的工具，也是人们表达个人情感的最常见方式，传统音乐与传统文化相互融合，起到了调节人民心情，排除疲劳与烦恼，增强家庭的和谐和民族凝聚力的重要作用。在中国悠久的社会历史舞台上，尤其是一些隆重的场合中，如朝廷中的大型宴会，文人雅士写诗作赋的聚会，民众的各种民俗狂欢活动，都离不开音乐文化，这些都可以看出传统音乐文化已经深深地扎根于各种独特的文化环境里，并反映出它的独有特征，下面分别加以简单介绍。

（一）历时性的时代标志

起源于远古，通过口头传承和民间艺术的形式，传统音乐在流传与发展中经历了不断的演变和丰富，每一次的变化都是对原有元素的局部调整和量变创新。这些音乐作品，无论是旋律还是歌词，都承载了从古至今不同历史阶段的文化印记和社会变迁。每一段旋律，每一个节奏，都蕴含了某个时代的生活气息和人们的情感体验，这些传统音乐品种在历史的长河中，保存了旧有的文化特征，吸纳了新的创意与改良，展示了不同民族和地区的特色。当人们今天聆听这些传统音乐时，既能感受到它们的艺术魅力，也能透过音符间的跳动感知历史的深度和时代的变迁。

（二）共时性的地方差异

中国传统音乐文化的共时性地方差异体现了其在空间维度上的多样性。这种多样性源于地域文化的差异，不同地区的音乐风格和表现形式各具特色。同一个音乐类型在不同地理、民族环境中可能会形成截然不同的风格，这种现象在很大程度上受到地理交通和对外交流的影响。通达的交通和频繁的交流往往会使地方音乐风格趋于同质化，而相对封闭的地区则保留着更为鲜明的地域性特征。

每个地区的经济状况、民族心态和语言习惯等文化背景也对当地的音乐文化有深远的影响，这些因素共同塑造了每个地区音乐的独特性，从旋律到节奏，从演唱方式到乐器使用，各有千秋。例如，内地的民歌与沿海地区的民歌在风格上就存在明显差异，前者可能更加深沉哀婉，而后者则可能更为明快活泼。再比如，不同的演奏者对同一音乐作品的演绎会因其个人经历和艺术理解而有所不同，进而丰富了中国传统音乐的内涵。地域与个人因素的叠加，使得中国传统音乐文化展现出独特的地方色彩和艺术生命力。

（三）共通性的社会功能

中国传统音乐文化的社会属性体现了其在文化体系中的普遍性和深远影响。从历史发展的角度来看，中国传统音乐的形成和演变与中国社会的各个方面密切相关。斯大林在《马克思主义和语言学问题》中提到，一个民族的共同文化特征包括共同的语言、地域、经济生活及文化心理，这些因素都在中国传统音乐文化中得到了体现。例如，先秦时期的音乐反映了那一时代的政治和哲学思想，唐宋时期的音乐则展现了更为丰富的艺术风格和文化多样性。中国传统音乐是音乐作品的集合，还是历代中国人的生活哲学、情感表达和文化认同的载体。

在社会功能方面，中国传统音乐承载了广泛的社会角色。一方面，它是个人情感表达的途径，人们在遭遇生活中的忧愁与欢乐时，常通过唱歌来抒发情感。另一方面，它也是社会交往的工具，能够增进社区成员间的相互理解和联系。音乐在传统婚丧嫁娶等仪式中具有不可或缺的地位，通过乐曲和歌词传达特定的文化价值和社会规范。音乐在劳动中也发挥了重要作用，如通过劳动歌曲协调农耕或其他集体活动的节奏。更重要的是，传统音乐在教育和历史传承中占据重要地位，它以口头的形式教授知识和历史，成为无字的历史书，记录和传播先人的智慧与经验。

（四）多样性的模式结构

中国传统音乐文化在音乐形态上呈现出明显的类型性模式结构，这种结构通过音乐表演的形式、乐器组合、曲调系统以及歌曲结构等方面体现出来。每种音乐类型都通过其独特的表演方式和结构模式表达其艺术特性。这些类型性的特征使得各音乐品种保持其独特性，同时也成为分类和研究的重要依据。例如，宫廷音乐依靠严格的乐谱和固定的演奏形式来维持其庄严与规范，而民间音乐则更注重即兴与个性表达，展现出丰富的地域风情和民族特色。

以中国民间音乐中的山歌为例，其表现出了明显的类型性模式。山歌通常在户外演唱，具有高亢、明朗的曲调和自由流畅的节奏，这些特点使其在民间音乐中独树一帜。山歌的这些独特性不仅使其成为独立的音乐类型，而且是其分类的关键因素。山歌在不同地区有着各自的变体，如陕北的信天游、山西的山曲、内蒙古的爬山调，每种地方性的山歌都根据当地的语言、风俗和历史背景形成了独特的风格，地域性的差异反映了中国传统音乐文化的丰富多样性，也展现了类型性结构在实际应用中的广泛性和深远影响。

（五）即兴性的创作手法

中国传统音乐文化中的即兴性是其独特的音乐创作和表演特征之一，主要体现在音乐的传承和演绎过程中。在我国，传统音乐多采用口传心授的方式，教学和学习依赖于演奏者的演绎和学习者的听觉记忆，而非固定的书面乐谱。这种传播方式使得每位艺术家都有机会在演绎中融入个人的理解和情感，使每次表演都有可能呈现出不同的风貌。这种即兴的创作方式保持了音乐作品的生命力，使其在传承中不断演化、创新，也展示了音乐表达的多样性和丰富性。即兴性也导致了传统音乐的某种不确定性和易变性，使同一曲目在不同艺人手中可以呈现出截然不同的演绎风格，进一步丰富了中国传统音乐的艺术表现力。

（六）兼容性的更新发展

中国传统音乐文化的发展历程充分体现了文化传承的连续性与演变性。在历史的长河中，这种文化在各个时代被保存和传递，并不断地适应时代的变化而发生着演变和创新。传统音乐的核心元素，如旋律和节奏，虽然保持了基本的连贯性，但在传承过程中也经历了各种变异和流动，显示了音乐文化的活力和适应性。这种既稳定又变异的双重特性，使得中国传统音乐能够在不断变化的社会环境中生存并得以丰富发展。例如，古代的乐律在现代可能以不同的形式呈现，既保留了传统的韵味，又融入了现代的元素，展现了一种历史与现代交融的文化景观。

中国传统音乐文化的创作和表现手法显示了其内在的多样性和适应性，允许同一旋律适用于多种不同的文本和情境。例如，民歌《孟姜女》最初描绘了孟姜女的悲伤与苦难，但同一旋律后来被修改和重新编配，以适应不同的主题如《送情郎》和《三国叹十声》。这种曲调的适应性展示了传统音乐在创作中的灵活性，使得它能够跨越不同文化和情感的界限，为不同的叙事提供音乐支持。再如，时调小曲《叠断桥》能够依据歌词内容的变化，通过旋律和节奏的调整，表现从女子的哀愁到新娘的喜悦，再到劳动者的轻松与愉快。这种多功能性既体现了中国音乐的丰富表现力，也反映了其深厚的文化内涵和历史根基。

此外，中国传统音乐文化的类型性使得各种音乐形式之间有着频繁的交互和融合。民间小调往往融入了戏曲和说唱的元素，增强了其叙事和戏剧性，使音乐作品能更全面地表达复杂情节和深层情感。相反，一些说唱和戏曲作品也借鉴了民间音乐的技巧，如在演奏和演唱中采用民歌的润腔方式，以此增加音乐的表达力和感染力。这种跨体裁的融合拓宽了传统音乐的表现范围，也丰富了其艺术形式，使中国传统音乐文化成为一个综合多种表现手法和风格的复杂系统。

三、中国传统舞蹈文化的内涵

舞蹈作为中国传统文化的一种独特表达方式，承载着丰富的文化价值和民族精神。在全球文化多样化的背景下，中国舞蹈面临来自西方文化的强烈影响，西方的艺术形式、生活方式和价值观念正在如潮水般影响着中国的文化景观。这种文化的交融给舞蹈教育带来了新的挑战，新融入的舞蹈元素往往难以融入主流，还可能受到守旧派的抵制。在这种情况下，如何既保护又传承中国的舞蹈文化，成了一个亟待解决的问题。

对于舞蹈文化的传承和创新，必须深刻理解传统舞蹈的民族根源和文化内涵。传统舞蹈是民族的骄傲，也是全世界的财富。但是，从文化保护的视角来看，保持其民族特性的纯正是至关重要的。中国的传统文化需要在国内得到充分的重视和保护。在创作新的舞蹈作品时，应注重反映中国的民族特色和传统习俗。通过汇聚各方面的力量，包括教育、政策支持和文化交流，中国的舞蹈艺术既能保留其传统精髓，又能在世界舞台上展现其时代风采。

文化的传承与创新是一种精细的艺术，它要求人们对传统进行深思熟虑的更新和重建，以确保文化连续性不断，并且适应现代社会的发展需要。这种更新一方面是为了维持传统的生命力，另一方面是把传统当作生活的一部分，而不只是对过去的怀旧。在传承过程中，传统文化会不断发生演变，吸纳新的元素和理念，这不是简单的复制，相反是一种生动的、动态的进程。传统文化的这种发展，需要融合不同的文化因素，通过吸收外来文化的精华，使原本的文化体系更加丰富和充满活力。例如，唐代的乐舞文化便是对外来文化开放和包容的典范，它的繁荣与它大胆吸收西域乐舞文化密切相关。这种文化的融合为唐代音乐舞蹈带来了新的生机与表现力，使得传统艺术形式焕发出新的活力。这种文化更新通常是渐进的、不易察觉的，而非突兀的转变，它不会造成文化体系的剧烈冲突，也不会破坏已有的文化秩序。这种过程需要文化主体具备强烈的自信和包容性，只有当文化主体能够持续地为传统注入新的内容和典范时，传统才能变得更为丰富和有意义。

舞蹈文化教育在中国传统文化的框架内进行创新和发展，不断地融入新的时代特色，这样的教育环境孕育了许多杰出的舞蹈人才和卓越的舞蹈作品。优秀的舞蹈作品通常是内心情感与身体动作的无缝结合，展现出一种艺术上的和谐与统一。这种舞蹈艺术承载着民族的传统文化遗产，也表达了现代人的情感生活，通过将传统舞蹈技巧与现代情感表达融为一体，达到了一种艺术的超然境界，为观众带来审美的享受。舞蹈作为一种文化的综合体现，集合了情感、观念、信仰与文化的多元元素，呈现出独特的民族性和文化价值。中国的传统文化就是这种民族性和价值观的直接体现。在现代舞蹈艺术中，通过现代视角重新诠释中国的传统文化，是对传统的一种生动复兴，是一种对民族精神的典型呈现。

四、中国传统舞蹈文化的审美特征

（一）形象美

中国古典舞蹈的表现力极强，通过精致的服饰和深情的肢体语言展现中华文化的独特审美。舞蹈中的演员身着传统服装，如精美的青花瓷图案服饰，搭配飘逸的长发和精致的妆容，这些外在的美学元素加上柔和的舞蹈动作，共同构建了一个充满传统艺术氛围的视觉盛宴。在《青花瓷》这样的舞蹈表演中，演员轻盈的舞步和流畅的身姿展示了物理之美，更深刻地传达了中华文化的精神性和艺术的内涵，让观众在优美的旋律中领略到中国传统文化的深刻和雅致。

（二）技艺美

中国舞蹈强调通过精湛的肢体语言和动作表现深厚的文化意蕴。舞者以其卓越的舞技和深厚的舞蹈功底，在舞台上通过一系列复杂且流畅的动作，如旋转、跳跃和翻身，展示情感与主题，传递出独特的文化表达。这种动作上的精细化处理体现了舞者的技艺水平，通过每一个动作的延展与收缩，向观众传达了故事的情感和舞蹈的内在意义，使得每个观众都能在视觉和心灵上获得美的享受。例如，杨丽萍的孔雀舞，是对中国舞蹈技艺美学的极致展示，在她的演绎中，每一个手势和身体的转动都精确模仿孔雀的自然动态，复杂而富有表现力的舞姿如同孔雀开屏一般壮观，将孔雀的灵动与优雅表现得淋漓尽致。观众在观看她的表演时，既能够感受到孔雀的高贵与美丽，更能体验到中国舞蹈艺术深沉的文化底蕴，这种视觉与情感的双重震撼，正是中国舞蹈特色鲜明的体现。

（三）韵律美

在中国舞蹈的表演中，声乐和舞蹈的结合非常紧密，共同营造出一种独特的韵律美。音乐的旋律与节奏直接影响舞者的动作展开，使舞蹈呈现出与音乐高度同步的视觉与听觉艺术效果。随着音乐旋律的起伏，舞者通过跳跃、俯身、旋转及倒卧等多样的舞姿，精确表达音乐的情绪和故事线。特别是在集体舞表演中，舞者需要精确匹配音乐节拍，通过协调一致的动作展示，如同一体的呼吸和动作同步，强化了表演的整体感和视觉冲击力，使得整个舞蹈作品在音乐的伴随下，完美地展示了舞蹈艺术文化与音乐文化深度融合的魅力。

（四）情感美

中国舞蹈是情感与文化的传递者。在舞蹈的每一步、每一中动作中，舞者通过精心编排的肢体语言和丰富的表情来诉说故事，传达情感，使观众不仅看到舞蹈的外在美，更感受到深层的情感表达和文化内涵。这种舞蹈中融入的情节和情感使得每一场演出都成为一次心灵的交流，观众能够直观地体验到舞蹈所要表达的主题思想和情绪变化。

五、传统音乐舞蹈文化融入大学生校园文化的创新路径

当前学术研究成果表明，校园音乐舞蹈文化活动的开展可为大学生搭建一个相对轻松愉悦的环境，对其心理健康起到了较好的保护作用。因为校园音乐舞蹈等活动不仅可以培养大学生的审美情操，还可以给他们带来美好的情感体验，有效激发其内在的兴趣和愉悦感，学生在参加音乐舞蹈表演活动中，可以促使自身转换角色，宣泄出压抑在心底的一些负面情绪，起到减压消压的作用，对他们产生了良好的心理调节效果。此外，参与音乐舞蹈活动还可促进同学之间的交流互动，帮助大学生建立包容、支持与尊重的同伴关系，这样满足他们正常的情感需求与亲密关系需求，获得同学的情感支持和心理支持，在和谐校园人际关系方面，发挥了重要的作用。鉴于此，本节重点探索传统音乐舞蹈文化如何融入大学校园文化的有效路径。

（一）开办大学生民间舞蹈技能训练班

1.确定课程内容和形式

确定课程内容和形式时，应该首先从广泛的民间舞蹈中筛选那些在文化传承和技术要求上都具有代表性的舞种，例如，扇子舞可以展现舞者的柔美与内敛，而剑舞则更侧重展示力与美的结合，手绢舞则可以体现舞者的灵巧和飘逸。为了让学生深入理解每种舞蹈的独特性，课程内容应包括对舞蹈起源的探讨，如扇子舞的起源于古代宫廷，以及它如何演变成今天在舞台上表演的艺术形式。每种舞蹈的教学计划中需要包括动作的基本技巧训练，讲解每个动作的执行技巧和背后的文化象征意义。在教授剑舞时，除了剑法的基本动作，还应讲解剑在中国文化中的象征

意义和历史背景，使大学生能够在学习动作的同时，感受到深厚的文化底蕴。

课程还应设计为理论与实践相结合的模式。理论课可以通过多媒体教学，展示舞蹈的历史演变和著名舞蹈作品，让大学生从视觉和听觉上对舞蹈有更全面的认识。实践课则让大学生在老师的指导下，亲自学习和练习舞蹈动作，从而达到技艺与文化双重提升的教学目标。

2.选择合适的艺术类教师

在选择合适的艺术类教师方面，应当确保挑选出的教师具备深厚的舞蹈技艺和丰富的教学经验，这包括对舞蹈动作的精准掌握，以及对舞蹈历史和文化背景的了解，能够将舞蹈的技术细节与其文化意义相结合进行教学。一方面可以邀请那些在民间舞蹈节或比赛中获奖的艺术家，他们技艺高超，并且具有实战表演的经验，能够为学生提供第一手的舞蹈学习经验和表演技巧。另一方面，可以聘请在校舞蹈专业的优秀大学生作为助教，可以为课程增加更多的交流与互动机会，这些助教通常更接近大学生的年龄，更容易与大学生建立起良好的沟通和理解，帮助大学生解决在学习过程中遇到的技术和表达上的难题。

3.制定详细的课程安排

制定详细的课程安排是确保舞蹈训练班高效运行的关键。第一，热身环节应占课程的重要部分，因为良好的热身可以有效预防舞蹈训练中可能出现的伤害，热身应包括全身肌肉和关节的拉伸，以及一些基本的舞蹈步伐，以提升大学生的身体柔韧性和协调性。第二，基础技能训练应针对舞蹈的基本动作进行，如旋转、跳跃、平衡等，这些都是构建复杂舞蹈组合的基础。第三，组合动作练习，这需要将多个基础动作组合在一起，训练大学生的舞蹈连贯性和流畅性，通过这种方式，大学生可以学习如何将单一动作融入整套舞蹈中，使动作更加自然和富有表现力。第四，完整舞蹈排练，整合所学的所有技能，演练一段完整的舞蹈，帮助提高学生的记忆力和执行力，增强他们对音乐和节奏的感知能力。第五，课程的最后阶段应该安排一次公开的成果展示，这是大学生展示自己一个学期学习成果的舞台，通过这种方式，大学生可以在真实的表演环境中测试自己的舞蹈技能和表演水平，收获观众的反馈，增强舞台表现力和自信心。

4.提供必要的物质支持

为了确保训练班的顺利进行，大学应选择一个合适的训练场地。场地应具备足够的空间供大学生自由移动，以及良好的通风和适宜的照明，创造一个安全舒适的学习环境。注意，安装全身镜面是必要的，因为它可以帮助大学生观察自己的动作并进行自我纠正。音响设备也是必不可少的，它需要有足够的音质来播放各种舞蹈音乐，确保音乐的清晰度和音量足以覆盖整个舞蹈室。舞蹈垫则用于某些需要地面动作的舞蹈，如现代舞或民族舞，以防止跌倒时受伤。此外，针对特定的舞蹈种类应提供相应的道具和服装，如扇子舞需要优质的舞用扇子，剑舞则需要专用的舞剑，这些专业道具增加了舞蹈的表现力，还能帮助学生更好地理解舞蹈的文化含义和技术要求。

5.定期评估与反馈

定期对舞蹈训练班的教学质量和大学生满意度进行评估。问卷调查是一种常用的评估工具，应设计以涵盖课程内容、教学质量、教师表现、学习环境和学生满意度等多个方面。这种问卷可以在课程中期和结束时进行，以获取关键时间点的数据。个别访谈可以提供更深入的见解，使管理者能够理解大学生的个人感受和具体建议，进而针对性地调整教学策略。这些反馈应被认真分析并用于指导未来的教学改进，例如，如果多数大学生反映某个舞蹈动作教学不够详尽，教师可以在后续课程中加强这一部分的指导。

（二）举办大学生校园传统音乐舞蹈文化节

大学不但对于传承民间音乐舞蹈文化有义不容辞的责任，同时也有培养人才的社会诉求。举办大学生校园传统音乐舞蹈文化节既是民族传统歌舞艺术的集中展示，也是民间与大学之间文化传承的有机互动。举办校园传统音乐舞蹈文化节，要做好以下几点。

1. 节目策划与组织

成功举办一次大学生校园传统音乐舞蹈文化节，需要对节目内容进行精心策划，这需要成立一个专门的组织团队，由对中国传统音乐文化有深刻理解和丰富经验的师生共同参与。团队的主要任务是策划、组织、协调整个活动，确保每一个细节都符合预定的标准和主题。

节目的内容设计应注重多样性与教育性，覆盖不同地区和民族的传统音乐与舞蹈。例如，可以邀请京剧团体展示经典剧目，民乐团演奏地方特色的音乐作品，或民族舞蹈团体演出各具特色的舞蹈，如彩扇舞、藏族舞等。每个表演项目都应尽可能地介绍其历史背景和艺术特点，以增强大学生的文化认知和欣赏能力。

为了提高活动的吸引力和互动性，可以设立特定的"主题日"。例如，"汉唐文化日"可以专门展示汉唐时期的音乐和舞蹈，如古琴演奏和唐代宫廷舞，"民族风情日"则专注于展示中国各少数民族的传统艺术。每个主题日不局限于表演，还可以包含演讲和互动环节，如穿戴传统服饰的体验，让大学生在参与中深入了解和感受中国丰富多彩的音乐传统文化。

2. 大学生校园场地布置与视觉设计

场地选择应考虑空间的功能性与视觉效果，大型演出厅可为复杂的表演如京剧或大型民族舞蹈提供足够的空间，而开放空间则适合举行大规模的观众互动和户外表演，如太极拳或广场舞展示。

在视觉设计方面，应充分利用色彩、布景和灯光来强化传统氛围，选用红色和黑色作为主色调，既能体现中国传统的审美，还能营造出庄重而神秘的氛围。布景方面，可以在舞台背景挂上以中国山水画为主题的大幅布景，使用纸灯笼和中国结作为舞台两侧的装饰，增加场地的视觉吸引力。适当地使用现代照明技术如 LED 灯光和投影，可以在保持传统风格的同时，通过动态光效为观众带来现代感和科技感的视觉体验。

3.引入专家与艺术家

为了保证节目的专业性与教育性，应邀请传统音乐舞蹈领域的专家和艺术家来校交流与表演，这些艺术家在表演结束后，还可以与大学生互动，分享他们的艺术生涯、技艺传承和对艺术的独到见解，这种亲身经历的分享对于大学生了解和深入研究中国传统文化是极其宝贵的。

邀请大学的教授或研究员，尤其是那些专注于中华传统文化研究的学者，他们可以在节目中提供更多学术性的见解，如对舞蹈动作的历史根源解析或音乐曲目的文化背景介绍，增加节目的教育价值，并帮助大学生在欣赏美的同时，理解其背后的深层文化意义。

4.宣传推广

有效的宣传推广活动能够大大提高大学生校园传统音乐舞蹈文化节的影响力和参与度。宣传策略包括：第一，制作引人注目的活动海报和宣传视频，这些宣传材料应突出活动的特色和亮点，如嘉宾艺术家的介绍、特色表演项目等，以吸引学生和教职工的注意，可以在校园的多个显眼位置，如图书馆、大学生活动中心、餐厅以及主要教学楼内外张贴海报，并在电子显示屏上循环播放宣传视频。

第二，充分利用社交媒体平台进行宣传，这些平台具有极快的传播速度和广泛的覆盖范围。通过发布活动预告、嘉宾介绍、幕后花絮等内容，增强活动的吸引力和话题性。配合这些在线推广，可以与校园媒体合作，如校报、校园电视台和广播站，通过新闻报道和特别节目进一步扩大活动的影响力。

第三，动员学生会和各类文艺社团参与到活动的推广中来，通过这些团体的内部网络和活动，组织预热活动，如舞蹈工作坊、音乐欣赏会等，既丰富了大学生的课余生活，也提升了活动的参与度和期待感。

（三）举办大学生校园优秀音乐舞蹈大赛

1.大赛的目的和重要性

举办大学生校园优秀音乐舞蹈大赛，主要目的是挖掘并培养大学生对中国传统音乐舞蹈的兴趣与才能。这种文化活动能让大学生接触并学习到中国丰富的传统艺术形式，还能深化他们对于中华民族文化遗产的理解和尊重。大学生校园优秀音乐舞蹈大赛还能有效增强大学生校园文化的多样性，在全球化迅速发展的今天，弘扬和保护民族文化尤为重要，大赛通过展示多样的传统音乐舞蹈形式，为大学生提供了一个展现自我、相互学习的平台，大学生的文化视野将被进一步拓宽，对多元文化的接受和理解能力也将得到增强。

2.大赛的组织结构

组织结构须明确，由大学文化部门或学生社团联合承办，成立专门的筹委会。筹委会的职责包括大赛的整体规划、参赛者的招募、大赛的宣传推广、赞助资金的募集与管理以及比赛场地的布置和技术支持等。评审团队通常由校内的音乐舞蹈教授和外部的艺术家或专家组成。这些评审拥有对传统音乐舞蹈艺术的深刻理解，能够确保评审过程的公正与专业。他们的专业评价和反馈对参赛者的艺术成长极为重要，能够提供专业指导和建议，帮助大学生参赛者在艺术道路上取得更好的发展。

3.参赛对象及招募

大赛面向全校大学生开放，尤其鼓励音乐、舞蹈、戏剧及相关专业的大学生参与。通过校园广播、海报、社交媒体和网络平台等多渠道广泛招募参赛者，确保信息覆盖到每一个可能感兴趣的大学生。

4. 大赛的形式和内容

大赛的内容设计是吸引参与者和观众的关键，因此必须精心策划并具有广泛的包容性。大赛的核心在于展现和传承中国的传统音乐舞蹈文化，包括各种民族音乐演奏、民族舞蹈以及古典舞，这些项目既可以展示技艺的纯熟，更是对中国丰富多彩的文化遗产的一种展示。例如，大学生参赛者可以通过二胡、琵琶的独奏或合奏，展现中国传统音乐的魅力；通过扇子舞、剑舞等表现民族舞蹈的独特风格；古典舞则可以展示中国舞蹈的古典美学。为了让大赛更具现代感和创新性，组织者鼓励参赛者在尊重传统艺术精神的基础上融入现代表达方式。比如，可以将现代音乐元素融入中华传统音乐舞蹈的演奏中，或将现代舞蹈动作与传统民族舞蹈相结合，创造出新颖的舞蹈作品。

5. 赛程安排和评奖标准

在校园优秀音乐舞蹈大赛的赛程安排中，初赛、复赛和决赛的分阶段进行是为了确保参赛者能在不同阶段展现各自的才能，并逐步筛选出真正优秀的表演者。初赛通常设立较宽松的评选标准，主要是筛选技术达标和有潜力的参赛者进入下一轮。此阶段，评审团主要评估参赛者的基本技能和整体表演的完成度。

进入复赛和决赛后，评审标准将更加严格，不仅评估技巧的纯熟度，还将重点考察大学生参赛者的个人或者团体表演的创意与独特性，表现力，以及他们如何将音乐舞蹈传统文化融入现代表达中。评审团由专业人士组成，他们将从艺术表达的深度、情感传达的真实性以及文化内涵的传递等多个维度来评价每个表演。此外，评审过程中的透明度和公正性是非常重要的，确保每位大学生参赛者都在平等的条件下竞争。

对于最终的获奖者，除了提供物质奖励如奖杯和奖金，还应给予荣誉证书，以认可他们的艺术成就和努力。更重要的是，组织者应为大学生获奖者提供更多的公共表演机会，如在大学重要活动中进行表演，或是代表大学参加外部的艺术展演，为他们今后的艺术生涯搭建起宝贵的平台。

（四）成立大学生校园传统音乐舞蹈社团

1.成立大学生校园传统音乐舞蹈社团的重要性

（1）文化传承与创新。大学生校园传统音乐舞蹈社团是学习和传承传统音乐与舞蹈的重要平台，它可以组织各类大学生音乐舞蹈活动，使大学生能够直接接触并学习到丰富多样的优秀传统艺术形式。大学生也因此在学习的基础上进行艺术创新，使他们能够将传统艺术与现代审美相结合，进一步推动传统音乐艺术文化的现代转化和发展。

（2）提升艺术修养。参与音乐舞蹈社团的活动，大学生能提高自身的艺术技能，更能通过艺术实践提升个人的审美和文化素养，对形成全面发展的个性和人格具有积极作用。

（3）增强校园凝聚力。社团活动能够增强大学生之间的交流与合作，通过共同的兴趣爱好促进大学生之间的相互了解和友谊，加强大学社区的凝聚力。

2.成立社团的必要条件

要成功建成一个大学生校园传统音乐舞蹈社团，需要满足以下条件。

第一，充足的人力资源。首先需要有一定数量的对传统音乐舞蹈感兴趣的学生，他们是社团活动的主体。

第二，专业指导。应邀请具有专业背景的教师或外部艺术家担任社团指导老师，以确保教学和指导的专业性和高质量。

第三，场地与设备。大学应提供稳定的活动场地和必需的音乐舞蹈设备，如舞蹈房、音乐器材等。

第四，资金支持。社团的日常运作和特殊项目（如大型演出、外出学习等）需要一定的经费支持，大学及相关部门应提供启动资金，并可以通过赞助和社团自筹等方式解决资金问题。

3. 大学生社团活动与艺术表演

大学生社团应定期组织校内外的文化活动和艺术表演，如春节联欢、端午节庆祝活动、中秋节社团表演等，让大学生有机会在实际表演中锻炼自己，也可以通过这些活动让更多的人了解和欣赏中国传统音乐舞蹈艺术。此外，大学生校园传统音乐舞蹈社团还可以与其他大学或社区的相关团体进行交流合作，拓宽表演渠道，积累表演经验。

4. 对外交流与合作

为了提升大学生社团的影响力和专业水平，可以与国内外的文化艺术组织建立合作关系，组织大学生参与更广泛的音乐舞蹈艺术文化交流项目，如国际民族音乐舞蹈节、跨文化艺术节等。这种艺术文化交流无疑可以极大地提高大学生的艺术修养，也是推动中国传统音乐舞蹈文化国际化的有效途径。

参考文献

[1] 王宁.中国文化概论：2000 年版 [M].北京：外语教学与研究出版社，2013.

[2] 张岱年，方克立.中国文化概论 [M].北京：北京师范大学出版社，1994.

[3] 杜昀芳，刘永记.中华优秀传统文化 [M].北京：新华出版社，2021.

[4] 侯丽.中华优秀传统文化及其当代价值研究 [M].北京：北京工业大学出版社，2021.

[5] 李光，肖珑，吴向东.中华优秀传统文化 [M].北京：北京理工大学出版社，2020.

[6] 李瑶.弘扬中华优秀传统文化与中国社会发展研究 [M].北京：北京工业大学出版社，2023.

[7] 蔡静俏，袁仁广.高校校园文化建设与发展研究 [M].长春：吉林文史出版社，2021.

[8] 黄伟.校园文化概论 [M].海口：南海出版公司，1999.

[9] 王邦虎.校园文化论 [M].北京：人民教育出版社，2000.

[10] 王震.先秦诸子体育思想研究 [M].西安：陕西师范大学出版总社有限公司，2014.

[11] 李楠楠.端午节 [M].长春：吉林出版集团有限责任公司，2013.

[12] 苏俊祎 . 中国诗词文化 [M]. 北京：时事出版社，2014.

[13] 郭鹏飞 . 注重以文化人提高高校思想政治教育实效性 [J]. 思想教育研究，2018.

[14] 赵维纳 . 浅谈中国诸子百家的音乐思想 [J]. 黄河之声，2018（3）：23.

[15] 康彦 . 试析中国先秦时期诸子百家的音乐美学思想 [J]. 戏剧之家，2021（16）：69-70.

[16] 董雷，崔国文 . 诸子百家对中国古代体育人才认知及现代启示 [J]. 体育文化导刊，2018（2）：128-132.

[17] 张波，姚颂平 . "以德引争"：中国古代体育竞赛的秩序关怀及其当代价值：以射礼为例 [J]. 成都体育学院学报，2018，44（5）：60-65，72.

[18] 王洪珅 . 中国体育文化生态的历史演变论绎 [J]. 上海体育学院学报，2017，41（1）：1-6.

[19] 张勃 . 从传统到当下：试论官方对传统节日的积极干预 [J]. 民俗研究，2005（1）：14-26.

[20] 李菡，李静 . 弘扬传统节日文化践行社会主义核心价值观 [J]. 江苏省社会主义学院学报，2010（5）：56-59.

[21] 房广顺，闫鑫 . 中华优秀传统体育文化的当代价值及传承路径 [J]. 商丘师范学院学报，2024，40（6）：80-85.

[22] 乔欣，张佳婉 . 诸子百家思想蕴含的管理智慧 [J]. 企业管理，2024（4）：54-56.

[23] 吉华成 . 中华优秀传统体育文化进校园的实践方略探究 [J]. 田径，2024（4）：51-52，82.

[24] 吴晨希 . 国学视域下高校传承弘扬中华优秀传统文化的路径探析 [J]. 汉字文化，2024（6）：46-48.

[25] 岳星 . 中华优秀传统文化在高职教育中的传承发展研究 [J]. 文化创新比较研究，2024，8（9）：151-155，193.

[26] 金颖芳.构建中华优秀传统文化视域下的校园文化新样态："启文书院·书院启文"项目的实施 [J].文化创新比较研究，2024，8（9）：128-132.

[27] 李姿蓉.高职院校推动中华优秀传统文化进校园的路径探析 [J].时代报告（奔流），2024（3）：55-57.

[28] 李敏，单晓宁.中华优秀传统文化与高校校园文化有效融合的路径研究 [J].北京经济管理职业学院学报，2024，39（1）：66-72.

[29] 王斌.高职院校学生对中华优秀传统文化的价值认同初探 [J].今传媒，2024，32（3）：130-133.

[30] 郭朝明.中华民族共同体意识视域下高职院校传承中华优秀传统文化的实践路径探究 [J].文化创新比较研究，2024，8（8）：106-109.

[31] 蒋晴霞.开展校园龙舟赛的思政内涵与育人成效：基于华东理工大学"校庆杯"龙舟赛的研究 [J].科教文汇，2023（23）：60-64.

[32] 朱甜，褚作勇，龙天翔.高校校园文化景观优化建设探讨：以中南大学为例 [J].河南城建学院学报，2023，32（5）：55-60.

[33]"诸子百家"主要流派之儒家学派及其代表人物 [J].文化产业，2023（16）：6.

[34] 李辛欣.高职院校大学生社团实践育人成效提升的路径研究 [J].现代职业教育，2023（8）：69-72.

[35] 马佳龙，张金峰.先秦时期诸子体育思想研究 [J].当代体育科技，2022，12（20）：126-129.

[36] 潘逸.大学生社团传承弘扬中华优秀传统文化的策略研究 [J].文化创新比较研究，2021，5（36）：110-113，186.

[37] 戴学映.大学校园的书法文化生存空间 [J].艺术评鉴，2018（9）：182-183，113.

[38] 马丽慧.新媒体对高校校园文化建设的影响及对策研究 [D].太原：中北大学，2016.

[39] 高绍辉，程青峰.增强文化自信打造办学特色：以书法艺术教育的探索与实践为例 [J].河南教育（基教版），2024（5）：55-56.

[40] 董丽娟，缪昌武.中国式现代化道路蕴含的儒家生态文明思想探析 [J].江苏经贸职业技术学院学报，2024（2）：27-31.

[41] 都谋星.传统音乐文化资源在高校艺术教育中的传承与发展 [J].福建开放大学学报，2024（2）：53-56.

[42] 任洁.民族优秀传统音乐文化创造性转化研究 [J].贵州民族研究，2024，45（2）：100-104.

[43] 王晓静，张倬."非遗"舞蹈文化进校园的教学路径探析：以西和乞巧舞蹈为例 [J].戏剧之家，2024（10）：96-98.

[44] 蔡立宾.高校声乐与传统音乐文化的融合之路 [J].喜剧世界（下半月），2024（3）：79-81.

[45] 龙一欣.地方民族民间舞蹈在高校舞蹈教学中的传承与发展探究 [J].中关村，2024（2）：122-123.

[46] 李瑶.汉族民间舞在校园学习中的推行与思考 [J].戏剧之家，2024（3）：118-120.

[47] 怀茜.书院制模式下校园书法艺术的融入与体现 [J].对联，2022，28（12）：34-36.

[48] 冯昭昭.大学生社团的价值研究 [D].武汉：华中科技大学，2016.

[49] 匡雅楠.中国传统节日文化的价值及其弘扬 [D].宁波：宁波大学，2012.

[50] 李月彩.大学生社团德育功能发挥研究 [D].南宁：南宁师范大学，2023.

[51] 李欣.新时代高校校园文化载体育人研究 [D].桂林：广西师范大学，2021.

[52] 周诗如.新时代高校校园文化的内涵建设研究 [D].长春：吉林建筑大学，2020.

[53] 任缘娟.新时代中华优秀传统文化融入大学校园文化建设的路径研究[D].乌鲁木齐：新疆医科大学，2020.

[54] 李西京.中华优秀传统文化融入高校校园文化建设研究[D].西安：西安科技大学，2019.

[55] 黄书梅.新时代中国传统节日文化的育人功能及实现路径研究[D].南昌：江西师范大学，2023.

[56] 杨双华.中国传统节日的价值研究[D].西安：西安音乐学院，2023.

[57] 杨珂珂.大学生社团参与及其对学生发展的影响研究[D].上海：华东师范大学，2022.

[58] 耿君.汉代舞蹈审美文化研究[D].济南：山东师范大学，2021.

[59] 金豆.舞蹈在文化认同中的作用[D].北京：中国艺术研究院，2021.

[60] 刘佩琪.大学生社团的自我教育功能研究[D].武汉：武汉科技大学，2019.

[61] 李德贞.社会互动理论视角下的大学生社团建设研究[D].北京：华北电力大学（北京），2018.

[62] 康良生.地方传统音乐文化在地方大学的传承探究[D].赣州：赣南师范学院，2013.

[63] 崔学荣.主体间性视野中的中国传统音乐文化教育[D].福州：福建师范大学，2010.

[64] 刘永琴.传统节日文化的融媒体传播创新研究[D].西安：西北大学，2022.

[65] 洪彩贝.中华传统节日的文化价值研究[D].蚌埠：安徽财经大学，2021.

后　记

　　随着经济全球化的深入，各种文化之间的互动变得日益频繁，西方文化的广泛传播对中华优秀传统文化构成了一定的冲击。在这种情形之下，保护和传承中华优秀传统文化显得尤为重要。中华传统文化是中国历史和文化积淀的象征，更是中华民族身份和文化自信的重要来源。《中华优秀传统文化融入大学生校园文化生活创新路径研究》一书，就是在这样的背景下应运而生。它既为中华传统文化的传承和创新提供了理论依据，也提供了具体的实践活动建议，旨在探讨和实现中华优秀传统文化在现代大学校园中的有效融入和创新发展。在这一研究过程中，本书较为细致而深入地分析了中华优秀传统文化的内涵、精神及其传承与创新的重要性，讨论了如何通过大学教育和大学生校园文化活动，使得中国优秀传统文化不局限于学术方面的传承，更侧重大学生在日常生活中得以实践和体现。通过较为系统的理论阐述和丰富的实践案例，本书构建了一套较为完整的中国优秀传统文化融入大学校园生活的理论框架和实践方法。

　　在本书中，作者力求将中华优秀传统文化与大学生校园文化生活紧密连接，特别强调了传统文化核心部分创新的重要性，提出了在尊重和继承中华优秀文化传统的基础上，怎样积极探索与时俱进的大学生校园文化活动创新路径、活动内容和传播方式，使中华优秀传统文化在新时代社会环境中焕发出新的活力。例如，通过传统节日文化、诸子百家的思想文化、传统艺术文化及艺术表现形式如书法、绘画以及音乐舞蹈等领域的创新融入，这一切都是实现这一目标的有效路径。

此外，本书也认真地、详细地研讨了如何通过大学生校园活动如节日庆典、艺术大赛、主题文化周等方式，激发大学生对中华优秀传统文化的兴趣和热情。大学既是传承和创新文化的重要阵地，也是青年大学生形成价值观和世界观的关键时期，因此在大学生校园文化活动中弘扬中华优秀传统文化，具有特别重要的价值和意义。

感谢各位专家教授抽出宝贵的时间对本书的审阅和深入研究，并提出了宝贵的建议，感谢同事和朋友在完成这本书的过程中给予的鼓励、支持和帮助，让著者能够克服困难、坚持不懈，认真撰写，反复修改，终于完成了这本书书稿的撰写。在今后的工作、学习和研究中，著者将再接再厉，继续深入广泛地去探讨这个领域的一系列相关问题，并尝试着提出更加系统和完整的解决方案。希望这本书的出版能为推广中华优秀传统文化，尤其是对大学生校园文化的建设与应用提供一定的参考和借鉴。

最后，希望本书能作为一种实用指南，激励和指导更多的大学校园文化工作者、思政工作者和管理者将传统文化教育纳入课程教学和相关活动计划中，不局限于理论学习，更重视实践和体验，使大学生能够在参与的实践活动中感悟文化的深刻内涵。通过本书提供的案例分析和策略建议，希望各教育机构能找到适合自身条件的方式，将中华传统文化与现代教育相结合，使之成为大学生校园文化的一个生动和吸引人的部分。希望本书的出版能促进国际文化交流，通过展示中华优秀传统文化的独特价值和现代表达，加深世界对中华传统文化的理解和认识，期待读者能通过本书感受到中华传统文化的魅力，激发出更多关于如何活化中华优秀传统文化的思考和实践，共同推动中华优秀传统文化在全球范围内的广泛传播和实践应用。